南开大学中外文明交叉科学中心资助出版

RESEARCH

ON THE

HEGEMONIC SYSTEM

美国的转基因霸权体系
及相关问题研究

OF GMOS

OF THE UNITED STATES

AND RELATED ISSUES

徐振伟 著

天津出版传媒集团

天津人民出版社

图书在版编目（CIP）数据

美国的转基因霸权体系及相关问题研究 / 徐振伟著.
天津：天津人民出版社，2024. 6. -- ISBN 978-7-201
-20548-9

Ⅰ. F757.120; Q785

中国国家版本馆 CIP 数据核字第 2024SX1364 号

美国的转基因霸权体系及相关问题研究
MEIGUO DE ZHUANJIYIN BAQUAN TIXI JI XIANGGUAN WENTI YANJIU

出　　版	天津人民出版社	
出 版 人	刘锦泉	
地　　址	天津市和平区西康路 35 号康岳大厦	
邮政编码	300051	
邮购电话	（022）23332469	
电子信箱	reader@tjrmcbs.com	

责任编辑	郭雨莹
装帧设计	汤　磊

印　　刷	天津新华印务有限公司
经　　销	新华书店
开　　本	710 毫米×1000 毫米　1/16
印　　张	19.5
插　　页	2
字　　数	260 千字
版次印次	2024 年 6 月第 1 版　2024 年 6 月第 1 次印刷
定　　价	89.00 元

前言

　　科技与政治是被利用与利用的关系，尤其是关乎日常生活并且带有全球性的技术更是如此。转基因技术是利用现代生物科技人为地改变基因排列顺序，最终获得具有优良性状并且适用于人类生活的"种子"。在现实中，最为常见的转基因作物为转基因水稻、转基因大豆和转基因玉米。虽然转基因技术具有实用性，但由于这项技术还没有在全球范围内赢得大多数人的认可，所以在大面积推广方面有较大的困难。为了科技的发展，政府可以利用稍做包装的政治手段。美国正是利用自己在国际的地位和综合实力，用看似是人道主义，但其实是目的性极强的政治化手段——农业生物科技援助计划来出口并且发展此项技术。美国看似是通过粮食援助项目来展现自己的人道主义，但其实质正是利用自己在世界舞台上强大的话语权和政治力量，使自己成为粮食援助的最大受益者。

　　2002年，非洲南部国家约1400万人面临迫在眉睫的粮食短缺和潜在的饥荒。为此，美国在2002年夏秋两季向该地区运送了 50 万吨玉米作为粮食援助。世界粮食计划署估计,当时向该地区提供的粮食援助中约 75% 含有转基因产品。这些国家包括赞比亚、津巴布韦、马拉维、斯威士兰、莫桑比克及莱索托。该援助是通过世界粮食计划署和非政府组织提供的。虽然在装运之前美国没有通知受援国这些粮食的构成,但受援国发现了这些援助的粮食含有转基因成分。如果美国真是为了援助粮食短缺的国家,并且觉得自己研发的转基因粮食比较安全,那么为什么不跟受援国提前说明其中含有约 75% 转基因产品呢?即使是因为美国一时拿不出那么多粮食,在所有援助品当中转基因占 75% 是不是太多并且没有必要? 显然美国是有其他的"目的"。如果受援国没有去调查粮食的成分,美国能及时承认运送的粮食当中有 75% 是转基因的吗?显然不会。

美国开展的粮食援助项目有着明确的目的,其中最重要的是经济目的。对美国而言,美国提供转基因粮食援助的第一个经济目的是处理国内过剩的农产品,为转基因产品的销路开拓市场,所以美国一直坚持以实物而非现金的形式来提供粮食援助。联合国粮农组织和世界粮食计划署都鼓励以现金形式而非实物形式来提供粮食援助,欧盟也一直在推动将仅以现金形式提供的粮食援助纳入世贸组织规则。但这些都遭到了美国的反对。美国的全国小麦生产者协会(USWA)曾公开声明:作为美国粮食援助和人道主义项目的坚定支持者,该协会不支持只使用现金形式的粮食援助项目。但是如果美国是真心从人道主义出发,援助那些存在饥荒的国家,直接以现金形式提供援助是效率最高并且最为实用的。当受援国赞比亚拒绝美国的转基因粮食并且请求援助国安排碾磨粮食的工作时,美国竟以运费成本过高的理由拒绝。明明美国有错在先(没有事先说明援助粮食中含有大量的转基因产品),被发现以后甚至最初还拒绝向该地区运送非转基因品种的粮食,这正是美国发现无法实现自己的目的以后不想进行"援助",带有强迫受援国接受转基因产品的意思,这显然不是人道主义。

　　第二个经济目的是补贴转基因作物的生产和销售,支持以跨国公司为代表的农业生产技术行业的发展。约80%的粮食援助资金花在美国自己身上,美国最大的跨国粮商——嘉吉公司和 ADM 公司,获得了大量的粮食援助合同,成为粮食援助的受益者。转基因技术的知识产权需要通过实现转基因产品的市场化来赢取该技术的价值(尤其是经济价值),但是由于欧盟抵制转基因和暂停转基因的进口给美国农产品市场带来了重大损失。美国正是看到了包括非洲国家在内的发展落后并且在国际上力量微弱的发展中国家,可以成为其过剩粮食的重要市场。简言之,美国打着"人道主义"与"粮食援助"的幌子来进一步发展他们的转基因之路。不是说转基因就是不好的,只不过向不认可此项技术的弱势人群强制推销并且强迫接受其转基因粮食的行为,正是在行使霸权。

　　经济决定政治,政治植根于经济。任何国际社会的政治关系,就其性质而言,都是相关的经济关系决定的。因此政治是以经济关系,尤其是相关的经济利益关系为基础的上层建筑。

　　科学技术作为人类认识世界和改造世界的重要方法和手段,本应是各种纯粹客观的知识体系。但是随着社会的发展,政商勾结的现象愈演愈烈,许多资本家会利用资本"协助"科学技术的发展,让科学技术为经济建设主战场服务。这种政治扶持的背后自然离不开种种复杂的利益纠葛。因此科技与政治的关系,离不开政治与经济的密切关系。

　　科学技术是一把双刃剑,既能通过促进经济和社会发展造福于人类,同时也可能在一定条件下给人类的生存和社会的发展带来消极的后果。但是科学技术带给社会的消极影响,并不是科学技术本身,而是在背后操控其科学技术发展的政治家和商人一手策划、操作的结果。科技已经告别了纯真时代,现世的科学深处,呈现的是不同人群想要在世界舞台上达到的种种目的与欲望,他们反而不希望纯粹科技的发展,我们应面对这残酷的现实。

　　马克思曾教导人类:"资本来到世间,从头到脚,每个毛孔都滴着血和肮脏的东西。"①为了发展和领先于其他国家，我们不得不让科学和这样的资本拥抱在一起，这时自然而然地会让血和肮脏的东西沾到科学与技术上，科学技术不再干净和纯粹。② 但是这一切都是我们要求科学变成如此，我们需要它与经济和政治融合，同时也能为政治做出服务。

凡事都有两面性。我们不能因科技与资本的结合就否认科技，因为我们能够取得如此多的物质成果，不单单只是科技的努力。科学技术能够转变成具体的技术并且可以在实际生活当中运用，必定是需要资本和政治的帮助。只不过在如此的帮助下，科学技术就不再纯洁罢了。但是回过头来想，我们还需要纯粹的科学吗？在当今社会，人追不追求"真善美"已经不再重要，最为棘手的问题是能否在激烈的社会竞争中适者生存并且突围。

本书研究的是转基因霸权体系。转基因霸权体系是一个全球性的国际体系，由美国主导，包括众多发展中国家在内的体系，是美国基于自身的霸权利益考虑，通过粮食援助、技术援助、知识产权等手段来维系的，是一种不平等、不公正、不合理的国际经济政治秩序体系。但转基因霸权体系在一定程度上并不是单方面由美国决定的，而是既包括美国，也包括世界其他国家在内的一个综合性国际问题。基于此，本书以转基因霸权体系为主题，揭示这一体系的雏形与起源、国际应用与影响，以及相关的理论分析与批判，并结合中国的具体实际提出相关的对策建议。

具体而言，第一部分回溯转基因霸权体系的雏形及起源——生物国防计划。第二部分具体展开转基因霸权体系在世界范围内的应用、影响以及相关国家的对策和处理方式，如第二、三章集中说明美国向第三世界国家的商品输出、技术输出与政治渗透，以及美欧之间的分歧所导致的风险与恶性后果向不发达国家地区的传导，第四、五章则分别阐述阿根廷、巴西、日韩等

---

① 马克思：《资本论》(第一卷)，中共中央马克思、恩格斯、列宁、斯大林著作编译局译，中国社会科学出版社，1983 年，第 823 页。
② 江晓原、方益昉：《科学中的政治》，商务印书馆，2016 年，第 48 页。

国家在生产和消费环节对于转基因霸权体系所采取的应对方式。第三部分是从理论层面对转基因霸权体系展开分析与批判,第六章主要探讨这一体系的运行机制与原理基础,即转基因专利霸权及其悖论,第七章则从理论立场与价值判断的角度阐明转基因霸权体系的消极影响与伦理上的非正当性,第八章则是总结和归纳转基因霸权体系的三个特征。第四部分理论视角转换,将现实的关切落脚于中国,第九章围绕有关转基因和霸权的国际争论,提出以新权利范式为基础的中国对策,第十章和第十一章分别从生产与消费两大环节揭示现存的问题及相关的对策建议。

目 录

第三部分　有关霸权体系的理论探讨

第四部分　中国的应对

导论

一、研究目的和价值

随着经济发展和人口增长,中国粮食安全问题日益紧迫。一般认为,转基因技术代表当今技术的进步趋势,是缓解粮食供求矛盾、破解粮食危机的重要手段。然而当前的转基因技术主要掌握在美国手中,美国正在通过贸易规则制定、知识产权保护、粮食援助和技术援助等方式来构建自己的技术霸权,这就形成了中国需要转基因技术与美国技术霸权之间的矛盾,如何有效引入和利用转基因技术为我所用,解决中国的粮食安全问题,成为当前一个紧迫的问题。

在当前国内外对转基因激烈争论并相持不下的环境下,研究美国转基因技术霸权的扩张无疑具有一定的价值。

首先,具有一定的学术价值。第一,通过考察各国在转基因问题上的不同政策,分析各国在转基因方面态度倾向的差异,为国际关系的研究提供一种全新的视角。第二,在描述转基因全球性扩张基础上,分析这一扩张的原因和受益人,从根本上回答"转基因背后究竟是怎样的利益博弈"这一问题。

其次,具有一定的应用价值。为研究美国的扩张方式提供了一种新的视角,为中国民众理性看待转基因提供一种全球的视野,不必为此而迷惑。同时,也为政府决策部门提供一种参考,并对中国在转基因问题上的处理办法提出可行建议。

二、国内外相关研究的学术史梳理及研究动态

1. 对美国国家安全战略的研究

美国前国务卿基辛格曾说过:谁控制了货币,谁就控制了全世界;谁控制了石油,谁就控制了所有国家;谁控制了粮食,谁就控制了全人类。早在冷战时期,基于经济安全在美国国家安全中的重要地位,美国学者就开始了相关方面的研究。部分美国学者探讨了美国经济安全的重要载体——跨国公司在美国经济冷战中的作用,参见(David Horowitz,1969)(Mira Wilkins,1974),但他们主要是从宏观层面进行笼统的分析,并且基于商业机密无法获得一手的档案资料。部分美国学者从经济援助、经济禁运等方面对于冷战时期美国国家安全战略做了系统研究,但他们大多为美国的冷战政策服务,参见(Walt Rostow,1960)(James L. Clayton,1970)(Philip J. Funigiello,1988)。冷战结束后,美国学者纷纷对美国国家安全战略提出自己的主张,但他们的共同观点是美国成为唯一的超级大国,这是建构新时期美国国家安全战略的最基本的出发点,美国要在国际合作中发挥领导作用。中国学者大多对美国的国家安全和经济安全战略持批判态度,但也强调美国经济安全战略的形式和运行机制值得中国借鉴,参见(陶坚,1997)(顾海兵,2007)(李彬,2010)。

2. 对美国粮食安全战略和粮食霸权的研究

中美两国学者首先从历史层面对美国在冷战期间开展的粮食外交进行了系统研究。部分学者借助美国方面解密和开放的档案资料从全球层面和地区层面来分析粮食战略在美国冷战战略中所发挥的作用。参见（Murray Benedict，1960）（Robert L. Bard，1972）（Richard Vengroff，1982）、（Christopher B. Barrett，2004）（Nick Cullather，2010）（王慧英，2006）（谢华，2009）。但他们由于语言和资料的限制缺乏对某一特定阶段或某一具体国家的研究，同时对美国粮食战略所产生的影响缺乏深入分析。其次，两国学者从现实层面对美国现阶段的粮食战略和粮食霸权的研究。部分学者从国际自由贸易的角度来探究美国通过世界贸易组织（WTO）等多边机制来实现在粮食领域的领导力，参见（Jessica Leight，2008）（Stephen Tokarick，2008）（陈阵，2009）（张丽娟，2012）。部分学者强调美国通过生物能源政策和量化宽松政策来增强粮食的能源属性和金融属性。生物能源政策为美国的过剩粮食找到出路，但为全球粮食危机的爆发埋下隐患（Lestor Brown，2011）（David Zilberman，2013）；美国推行的量化宽松政策使得美国的粮食霸权由地缘政治时代进入币缘政治时代（Patrick Canning，2011）（兰永海，2012）（温铁军，2014）。这些研究拓宽了人们对粮食属性的认知，但对粮食的能源属性与金融属性之间的内在联系缺乏分析。最后，两国学者从理论层面对美国的粮食安全战略进行探讨。有的学者从双层博弈的角度来分析美国农业利益集团与美国政府以及美国与别国之间的互动（Christina L. Davis，2004）（Oluf Langhelle，2014）。有的学者从"依附论"的视角来分析美国通过粮食援助和粮食贸易来建立的粮食霸权，对其他国家尤其是发展中国家的影响及其后果，但对发展中国家自身的原因分析不够，参见（Mitchel B. Wallerstein，1980）（Jennifer Clapp，2012）。

3. 对美国构建转基因霸权的研究

首先，对美国转基因扩张过程的研究。Marie - Monique Robin 在其著作

《孟山都眼中的世界》阐述了孟山都如何由一家化学品公司变身生物技术公司,又如何紧密与美国政府合作,一步步建立起组织严密、多位一体的转基因垄断网,如何一步步诱惑一些国家深入,最终控制其粮食命脉乃至主权的,但是对于美国政府起到的作用却着墨不多(Robin,2013)。Jeff Tancy 的《对未来粮食的掌控》一书中,对于美国国内转基因推行情况着重叙述,但是对于其在国外的扩张则鲜见描述(Tancy,2012)。Raj Patel 在其著作《粮食战争》中披露了以孟山都为代表的跨国生物技术公司对美国政府的强大影响力,使得美国政府对转基因技术大力支持并将之国际化(Raj Patel,2008),William Engdahl 则在《粮食危机》一书中表述了美国转基因政策的来龙去脉,并将转基因放在国际关系和美国霸权的大背景下进行考察(William Engdahl,2008)。就国内学者的研究来看,曹丽荣等学者对美国转基因专利战略的正当性做出研究(曹丽荣,2013)(李丹丹,2009),但是转基因扩张过程专利保护只是其保驾护航的措施之一,从这一视角并不能看到美国转基因扩张的全貌。顾秀林在《转基因战争:21 世纪中国粮食安全保卫战》中指出,走私和滥种是转基因扩张的一种手段,却没有对其过程进行更加详细的论证(顾秀林,2011)。柴卫东的《生化超限战》剖析了美国少数精英寡头发展转基因的动机及其行动,但其论述带有较强的意识形态色彩和阴谋论的嫌疑(柴卫东,2011)。其次,围绕转基因霸权影响的研究。R. Pierre 在《美丽的新种子》一书中强调,美国政府和大公司通过各种方式建立技术垄断,对其他发达国家和广大的发展中国家构成了威胁,但这种威胁缺乏具体的案例支撑(R. Pierre,2005)。Jeffery M. Smith 所著的《转基因赌局》中,对于转基因造成的食品安全和生态安全问题进行了探讨,但是一些结论缺乏有效论证(Jeffery M. Smith,2011)。Vandana Shiva 在其著作中批评了印度政府在转基因等方面的失误,导致了印度农民利益的受损以及本国种质资源的流失(Vandana Shiva,2011)。就国内的研究来看,刘旭霞等学者在其著作中深入分析了美日欧等国转基因发展战略的不同,以及对中国的启示(刘旭霞,

2011)（张燕,2012）,韩俊等学者重点就发达国家在转基因生物技术上的保护政策进行比较（韩俊,2011）（南海燕,2015）;但他们的研究并未解答在美国实行技术垄断时,日本和欧盟的态度为何不同。吴芃等学者对于转基因造成的贸易摩擦和标识问题进行了研究,但是并未指出问题产生的根源所在（吴芃,2014）（齐振宏,2012）。

以上研究存在一些不足:大多数学者过多关注转基因在知识产权、环境生态、人体健康等方面的影响,但是对转基因是否是一种霸权却鲜有人研究和关注。许多学者在探讨转基因及相关问题时常常只就转基因问题本身探讨,该不该推行、是否有害,但是对于转基因为何扩张和背后的深刻动机及推手却没有深入探讨。基于此,本书从转基因霸权的全球性扩张这一问题本身出发,对其原因、过程、影响及中国应该有的对策进行探讨。

三、研究内容梗概

（一）研究对象

转基因霸权构建的原因、路径和现状;美国政府与跨国生物技术寡头的合作与博弈、竞争与协调;不同的国家面对转基因霸权的渗透和扩张之时,所采取的不同的政策及其背后的原因;中国如何借鉴别国的经验和教训来有效应对美国的霸权输出,在转基因竞争中赢得主动权。

（二）总体框架

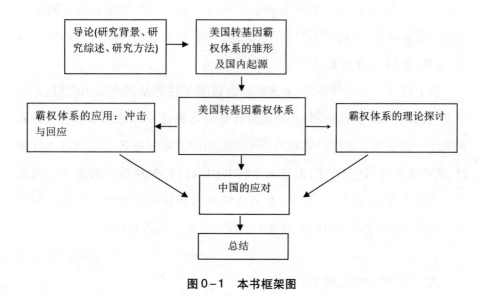

图0-1　本书框架图

（三）研究的重点与难点

1.重点

首先，通过对转基因霸权体系形成过程的考察，从技术垄断的角度来看，美国利用其在转基因技术上的优势，通过一系列显性与隐性、合法与非法的手段，如知识产权化、走私、滥种对别国进行转基因扩张，从而威胁别国的粮食安全。

其次，探讨中国在面对转基因霸权输出时，采取的专利政策以及监管和审批政策。

2.难点

一是由于转基因本身所包含的科学问题和社会问题较为复杂，要求许多跨学科的较为系统的知识，尤其是生物技术方面的专业知识。

二是一些重要的原始资料难以取得,例如像孟山都、杜邦、先正达等重要跨国生物技术公司的内部资料极具研究价值,但无法轻易获取。

(四)主要目标

首先,深入分析世界各国针对转基因的政策和立场的差异,这种差异决定了其他国家在面对美国转基因霸权输出时所采取的态度的不同。

其次,探讨美国如何和通过哪些方式来逐步构建在转基因方面的霸权体系,针对美国的技术垄断,中国如何有效应对。在最直接的意义上,是要抵抗美国的转基因霸权体系、保障中国的粮食安全,在更为深广的意义上则是要促进中国本身转基因技术与市场的健康发展。

四、本研究的基本思路与具体研究方法

(一)基本思路

在美国向全球不断输出转基因作物及转基因技术的背景下,通过对转基因霸权形成过程的考察,探讨该霸权形成的原因、运转的机制、获利的方面,美国政府与生物技术寡头如何相互协调相互配合来建立美国在全球的转基因霸权,这种霸权对全世界的影响,以此分析中国的对策。

(二)研究方法

第一,文献研究的方法。通过搜集相关的政府公文、国际协议、纪实报道、社会评论结合文章、著作和研究报告,对转基因霸权的形成基础、制度建设、运转机制等问题系统了解,进一步提出研究设计。

第二,案例研究的方法。本研究对以孟山都为代表的跨国生物技术公司在全球的扩张的案例,欧盟、巴西、阿根廷等国家和地区对待转基因霸权

所采取的不同态度的案例进行探讨分析。

第三,研究方法多样化,不再过分依赖于模型和理论,更重视对资料的分析和研究,不再存在因单纯囿于模型和理论而对资料进行舍弃的问题,研究方法更加灵活。

第四,将理论研究与现实情况相结合。通过调查问卷、实地调研等方式,对中国目前转基因问题面临的挑战进行切合实际的分析。

五、本研究在学术思想、学术观点、研究方法等方面的特色和创新

(一)学术思想的特色和创新

本研究以转基因霸权体系的构建为切入点,分析美国转基因国内霸权与国际霸权之间的内在联系,探讨了粮食安全、技术垄断、知识产权等传统课题,在研究思路方面是一个创新。此外,将转基因霸权体系的构建问题与当前美国强化粮食霸权的路径方式、其他国家关于转基因政策与态度的比较等全新课题有机结合起来,使得整个研究能够在学术发展上有一定的创新性。

(二)学术观点的特色和创新

本研究首次提出转基因霸权的概念,认为这是美国在新时期强化粮食霸权新的体现形式,并且包括转基因霸权的具体内容、构建该霸权的手段及其影响。这种霸权不仅仅指技术垄断,更与政治经济方面的利益息息相关。在面对转基因霸权扩张时,不同国家采取不同的对策,这是由本国的文化传统和国内的利益结构决定的。

本研究提出我们应该监管转基因产品而非转基因技术。科学的不确定

性尤其是生物科学本身的不确定性使得人们对转基因的争论持久而广泛，但基于阿根廷等发展中国家在转基因方面被美国俘获的教训，中国不应该无所作为。中国转基因技术的研发应该遵循基于产品而非技术的监管模式，即大力支持转基因技术的发展和创新，但对技术的结晶——转基因产品应该实行严格的监管，只有这样才能使中国在未来科技竞争中占据主动。

（三）研究方法的特色和创新

第一，本研究从国际关系的视角来探求转基因问题，探求技术与政治的互动关系，研究视角新颖。

第二，本研究通过法学、国际关系学和经济学跨学科知识的融会贯通，对近几年转基因问题进行深层次的研究，形成清晰明了的研究框架和逻辑体系。

第三，研究框架更加完整。通过对跨国粮商和美国粮食外交历史、过程、现状及对中国影响的研究，使得研究不再单纯局限于一个历史时期或政策，来龙去脉更加清晰，能形成一个整体的研究框架。

第四，本研究采用案例研究和比较研究的方法。当面对美国转基因霸权输出时，欧盟、巴西等为何能实行有效的应对，而阿根廷等国却只能被动接受。这种比较有助于我们理解不同国家在转基因政策和态度方面有较大差异的原因。

第一部分

生物国防：美国霸权体系的国内起源

第一章

美国生物国防计划的构建

国防是指国家为防备和抵抗侵略、保卫国家主权统一和领土完整所进行的军事活动以及与军事有关的政治、经济、外交、科技等方面的活动。生物国防是国防的一部分,是指在国家安全防御措施中,政府制订预防敌对国家或组织的敌视入侵行为所采取的,针对以生物技术为载体的武器的防御政策、措施和反制行动。① 美国部署生物国防既是对"9·11 恐怖袭击"事件和"炭疽邮件"事件的回应,也是一项基于风险防治的国家安全和公共安全计划,该计划的最终目标是保护美国国家安全和美国人民的利益。当前美国政府高度重视的生物国防计划有国家战略储备项目(Strategic National Stockpile)、生物盾牌计划(Project BioShield)以及化学与生物防御项目

---

① 本书的生物威胁的来源主要是指国家、非国家行为体(恐怖组织、犯罪团伙和科研机构)和自然界。

（Chemical and Biological Defense Project）等。[①] 国家战略储备项目的主要目标是保证食品、药品、疫苗和医疗装备的供应和分配；生物盾牌计划的主要目标是研发高效的药物和疫苗以应对生物武器袭击；化学与生物防御项目的主要目标是提高美国对化学和生物武器的威胁认知能力，完善美国国家基础设施建设，保护国家生态和农业系统的安全。

一、美国发展生物国防的历史背景

美国发展生物国防的想法最早可以追溯到第二次世界大战（以下简称为二战）结束初期。1945 年 8 月 15 日，日本裕仁天皇宣读《终战诏书》，宣布日本无条件投降。美国为防止日本东山再起，对日本实施军事占领。占领期间美国获得日本研究细菌武器的大量资料，为了独占这些资料，美国操纵远东军事法庭，在审判日本战犯的时候有意掩盖日本发动细菌战的犯罪事实。[②] 在日本获得的这些资料为战后美国发展生物武器提供了原始参考。据美国军方情报显示，苏联也获得了部分研究资料，并在二战结束后初期雇佣日本七三一部队的战俘研究细菌武器。[③] 在美苏冷战初期，美国政府、智囊团和军方一直在思考如何消除苏联的生化武器对美国可能造成的影响。

1962 年古巴导弹危机解除，虽然美苏军备竞赛没有终止，但美苏关系还是获得了暂时的缓和。为了防止核武器的传播和滥用，美国与苏联签署了《部分禁止核试验条约》（1963）、《不扩散核武器条约》（1968）和《美苏限制

---

① 根据美国匹兹堡大学生物安全中心 Franco 教授的统计，2001—2012 年，美国在生物国防计划中经费投入前三的项目分别是国家战略储备项目、生物盾牌计划和化学与生物防御项目。详见 C. Franco，Billions for Biodefense：Federal Agency Biodefense Funding 每年的统计资料。

② 陈致远、朱清如：《六十年来国内外日本细菌战史研究述评》，《抗日战争研究》，2011 年第 2 期。

③ ［美］谢尔顿·哈里斯：《死亡工厂——美国掩盖的日本细菌战犯罪》，王选等译，上海人民出版社，2000 年，第 346～347 页。

战略核武器条约》(1972);美苏双方"承诺"减少发展核武器的经费投入。同时,美国为了适应越南战争加速增长的开销,20 世纪 60 年代后期生物战计划的资金暂时减少。在限制生物武器的制造、传播和使用方面,美国国家安全委员会于 1969 年 11 月 25 日和 1970 年 2 月 25 日签署了《国家安全决策备忘录第 35 号文件》(National Security Decision Memorandum 35)和《国家安全决策备忘录第 44 号文件》(National Security Decision Memorandum 44),两份文件规定美国将不再生产、使用致命性或摧残性化学武器和生物武器,摧毁当前库存的生物武器,将生物技术应用限定在防御性范围内。[1] 为了限制杀伤性生物武器在全球的传播和滥用,美国与一些国家在 1972 年 4 月 10 日签署了《禁止生物武器公约》(Convention on the Prohibition of the Development, Production and Stockpiling of Bacteriological and Toxin Weapons and on their Destruction)。[2] 为了防止生物、化学制剂和研究设备在进出口过程中被恐怖组织截取,澳大利亚集团组织制定了出口管制清单。[3] 由于当时国际社会对生物武器的研发和使用监管得比较严格,美国也没有受到明显的生物武器威胁,美国政府并没有大规模研发用于进攻性和防御性目的的生物武器。[4]

20 世纪 90 年代,随着东欧剧变、苏联解体,世界范围内掀起一股新的自由民主化浪潮。白宫决策者在欣喜之余,开始担心苏联核武器和生物武器的流向问题。美国军方担心苏联解体后,苏联的核武器和生物武器会流向

---

[1]　National Security Decision Memorandum 35, National Security Council, November 25,1969, pp. 1 – 3;National Security Decision Memorandum 44,National Security Council, February 25,1970,p. 1.

[2]　Kathryn Nixdorff, Biological Weapons Convention, Verifying Treaty Compliance, 2006, pp. 108 – 109.

[3]　澳大利亚集团是一个非官方组织,成立于 1985 年 6 月,当前有 41 个成员国,主要任务是通过制定出口管制措施,防止恐怖分子获得研制生化武器的各种原料,详见:http://www. australiagroup. net/en/index. html.

[4]　1985 年,Rajneeshee 组织在刺杀美国俄勒冈州检察官 Charles H. Turner 时,使用了鼠伤寒沙门氏菌(Salmonella Typhimurium),数百人受到感染,但所幸无人伤亡,这是美国第一次遭受生物武器打击的事件,参考:http://dictionary. sensagent. com/Charles_H. _Turner_(attorney)/en – en/.

一些敌对国家、地区和恐怖组织中。[①] 为了保护美国国家安全,防止受到生物武器的危害,美国国会在 1990 年 5 月 22 日通过《生物武器与反恐法》(*Biological Weapons Anti - Terrorism Act of* 1989),该法案规定,禁止国际社会生产、传播和储备细菌武器和有毒武器,禁止各国从事与生物武器有关的非法行为。[②] 1991 年 12 月 4 日,美国国会又颁布了《控制和消除化学武器与生物武器法》(*Chemical and Biological Weapons Control and Warfare Elimination Act of* 1991),该法案规定,美国要和国际社会共同努力,制止化学武器和生物武器在国际舞台的扩散和滥用,对违反规定的国家、组织实施打击和制裁。[③] 同年 12 月 12 日,老布什总统签署了向俄罗斯提供紧急援助的《纳恩 - 卢格法》(*Nunn - Lugar Act*),该法案向俄罗斯提供紧急援助的目的是协助俄罗斯销毁苏联留下的大规模杀伤性武器。[④]

除了签署诸多法案,在国家行为上,美国政府还于 1992 年开始推行生物技术国家战略,鼓励发展生物高科技。在当时,技术是最前沿的生物技术,为了鼓励转基因技术的发展、传播,消除民众对转基因食品的担忧,老布什总统在该年的总统行政命令中明确指出,转基因作物、食品与同品种的传统作物"实质上相同"。美国国家科技委员会在题为《21 世纪生物技术:新前沿》的报告中也提出,未来美国要将发展生物科学的重点放在四个领域,即农业生物技术领域、环境生物技术领域、制造和生物加工领域以及海洋生物和水产养殖领域。这一时期美国政界、学界和商界精英逐步认识到生物技术的重要性,政府鼓励生物技术商业化,但还没有真正将生物技术和国防结

---

① Conventional Forces in Europe Treaty Implementation Act of 1991, Amendment No. 1439, November 25, 1991.

② Biological Weapons Anti - Terrorism Act of 1989, Public Law 101 - 298, May 22, 1990, 104 STAT, pp. 201 - 203.

③ Chemical and Biological Weapons Control and Warfare Elimination Act of 1991, Public Law 102 - 182, December 4, 1991, 105 STAT, pp. 1245 - 1259.

④ 全克林:《美国的"合作降低威胁"项目评析》,《美国研究》,2008 年第 2 期,第 78 页。

合起来。①

2001 年发生在美国纽约世贸中心的"9·11 恐怖袭击"事件和随后的"炭疽邮件"事件,将炸楼恐怖主义和生物恐怖主义直接联系在一起,一定程度上引起美国各界的恐慌。美国军界、学界和舆论界人士都要求政府采取果断措施,加强生物国防建设,维护美国国家安全。② 基于反恐和维护国家安全的需要,美国政府决定全面部署生物国防体系。③ 在政府的大力鼓励下,很多科研机构和商业公司投入这一领域。2001 年 10 月 23 日,美国国会通过了《生物恐怖主义预防法》(Bioterrorism Prevention Act of 2001),该法案强调要扩大对生物武器的识别和鉴定范围,对使用特定生物制剂和毒素危害公共卫生和安全的行为人施行处罚和监禁。④ 随后,10 月 26 日美国国会又颁布了《美国爱国者法案》(USA Patriot Act),该法案以反恐为目的,增加了警察机关、财政部门和移民管理局的权力。根据该法案,警察机关有权查看居民的电话、电子邮件、医疗、财务等方面的记录;财政部长有权控制和管理金融流通活动;移民管理局有权驱逐被怀疑与恐怖主义有关的外籍人士。该法案还要求美国公共和私营组织及时向政府部门提供与恐怖主义和国土安全有关的信息。⑤ 2002 年 12 月 11 日,小布什总统签署了《防御大规模杀伤性武器的国家战略声明》文件(Statement on the National Strategy To Combat

① 20 世纪 90 年代,随着全球化的发展、生物医学和转基因技术的进步、冲突形式的变化以及新疾病的出现,美国政府开始重视生物安全,参见 Grogory D. Koblentz, Biosecurity Reconsidered: Calibrating Biological Threats and Responses, International Security, Vol. 34, No. 4, 2010, p. 98.

② 早在 2000 年 4 月 30 日,美国国家安全委员会就将艾滋病毒视为威胁美国国家安全的生物病毒,并着手研究应对措施,详见: Balton Gellmon, AIDS is Declared Threat to Security, Washington Post, April 30, 2000.

③ Gregory D. Koblentz, Biological Terrorism: Understanding the Threat and America's Response, in Arnold M. Howitt and Robyn L. Pangi, eds, Countering Terrorism: Dimensions of Preparedness, Cambridge: MIT Press, 2003, pp. 97 – 173.

④ Bioterrorism Prevention Act of 2001, H. R. 3160, October 23, 2001, pp. 2 – 5.

⑤ Uniting and Strengthening America by Providing Appropriate Tools Required to Intercept and Obstruct Terrorism Act of 2001 (USA Patriot Act), Public Law 107 – 156, October 26, 2001, 115 STAT, pp. 272 – 402.

Weapons of Mass Destruction），该文件指出了美国生物国防战略的三个支柱：第一个支柱是遏制生物武器的扩散，实施反扩散政策（Counterproliferation）；第二个支柱是防止恐怖分子获得生物武器，实施不扩散措施（Nonproliferation）；第三个支柱是加强情报侦破和分析能力，提高国际合作水平，做好应对准备。① 小布什总统签署的诸多法案和行政命令是美国第一次开始大规模部署生物国防计划，为奥巴马政府和特朗普政府继续实施生物国防计划提供了法律框架和参考。

二、美国政府部署生物国防的过程

生物武器和化学武器会对一个国家的国土安全和公共安全造成巨大影响。从成本——收益的角度说，生化武器是一种低成本、高收益的政治武器。恐怖主义组织在制造舆论恐慌时，热衷于使用此类武器。按照美国官方的话语，生化武器是穷人的"核武器"，它们对恐怖分子更具吸引力。② 为了防止恐怖主义组织对美国本土和美国人民实施生物打击，美国政府两次颁布生物国防法。另外，小布什总统、奥巴马总统、特朗普总统在任期内还签署了一系列公共行政法案、总统指令文件，为美国部署生物国防提供法律指南。

（一）小布什总统时期美国的生物国防建设（2001—2008）

前面提到，2001 年"9·11 恐怖袭击"事件和"炭疽邮件"事件发生后，小布什总统做出快速反应，签署了《生物恐怖主义预防法》和《美国爱国者法

① Statement on the National Strategy To Combat Weapons of Mass Destruction, Administration of George W. Bush, December 11, 2002.

② Press Briefing on the National Biodefense Strategy, September 18, 2018, https://www. white-house. gov/briefings – statements/press – briefing – national – biodefense – strategy –091818/ .

案》。2002年6月12日,小布什总统又签署了《公共卫生安全与生物恐怖主义预警应对法》(*Public Health Security and Bioterrorism Preparedness and Response Act of* 2002),这是美国第一部生物国防法。该法案要求美国政府提高应对生物恐怖主义和公共卫生突发事件的能力,强调了"事前预防"和"事后报告"的工作原则,要求研究机构和医药公司对联邦机构清单上的生物物质和设备进行登记。在对研究机构和医药公司持有的致病性细菌病毒进行安全风险评估后,研究机构、医药公司才能拿到使用许可证。当联邦机构清单上的生物物质、设备和病毒被盗、丢失或被释放时,研究机构和医药公司负责人需要及时向相关机构报告。没有及时登记或及时报告的持有者将面临严重的处罚,并有可能受到长期监禁。①

《公共卫生安全与生物恐怖主义预警应对法》由五部分组成。第一部分是关于国家应对生物恐怖主义和其他公共卫生紧急情况的条例,该条例规定了联邦政府、州和地方政府预防生物恐怖主义的战略和计划,并要求联邦政府、州和地方政府加强食品、药品和生物疫苗等战略物资的储备。第二部分是关于对危险性生物制剂和毒素的控制条例,该条例要求美国卫生及公共服务部和农业部对特定生物制剂和毒素进行登记和审核,待审核通过后代理人才可以拥有或使用这些生物制剂。第三部分是关于保护食品、药品的生产、运输和储备安全的条例,该条例要求美国食品、药品进口商向卫生及公共服务部提交食品、药品进口清单,以便卫生及公共服务部检验进口食品、药品的安全性。另外还要求卫生及公共服务部登记用于食品、药品加工和制造的各种设备,以便核查其安全性。第四部分是关于保障饮用水安全的条例,该条例要求努力维护社区供水系统的安全,做好应急预案和污染治理工作。第五部分是附加条款,该条款修改了《联邦食品、药品和化妆品法

---

① Public Health Security and Bioterrorism Preparedness and Response Act of 2002, Public Law 107 – 188, June 12, 2002, pp. 2277 – 2279.

案》(*Federal Food, Drug and Cosmetic Act*)中有关食品、药品价格的规定。[①]
美国第一部生物国防法为美国政府实施生物国防计划提供了法律指南。

2002 年 11 月 25 日,美国国会通过了《国土安全法》(*Homeland Security Act of* 2002),之后根据该法案设立了美国国土安全部(DHS)。该法案规定国土安全部的主要职责是:①防御境内的恐怖袭击事件,降低恐怖袭击的损害度;②监督国内诸多计划和项目的实施,保护国土安全和国家经济安全;③打击毒品贩运活动,切断贩卖毒品者与恐怖主义组织之间的关系。[②] 为了降低细菌、病毒传播带来的损失,2003 年 1 月 28 日,小布什总统提出生物盾牌计划(Project BioShield),[③]2004 年 7 月 21 日,国会通过了《生物盾牌法案》。[④] 该计划的主要内容是鼓励科研机构进行医学应对措施研究,通过研究炭疽芽孢杆菌、天花病毒、肉毒杆菌毒素和埃博拉病毒等可能用于研发生物武器的病毒,培育新一代疫苗和药物,并制定详细的诊断和治疗计划。[⑤] 为了更好地落实生物盾牌计划,《生物盾牌法案》规定政府要设立专项储备基金,用于采集医疗物资、研究新药品。[⑥] 从 2004 年到 2013 年,美国国会共拨款 56 亿美元用于疫苗和解毒药品的研究。[⑦]

2004 年 4 月 28 日,小布什总统签署了《二十一世纪生物国防计划》总统行政命令(*Biodefense for the* 21st *Century*)。该行政命令表明美国将应用一切手段保护本国国家安全和全球利益,通过建立更加完善的生物传感设施和

① Public Health Security and Bioterrorism Preparedness and Response Act of 2002, Public Law 107 – 188, June 12, 2002, pp. 2275 – 2365.

② Homeland Security Act of 2002, Public Law 107 – 296, November 25, 2002, p. 2142.

③ 2003 年爆发的 SARS 和 H5N1 在美国引起恐慌,为了对抗传染病,小布什总统提出生物盾牌计划。

④ President Bush Signs Project Bioshield Act of 2004, White House, July 21, 2004.

⑤ P. K. Russell, Project BioShield: What it is, Why it is Needed and its Accomplishments So Far, Clinical Infectious Diseases, July 15, 2007, pp. 68 – 72.

⑥ 吉荣荣、雷二庆、徐天昊:《美国生物盾牌计划的完善进程及实施效果》,《军事医学》,2013 年第 3 期。

⑦ Robert Kadlec, Renewing the Project BioShield Act, *Policy Brief*, January, 2013, pp. 1 – 16.

基础医疗设施,提高对生物武器袭击的识别和应对能力。在具体措施上,小布什总统提出五点主张:①启动防扩散安全倡议(The Proliferation Security Initiative),遏制大规模杀伤性武器(包括生物武器)的扩散;②实施生物监督计划(Biowatch Program),建立环境传感器网络,对美国主要城市进行检测,防止美国农业和食品、药品供应系统受到生物毒素的污染;③实施国家战略储备项目,增加战略性药物、疫苗和医疗设备的储备,确保疫苗和治疗药物可以在 12 小时内送达美国任何地方;④继续实施生物盾牌计划,加快研发和检测新的医疗对策的能力;⑤与国际社会开展合作,共同探究应对生物武器袭击的有效方案。①

小布什总统在签署这些公共行政法案的同时,也签署了多个国土安全总统指令文件(Homeland Security Presidential Directive,HSPD)。从 2001 年到 2008 年,小布什总统共签署了六个涉及生物国防的国土安全总统指令文件,即 HSPD-4、HSPD-7、HSPD-9、HSPD-10、HSPD-18 和 HSPD-21。这些总统指令文件主要涉及如何预防大规模杀伤性武器的伤害、如何加强关键性基础设施的识别和保护、如何维护农业和食品系统的安全,以及如何改善公共卫生和医疗设备等。②

随着公共行政法案和国土安全总统指令文件相继生效,美国国土安全部在 2008 年 1 月制定了应对自然灾害和人为灾害的《国家应急框架》(National Response Framework,NRF)。③ NRF 由核心文件、紧急援助功能、支持文件、事件附件以及合作伙伴指南五部分组成。NRF 的运作方式是通过协调联邦政府、州和地方政府、公共机构、私营部门和非政府组织间的责任和分

① Biodefense for the 21st Century for Immediate Release Office of the Press Secretary, April 28, 2004.

② D. Poulin, *A U. S. Biodefense Strategy Primer*, Biodefense Knowledge Center of Department of Homeland Security, May 15, 2009, p. 3.

③ 为了使用方便,美国国土安全部还创建了一个网上应急框架资源指导中心(NRF Resource Center),其内容包括方案设计与操作、技术应用与指导,详见:https://training. fema. gov/emi. aspx。

工,为美国政府提供应对大规模恐怖袭击事件和紧急性自然灾害事件的对策和建议。[1] 为了建立全面的国家应急框架,美国国会出台四点声明:①要充分认识到生物武器的危害,根据各方提供的情报对生物武器的危害做出正确评估和预期判断;②要实施预防与保护相结合的对策,既要防止特定生物制剂和毒素被敌对国家或组织掌握,也要保护关键性基础设施的安全;③要坚持监督与预警相结合的原则,做好前期预警和识别工作;④要能从生物武器袭击和大规模伤害中快速恢复过来,及时采取对策解决出现的各种问题。[2]

在小布什总统的积极推动下,美国国内建立起了以国家传染病研究中心(NCID)和国家疾病控制与预防中心(CDC)为核心的分布于联邦、州和地方的突发事件应急管理中心,卫生及公共服务部建立了专家顾问委员会指导各部门应对突发事件。从整体上说,小布什总统签署的诸多公共行政法案和国土安全总统指令文件对构建美国生物国防体系起了关键作用。从2001年到2008年,小布什总统用于生物国防的经费开支从6亿美元猛增到54亿美元。从中不难看出,小布什总统用于生物国防的经费开支逐年增加,其中卫生及公共服务部是政府经费投入最多的部门(2008年占总经费的73.2%)。

①　National Response Framework, Homeland Security, January, 2008, pp. 1 – 11.

②　D. Poulin, A U. S. Biodefense Strategy Primer, Biodefense Knowledge Center of Department of Homeland Security, May 15, 2009, p. 1.

表1—1 2001—2008 年美国总统小布什签署的关于生物国防计划的法律文件

国土安全 总统指令文件	《国土安全委员会的组织和运行》(2001)、《通过移民政策对抗恐怖主义》(2001)、《国土安全咨询体系》(2002)、《防御大规模杀伤性武器的国家战略声明》(2002)、《整合和使用筛选信息防范恐怖主义》(2003)、《对关键基础设施进行识别、排序和保护》(2003)、《国家准备》(2003)、《与恐怖主义有关的全面筛查程序》(2004)、《保护美国农业和粮食安全》(2004)、《二十一世纪生物国防计划》(2004)、《关于大规模杀伤性武器的医疗应对》(2007)、《公共健康和医疗准备》(2007)、《对增强国家安全的生物技术的识别和筛选》(2008)
国家安全 总统指令文件	《防御恐怖主义对美国的威胁》(2001)、《反扩散拦截》(2002)、《反恐战争中美国的策略和政策》(2006)
行政命令	《总统科学技术顾问委员会》(2001)、《建立国土安全办公室和国土安全委员会》(2001)、《禁止与承诺、威胁提供或支持恐怖主义的人交易》(2001)、《建立总统的国土安全咨询委员会和高级咨询委员会》(2002)、《在管理和预算办公室内设立国土安全部转型规划处》(2002)、《建立全球恐怖主义战争勋章》(2003)、《保护儿童免受环境健康风险和安全隐患》(2003)、《国土安全信息共享》(2003)、《国家反恐中心》(2004)、《加强关于恐怖主义信息分享保护美国人》(2004)、《加强有关确定获取国家安全信息分类资格的程序》(2005)、《阻止大规模毁灭性武器扩散》(2005)
公共法	《美国爱国者法》(2001)、《生物恐怖主义预防法》(2001)、《公共健康安全与生物恐怖主义预警应对法》(2002)、《国土安全法》(2002)、《生物盾牌法案》(2004)、《流行病和全面危害法》(2006)、《9/11 委员会法》(2007)
法律条例	《农业部制定的特定制剂最终使用规则》(2002)、《卫生及公共服务部制定的特定制剂最终使用规则》(2002)
一般法案	《农业安全与农村投资法》(2002)、《公共卫生安全与生物多样性准备法》(2002)、《病毒、血清、毒素、抗毒素和类似产品法》(2005)
国际条约	《反对大规模杀伤性武器扩散条约》(2002)、《防扩散安全倡议》(2003)、《联合国安理会第 1540 号决议》(2004)、《国际卫生条例》(2005)

（参考：D. Poulin, *A U. S. Biodefense Strategy Primer*, Biodefense Knowledge Center, May 29, 2009, pp. 1 - 7；美国公共健康紧急中心网站：https://www. phe. gov/s3/law/Pages/Laws. aspx；美国科学家联盟网站：https://fas. org/irp/offdocs/nspd；美国国家档案馆网站：https://www. archives. gov/ federal - register/executive - orders/disposition）

表1-2　2001—2008 财年美国政府用于部署生物国防的经费开支

单位：百万美元

行政部门	2001	2002	2003	2004	2005	2006	2007	2008
卫生及公共服务部	271	2940	3738	3818.9	4148.2	4132.3	4069.3	3993.3
国防部	273.9	823.7	422.1	417.4	429.6	583	555	578
国土安全部	—	—	422	1788	2981.2	567.3	353.8	359.4
农业部	—	—	200	109	298	247	186	215
商务部	64.7	64.7	76.7	73.9	77	75	76.3	76.3
环境保护局	20	187.2	132.9	118.7	97.4	129.1	153.1	157.4
国家科学基金会	0	9	31.3	31	31	31.3	26.9	15
国务院	3.8	70.9	67.2	67.1	67.2	74.3	65.1	60.6
总经费开支	633.4	4095.5	5090.2	6424	8129.6	5839.3	5485.5	5455.1

（资料来源：田德桥、朱联辉等：《美国生物防御经费投入情况分析》，《军事医学》，2013 年第 2 期）

（二）奥巴马政府时期美国的生物国防建设（2009—2016）

2008 年 11 月 4 日，奥巴马当选为美国总统。虽然当时美国深陷次贷危机，但奥巴马政府并没有减少对生物国防的经费投入和财政支持。据资料显示，2008—2009 年，美国政府用于生物国防的经费开支高达 81 亿美元。[①]从根本上说，奥巴马政府延续了小布什政府时期的生物国防战略。在具体措施上，奥巴马政府也签署了一些指导国内生物国防建设的法案和文件。

在 2009 年 11 月 23 日，奥巴马总统签署了《应对生物威胁的国家战略法案》（National Strategy for Countering Biological Threats）。该法案指出美国实施生物国防计划的七点目标：①促进全球公共卫生安全建设，提高生命科学信息和生物技术流通，增强各国解决疾病和瘟疫的能力；②培育科研人员的

---

① C. Franco, Billions for Biodefense: Federal Agency Biodefense Funding, FY2009 – FY2010, Biosecurity and Bioterrorism, Vol.7, No.3, 2009, pp. 291 – 309.

责任意识和安全意识,坚持正确的科研方向;③提高科技识别能力,及时定位和防御生物武器袭击;④防止生物技术和敏感信息的丢失、盗取和滥用;⑤提高国家的预防、分析和应对能力,降低风险;⑥加强各国间的沟通与合作,确保各国政府的行动一致;⑦在全国范围内开展反恐行动,确保各部门间有效的联合行动方式。① 除此之外,该法案也规定了美国联邦政府、州和地方政府、非政府组织、个体行为者和国际合作伙伴在美国生物国防建设中的不同职责和角色。②

　　2010 年 2 月 1 日,美国国防部发布的《四年防务评估》报告指出,为了建设生物国防体系,防止生物武器扩散给美国带来的不利影响,美国政府应该从三方面着手准备:①加强应对措施研究,制定预防策略,未雨绸缪;②加强对大规模杀伤性武器的监测、定位和防护能力,做好陆海空阻截;③加强国际合作,构建多重国防网络,并重点关注一些国家和地区的安全。③ 5 月 27日,奥巴马签署《国家安全战略报告》,指出生物武器与核武器对美国国家安全的重要性,防备生物武器和核武器的攻击是美国国家安全优先考虑的方面。为此,美国应该继续壮大整体实力,保持经济领域、军事领域和高科技领域的优势;加强国际合作,建设全球公共卫生安全体系;建设公平公正的国际秩序,提高国际法和国际组织的效力。④ 7 月 2 日,奥巴马签署了《优化管理布萨特行动法案》,这是美国第二部生物国防法,并提出了"布萨特"⑤的

---

① National Strategy for Dealing with Biological Threats, National Security Council, November, 2009, pp. 6 – 20.

② National Strategy for Dealing with Biological Threats, National Security Council, November, 2009, pp. 21 – 23.

③ Quadrennial Defense Review Report, Department of Defense, February, 2010, pp. 17 – 95.

④ National Security Strategy of the United States of America, The White House, May 27, 2010, pp. 7 – 17.

⑤ 布萨特(BSAT)的全称是 Biological Select Agents and Toxins,是一种严重威胁公共健康和安全的特定生物制剂和毒素,美国卫生部和农业部严格监督和管理布萨特的研发、使用和传播。布萨特是一种严重危害公共健康和安全的生物制剂和毒素,而布萨特计划是保护美国国家安全的重要战略举措,两者不能混为一谈。

概念。在该法案中,奥巴马指出实施布萨特计划的原因是:1.研究布萨特的科研机构和企业对美国国家安全至关重要;2.实施布萨特计划可以防止特定生物制剂和毒素被滥用、被偷窃、丢失和意外释放;3.通过加强各联邦部门间的协商与合作,既可以使布萨特计划合法化,又可以消除布萨特的负面影响。为了优化管理布萨特,奥巴马做出三点指示:1.各行政部门要在6个月内制定一份监管布萨特计划实施进度的方案;2.卫生及公共服务部与农业部要在18个月内制定一份一级特定生物制剂和毒素名单,评估其风险,然后根据各生物制剂和毒素的特殊性制定具体的预防方案;3.设立联邦专家安保咨询小组(Federal Experts Security Advisory Panel),为布萨特计划的实施提供技术指导和安全建议。联邦专家安保咨询小组由来自美国国务院、国防部、司法部、农业部、商务部、卫生及公共服务部、交通部、劳工部、能源部、退伍军人事务部、国土安全部、环境保护局、国家情报主任办公室、科学技术政策办公室和参谋长联席会议这15个部门的代表组成。卫生及公共服务部部长和农业部部长任联席主席,可以根据形势需要增加联邦专家安保咨询小组成员的数量。①

值得强调的是,奥巴马政府特别重视农业领域的生物国防计划。2012年,奥巴马签发《国防资源预备战略》行政命令,关注农作物安全。与此相呼应,2012年2月,美国联邦调查局提出了"农业恐怖主义"(Agroterrorism)的概念,按照美国官方的阐释,农业恐怖主义被定义为生物恐怖主义的一个分支,具体是指恐怖主义组织或其他势力通过传播动物植物疾病,在美国制造恐慌,造成经济损失,进而影响社会稳定。2016年11月,美国国防部高级研究计划局宣布资助研究适应性更强的农作物,帮助美国农场主应对气候变

---

① Optimizing the Security of Biological Select Agents and Toxins in the United States, *Presidential Documents*, Executive Order 13546, Vol. 75, No. 130, July 2, 2010.

化、干旱、霜冻、洪水、病害、生物恐怖主义等威胁。[①] 这项研究的核心技术预示着一种全新的转基因作物的生产方法。其观点是，与其等待植物将新获得的性状遗传给下一代，还不如将遗传变化施加给现存的生物体，这一过程被称为水平遗传改变。该技术的实施载体就是水平环境基因改造剂（HE-GAAs）。为了使 HEGAAs 发挥作用，需要将实验室开发的基因修饰插入目标生物体的染色体中。该技术利用基因编辑系统对叶蝉、白蝇和蚜虫等以农作物为食的昆虫的基因进行改造，具体方法是使昆虫携带具有目的基因的传染性病毒，感染现有农作物，从而引发农作物所需特定功能的获得，如提高抗旱性或抗冻性。

表 1-3　2009—2016 年奥巴马签署的关于生物国防计划的法律文件

总统政策指令文件	《国家安全委员会组织制度》(2009)、《应对生物威胁的国家战略》(2009)、《国家恐怖主义咨询系统》(2011)、《国家防备计划》(2011)、《"2012 年度国防授权法"第 1022 节执行程序》(2012)、《应对简易爆炸装置》(2012)、《关键性基础设施的安全和弹性》(2013)、《国家特别安全事件》(2013)
总统研究指令文件	《组织国土安全和反恐怖主义》(2009)、《四年防务评估报告》(2009)、《建立暴力预防委员会和审查机构》(2010)
行政命令	《建立联合能力为生物攻击提供及时的医疗对策》(2009)、《加强实验室生物安全研究》(2009)、《优化管理布萨特行动方案》(2010)、《制定综合战略反恐通信倡议，建立临时组织以支持某些政府的海外通信活动》(2011)、《国防资源预备战略》(2012)、《建立白宫国土安全合作理事会》(2012)、《改善化学设施和安全》(2013)、《对抗耐药性抗生素细菌》(2014)、《实施 2015—2020 年美国国家艾滋病毒预防战略》(2015)、《国家安全奖章》(2015)、《推进全球卫生安全议程，预防传染病威胁，实现世界安全》(2016)

[①]　Gizmodo George Dvorsky, Scathing Report Accuses the Pentagon of Developing an Agricultural Bio-weapon, https://ncensored.co.nz/2018/10/05/scathing-report-accuses-the-pentagon-of-developing-an-agricultural-bioweapon/.

法律条例	《外国检疫:病毒、宿主和载体》(2009)、《运输管理》(2010)、《安全计划的组成部分》(2010)、《危害沟通标准》(2010)、《实验室职业暴露于危险化学品》(2010)、《血型病原体标准》(2010)、《危险废物处理和应急响应》(2010)、《保留 DOT 标记、标语牌和标签》(2010)、《良好的实验室规范》(2011)、《危险材料法规》(2014)
政府指导文件	《微生物和生物医学实验室的生物安全》(2009)、《生物事故后恢复的规划指导(草案)》(2009)、《合成双链 DNA 提供者筛选框架指导》(2010)、《美国政府生命科学监督政策双重使用研究关注》(2012)、《卫生及公共服务部关于 H5N1 双重使用研究框架》(2013)、《美国政府生命科学机构监督政策》(2014)、《NIH 涉及重组或合成核酸分子的研究指南》(2016)
一般法案	《虚假信息和骗局》(2009)、《公共卫生服务法》(2010)、《关于大规模杀伤性武器的使用问题》(2011)、《爆炸物、破坏性设备和大规模杀伤性武器的信息分配》(2011)、《爆炸物、生物、化学、放射性或核材料的运输问题》(2011)、《联邦杀虫剂、杀菌剂和杀鼠剂法》(2011)

（表格自制,参考:美国科学家联盟网站:https://fas.org/irp/offdocs/ppd/index.html;美国公共健康紧急中心网站:https://www.phe.gov/s3/law/Pages/Laws.aspx;美国档案馆网站:https://www. archives.gov/federal – register/executive – orders/obama.html;美国白宫网站:https://obamawhite house.archives.gov/1600/presidents/barackobama）

表1-4　2009—2016 年美国政府用于生物国防的经费开支

单位：百万美元

行政部门	2009	2010	2011	2012	2013	2014	2015	2016
卫生及公共服务部	4359.9	4068.4	4149.8	3923.7	4264.2	6125.6	6076.1	6820.6
国防部	717.6	675.1	788.7	922.6	1932.8	3057.8	2733.1	2838.1
国土安全部	2550.1	477.6	389.6	335.2	2487.3	2501.6	2711.8	2481.5
农业部	218	92	84	92	53	54	52	52
环境保护局	162.3	150.4	102.9	101	289.3	394.7	412	420.9
国家科学基金会	15	15	15	15	93.3	95	95.7	92.3
国务院	66.1	74	74.3	73.2	722.8	238.4	211.3	225.7
商务部	85.3	100.3	100.3	111.2	52.3	55.6	56.7	58.6
总经费开支	8174.3	5652.8	5704.6	5573.9	9895	12522.7	12348.7	12989.7

（资料来源:Tara Kirk Sell and Matthew Watson, Federal Agency Biodefense Funding,

FY2013 – FY2014, *Biosecurity and Bioterrorism：Biodefense Strategy, Practice and Science*, Vol. 11, No. 3, 2013, pp. 196 – 216；Crystal Boddie, Tara Kirk Sell and Matthew Watson, Federal Agency Biodefense Funding in FY2015, *Biosecurity and Bioterrorism：Biodefense Strategy, Practice and Science*, Vol. 12, No. 4, 2014, pp. 163 – 177）

（三）特朗普政府对生物国防体系的重塑（2017—2020）

作为一位战略家和精明的战术家,商人出身的特朗普以"美国优先"和"美国第一"的口号登上美国总统"宝座"。在其执政近一年后的 2017 年 12 月 18 日,他发布了其任内的第一份《国家安全战略报告》。这份报告标志着以大国竞争和对抗为色彩的传统安全又重新成为美国国家安全的首要目标,特朗普将恐怖主义置于中俄、朝鲜伊朗之后第三位的位置。但值得注意的是,特朗普对生物国防的重视程度丝毫不亚于前两任总统。

在其《国家安全战略报告》的第一部分中,特朗普指出生物事件的爆发会带来灾难性的后果,以美国为对象的生物威胁不断增多,美国需要采取切实的行动从源头上来加以解决。[1] 并且,特朗普认为生命科学的进步有益于人类的健康和社会的发展,但同时也为那些意图伤害美国的行为者提供了新的路径。因此,美国应该从源头检测并遏制生物威胁,及早发现和减轻疫情,防止疾病蔓延,加强人类和动物交叉领域的卫生安全。同时鼓励生物医学的创新,完善应急响应与统一协调机制。[2]

为贯彻其意志,2018 年 1 月美国国防部发布的《国防战略报告》明确提出,近期生物工程学的发展还引起另一种担忧,即生物武器的潜能和种类将会大大增加,且更容易获取。因此美军需要开启"全球作战模式",并且将应

---

[1]　National Security Strategy of The United States of America, December, 2017, https：//www. whitehouse. gov/wp – content/uploads/2017/12/NSS – Final – 12 – 18 – 2017 – 0905 – 2. pdf.

[2]　National Security Strategy of the United States of America, December, 2017, https：//www. whitehouse. gov/wp – content/uploads/2017/12/NSS – Final – 12 – 18 – 2017 – 0905 – 2. pdf.

对全面战争作为未来的重点发展方向。[1]

在农业安全的威胁方面,参与和筹划美国生物国防计划的半官方机构——生物防御蓝带研究小组早在2017年10月就发布《保护动物和农业》报告,指出农业是国民经济的基础,人畜共患疾病的发病率不断增加,表明需要加大力度消除隐患来减少对美国农业部门的冲击。该报告分为领导、协调、合作、创新四部分。在领导方面,报告强调白宫一级的政治领导是必要的,以提高生物防御作为国家的关键要求,副总统与国会一起推动农业防御体系的构建,白宫应确保国家生物防御战略应对粮食和农业面临的威胁,并确保将详细的农业防御支出纳入跨领域的生物防御预算分析。在协调方面,实现农业部与联邦调查局之间的协调和信息共享,减少机构之间的功能重叠,并明确指示其他联邦部门支持对农业犯罪和农业恐怖主义的调查工作。在合作方面,早期监测和发现是减轻其影响和缩短反应持续时间的最重要手段之一,虽然美国的生物防御工作取得了明显的成效,但在疫情的快速监测和诊断方面仍然欠缺,白宫应该将动植物和人类健康等全部纳入生物监测活动的范畴,并指示相关部门制定预算需求,国家安全委员会应该指导机构间合作伙伴制定质量标准,以衡量生物监测投资的价值,国会应该资助和促进增加牲畜和野生动物数据的收集,增加对农业部国家野生动物疾病计划的拨款。在创新方面,国家需要科学的解决方案来推动农业防御超越目前的局限,美国农业部应进一步制定禽流感和其他疾病的疫苗使用政策。[2] 此外,农业部和国土安全部应制定农业防御设施运营的商业计划,该计划面向国内外市场,并将公共和私营部门都纳入其中。

经过长期的酝酿,2018年9月18日,特朗普政府终于推出了一项旨在

---

① Document:2018 National Defense Strategy Summary, January 19, 2018, https://www.lawfareblog.com/document – 2018 – national – defense – strategy – summary.

② Defense of Animal Agriculture, October, 2017, https://www.biodefensestudy.org/defense – of – animal – agriculture.

应对生物威胁并推动美国生物国防发展的战略,这项国家生物防御新战略通过特朗普签署的《国家安全总统备忘录》(NSPM)上升为国家意志,它是对前两任总统政策的扬弃,既延续和继承了他们行之有效的一些做法,同时体现了特朗普政府鲜明的时代特征以及特朗普的个性,实现了部分创新。这些创新主要体现在:

第一,不再使用"布萨特"的概念,而是实施生物国防多样性战略,将生物威胁的范畴进一步扩大,包括自然发生的、人为制造的和偶然性的生物威胁,以便适应生物威胁的复杂性和多元化。这是因为随着生物科技的发展,生物威胁的种类日益多样,生物国防的防御范围不断扩大。除了传统的生物细菌、病毒和毒素外,基因片段、基因食品和基因技术逐渐成为美国生物国防的新型防御对象。

第二,涉及生物国防的政府机构至少包括 15 个部门,而作为应对生物恐怖主义的跨部门机构的权力范围含糊不清,集中领导和权力协调也不明确。基于政府各个部门自行其是,缺乏集中协调的应对计划,在机制创新和政府机构改革方面,《国家安全总统备忘录》授权成立了一个内阁级生物防御指导委员会,由卫生及公共服务部部长亚历克斯·阿扎(Alex Azar)担任主席,下设生物防御协调小组,负责协调 15 个政府部门来处理生物恐怖主义和致命疾病暴发的问题,并且定期监督和评估生物防御战略的实施。为此,建立一个评估实施能力的流程,以高效利用政府的生物防御资源开展行动。

第三,基于生物威胁的不断演变和升级,对专业知识和技术能力的要求越来越高,特朗普政府宣称生物技术的快速发展对改善公共健康事业拥有巨大潜力,但它们也为新型威胁创造了机会,并使越来越多的行为体研发生物武器。[1] 作为回应,特朗普政府开始提高卫生及公共服务部在生物国防中

---

[1] Press Briefing on the National Biodefense Strategy, September 18, 2018, https://www.white-house. gov/briefings – statements/press – briefing – national – biodefense – strategy – 091818/.

的地位,特朗普任命卫生及公共服务部部长亚历克斯·阿扎负责协调国家生物防御战略的具体实施,并直接为总统服务。2018 年 10 月 18 日,卫生及公共服务部发布《美国健康安全国家行动计划》,帮助特朗普如何准备和应对突发性公共卫生事件。该计划形成了国家安全战略和国家生物防御战略的战略指导,并指出美国政府将采取的行动。① 由此可见,卫生及公共服务部在部署实施生物国防过程中将发挥主导作用。特朗普政府通过加强卫生及公共服务部集权的方式,来克服机构重叠和职责交叉的问题,实现各部门之间的有序协调。

此外,2018 年 12 月,特朗普总统签署了《2018 年农业提升法案》。该法案囊括了保护美国食品和农业产业免受生物攻击和疾病暴发、制定国家动物疾病准备和反应计划以及成立国家动物疫苗银行等一系列内容。②

总体来看,特朗普希望通过创新制度的方式来克服集体行动的困境以及权责不分的难题,摆脱纸上谈兵式的"太多战略性文件中的僵化概念",③进而保障政府敏捷的快速反应能力,并能应对千变万化的各种生物威胁。

通过这些创新,特朗普旨在建立一个更高效、更具协调能力、更富有弹性的生物防御体系,该体系是由在生物事件的发现、预防、准备、回应和灾后恢复方面发挥作用的所有利益相关方组成,包括联邦政府、州和地方政府、私营部门和国际合作伙伴。虽然美国国内对特朗普的政策提出质疑,如奥巴马执政期间担任卫生及公共服务部高官的妮可·卢瑞(Nicole Lurie)认为特朗普的"新政"仍属"新瓶装旧酒",只是将之前的生物防御体系重新包装

---

① Statement From the Press Secretary, October 19, 2018, https://www. whitehouse. gov/briefings – statements/statement – press – secretary – 39/.

② Blue Ribbon Panel Lauds Congress for Passage of Farm Bill With Provisions to Protect Food Supply, December 26,2018, https://homelandprepnews. com/stories/31880 – blue – ribbon – panel – lauds – congress – for – passage – of – farm – bill – with – provisions – to – protect – food – supply/.

③ Jon Cohen, Trump's Biodefense Plan Aims to Improve Coordination Across Agencies, September 19, 2018, http://www. sciencemag. org/news/2018/09/trump – s – biodefense – plan – aims – improve – coordination – across – agencies.

而已。① 但特朗普对自己构筑的生物国防体系信心满满,并认为它代表了美国防御生物威胁的新方向。②

　　然而此次新冠肺炎疫情对美国社会的巨大冲击和破坏,使得美国生物国防建设的有效性受到广泛质疑,美国国内对特朗普政府应对疫情的态度和策略的不满情绪与日俱增。显然,特朗普政府应对疫情的态度很大程度上让位于选举政治的考虑。为了连任的需要,特朗普政府选择淡化新冠肺炎疫情的危害,强行重启经济,防疫专家的专业意见被排挤和搁置,以至于美国原本较为完善的生物国防制度在应对疫情过程中难以发挥作用。

　　转基因是美国生物国防计划的重要组成部分③,美国政府大力支持转基因技术的研发,并与美国的生物技术公司、非政府组织密切合作,通过资金支持、政策支持等一系列措施来保障美国的转基因技术始终处于世界的前沿,并引领全球技术发展的潮流。在转基因技术研发和推广使用的过程中,为了避免出现风险,基因片段、转基因食品和转基因技术逐渐成为美国生物国防的新型防御对象。生物国防是美国转基因霸权体系的国内起源和雏形④,美国在国内研发先进的转基因技术,并防范该技术带来的潜在威胁,同时,提防其他国家和跨国行为体例如恐怖组织利用基因武器来威胁美国的安全。在此基础上,美国向全球输出转基因技术及其产品,力图构筑自己的霸权优势。因此,生物国防计划为美国的转基因霸权体系提供了技术基础,生物国防对于转基因霸权体系的影响和作用主要是通过转基因技术这一纽

　　① Jon Cohen,Trump's Biodefense Plan Aims to Improve Coordination Across Agencies,September 19,2018,http://www. sciencemag. org/news/2018/09/trump – s – biodefense – plan – aims – improve – coordination – across – agencies.

　　② Statement From the President on the National Biodefense Strategy and National Security Presidential Memorandum, September 18,2018,https://www. whitehouse. gov/briefings – statements/ statement – president – national – biodefense – strategy – national – security – presidential – memorandum/.

　　③ L. A. Broussard, Biological Agents:Weapons of Warfare and Bioterrorism, Molecular Diagnosis, Vol. 6,No. 4,2001,pp. 324 – 333.

　　④ Susan Price – Livingston, DNA Testing Provisions in Patriot Act II,Connecticut General Assembly, June 5,2003,https://www. cga. ct. gov/2003/olrdata/jud/rpt/2003 – R – 0411. htm.

带来实现的,就此而言,生物国防计划与美国的转基因霸权体系之间存在着内在的逻辑关联。

第二部分

霸权体系的应用：冲击与回应

第二章

输出转基因：从农业生物科技援助项目到非洲节水玉米项目

随着科学技术的飞速发展，科技在农业生产上的运用为人类的生产生活带来了许多便利，但世界上许多欠发达地区对粮食的生产和农业技术进步仍然有着非常迫切的需求。美国作为当今国际社会唯一的超级大国，在科技方面具有绝对的优势，而现代农业科技是其科学研究的重点之一，例如转基因生物技术等。在农业方面，对世界上较为贫穷和落后的发展中国家和地区进行援助，在美国的对外战略中具有重要地位。

农业生物科技援助项目（Agricultural Biotechnology Support Program），简称 ABSP 项目，是美国推行的第一个转基因技术援助项目。它由美国国际开发署创立，由美国顶尖大学与私人公司提供技术支持和进行研究开展的一项美国国际援助项目。该项目有两期工程，旨在为转基因生物技术在农业方面的应用进行研究开发和国际推广，并对世界上农业较为落后的地区提供农业科技援助支持。

一、美国与农业生物科技援助项目

（一）农业生物科技援助项目的内容

ABSP 项目的想法始于 20 世纪 80 年代后期，项目的第一期"ABSP Ⅰ"于 1991 年由美国国际开发署（USAID）创立，由美国密歇根州立大学领导，一直持续到 2003 年。在第一期的成果基础上，不久该项目又启动了第二期——"ABSP Ⅱ"。第二期由美国康奈尔大学领导。ABSP 在两个高校带领的基础上，还包括了美国众多高校在相关方面的研究和技术支持，并与国内外的多个私人财团、公共研究机构和其他相关的政府机构组织进行合作，例如同样隶属于美国国际开发署的生物安全系统计划（PBS）和南亚生物安全计划（SABP）等。项目第一期的面向区域主要为南亚、东南亚和非洲，第二期项目的面向区域主要位于非洲、印度、印度尼西亚、孟加拉国、菲律宾以及拉丁美洲的某些国家。

在康奈尔大学领导的 ABSP Ⅱ 的主页中写有："ABSP 专注于安全有效地开发基因工程作物并使其商业化，以作为对传统农业耕作方法的有效补充。"①也就是说，该项目主要关注转基因作物作为传统作物替代方案的安全有效发展和商业化，同时项目也旨在为其目标地区的粮食安全和现代农业生产系统创造更为完备的研究、监管和发展环境。第二期项目的几个地区中心分别为：南亚中心（设在印度海德拉巴）、东南亚中心（即菲律宾大学作物育种中心）以及东非中心（位于乌干达）。

（二）ABSP 项目的目标

ABSP 所开展的各种活动，其努力方向和目标主要有两个方面，第一个

---

① What is ABSPII? http://absp2. cornell. edu/aboutabsp2/.

方面是上文提到的"推动转基因作物作为传统作物的替代方案的安全有效的发展和商业化"。

美国国际开发署的一篇名为《让世界渴望转基因作物》的研究报告中写道："1991 年，美国国际开发署启动了'农业生物技术促进可持续生产力'项目，后来更名为'农业生物科技援助项目'。该项目由密歇根州立大学领导的私人公司和公共研究机构的财团经营，主要兴趣是从美国大学和公司实验室正在进行的研究项目中找出更多的转基因作物项目。然后，这些可以用作美国公司与目标对象国的公共研究机构合作并推广美国生物安全和知识产权立法模式。在预期的项目期内，该项目应将其目标转基因作物从研发阶段转移到田间试验阶段。"①

由此可见，ABSP 并不是一个偏重科学研究和农业科技研发的科学性项目，其主要目的在于将转基因生物科技推广到发展中国家，推动转基因作物在全球的实际种植、应用和市场拓宽，并将转基因作物作为传统农作物的替代品进行商品输出，实现其商业化，尤其是实现其在国际市场中的商业价值，才是该项目的实施重点。

美国作为目前世界上转基因生物科技研究最发达、转基因作物生产量最大的国家，要想方设法使转基因生物科技发挥更大的经济效用和国际价值，因此该项目的商业目的也就不难理解了。ABSP 是美国为了"多管齐下"地推动转基因作物的发展并从中获利而进行的早期努力之一。

但众所周知，转基因生物科技作为近年来新兴的农业科技，在国际上尚未获得广泛认可，其安全性是公众所担忧的焦点。除此之外，在大多数的发展中国家，尤其是 ABSP 所面向的目标国家和地区，由于转基因生物科技并不发达，与这方面相关的法律、监管和管理机构以及对科学技术的知识产权

①　USAID：Making the World Hungry for GM Crops, April 25, 2005, https：//grain. org/article/entries/ 21 – usaid – making – the – world – hungry – for – gm – crops.

保护体系,都非常不完善。

这就决定了 ABSP 的第二个重要目标——推动国际上对于基因工程和农业生物科技的法律和政府监管,以及公众对于转基因作物和食品更为科学的认识。

自 1991 年以来,ABSP 与美国的大学和私营部门合作,整合了研究、产品开发和政策/法规制定方面的资源,以协助发展中国家获取生物技术并建立采用转基因作物的监管框架。ABSP 除了侧重向其目标地区进行农业科学技术上的援助之外,也力求在这些地区推动转基因生物科技的产品开发和政策监管的发展。除了协助发展中国家获取生物技术,还要在当地建立转基因作物实际应用方面的监管框架。当然,这种监管框架有利于美国的跨国生物技术公司在当地开展业务并不断发展壮大。[①]

这也是为什么在 ABSP 项目的开展过程中,私人公司的参与是必不可少的。通过 ABSP,这些跨国公司将资金支持输送到美国国内的研发者,尤其是核心技术的研究学者手中,而资金优势和技术优势使跨国公司同时也在相关方面的政策制定中有一定话语权。有了这些合作伙伴的支持,ABSP 在国内外的开展和美国关于使国际市场对转基因作物开放的目的就更加容易达到。

（三）ABSP 项目的发展历程

ABSP 的第一期(即 ABSP Ⅰ)持续了 12 年,从 1991 年到 2003 年,美国国际开发署在该项目上的支出高达 1300 万美元。在 ABSP Ⅰ 的第一阶段(1991—1996 年),总共开展了十余个附属项目和研究,涉及了至少 7 个发展中国家的研究中心。虽然 ABSP 有上述两个核心目标,但在第一期的第一阶

---

① USAID:Making the World Hungry for GM Crops, April 25, 2005, https://grain. org/article/entries/ 21 - usaid - making - the - world - hungry - for - gm - crops.

段中开展的这些附属项目和研究中，并没有在目标区域成功开发出许多有商业价值的转基因作物，①也没能实现转基因作物的商业潜力。

因此，当 ABSP I 进入第二阶段时，第一阶段的众多项目都被放弃了，除了转基因土豆和抗病毒瓜类的研究项目，但由于取得的成果不显著，项目的赞助者们最终也放弃了这仅剩的两项研究。② 在后来关于 ABSP I 项目的一个回顾性研究中，美国人认为商业化程序的严格性使得公共部门资助的资金难以满足监管成本，ABSP 资金预算中没有为满足技术风险评估体系的必要监管程序的费用做好充分的准备。③

由此可以看出，在 ABSP 开展之初，其两个目标中的第一个目标的实现并不顺利，在目标区域开展的转基因作物科研项目都因为资金短缺先后被叫停，在技术转让方面几乎未取得效果，对于转基因作物的商业潜在价值开发也较为失败。但通过多个项目的开展，美国的跨国公司和参与项目的转基因科研人员获得了宝贵的"与目标对象国的政府和公共机构打交道"的经验。此外，ABSP I 在针对项目的第二个目标的尝试中，通过项目实施以及举办研讨会和学术交流，目标对象国的技术专家学会了如何与美国公司合作，学习了如何遵守技术转让协议，如何因地制宜开发适合当地环境的转基因作物以及学习美国公司如何进行田间试验，所有这些"培训"和"能力建设"为美国公司引入其带有专利的转基因品种创造了有利的环境，④也为在目标区域的生物安全、知识产权和政府监管机构的建立打下了基础。

美国国际开发署于 2002 年在联合国粮农组织的首脑会议中推出了生物

<hr>

① Agricultural Biotechnology Support Program – ABSP, http://www. lobbywatch. org/profile1. asp? prid ＝274.

② USAID：Making the World Hungry for GM Crops, April 25, 2005, https://grain. org/article/entries/ 21 – usaid – making – the – world – hungry – for – gm – crops.

③ Agricultural Biotechnology Support Program – ABSP, http://www. lobbywatch. org/profile1. asp? prid ＝274.

④ USAID：Making the World Hungry for GM Crops, April 25, 2005, https://grain. org/article/entries/ 21 – usaid – making – the – world – hungry – for – gm – crops.

技术协作倡议(Collaborative Biotechnology Initiative, CABIO),为该项目引入了新的资金、项目和运作结构。而生物技术协作倡议将 ABSP 分为了两个部分,一个是由美国康奈尔大学领导的 ABSPⅡ,而另一个则是与 ABSPⅡ进行密切合作的、隶属于美国国际开发署的组织——生物安全系统计划(Program for Biosafety Systems, PBS)。其中,ABSPⅡ主要负责实现该项目的第一个目标,即转基因农业科技的推广和商业化,而生物安全系统计划(PBS)则负责为 ABSPⅡ提供在目标区域的生物安全监管和环境支持,从而在目标区域建立一个适合转基因作物进入市场的体系。[①] 很显然,将两个核心目标进行分工和规划,让该项目的实施更加高效并且节省了资源。

在美国农业部官网中,关于 ABSPⅡ的目标介绍写道:"康奈尔大学由四十多个合作机构组成的团队将制定创新的、全面的、以需求为导向的战略,以通过农业生物技术促进非洲和亚洲的粮食安全、经济增长、营养和环境质量。美国将主要致力于转基因作物的开发和商业化。美国的工作将是多学科的,并将在所有相关的公共和私营部门利益相关者之间建立新的联盟,从而确保产品开发目标基于科学实用的技术,并具有令人信服的社会经济信息和合理的商业理由。机构和人员能力建设以及政策制定将是在每个站点创建有利环境的组成部分。"[②]

根据其介绍可知,康奈尔大学领导的 ABSPⅡ,拥有一个由四十多个合作机构组成的共同体,主要关注转基因作物的开发和商业化。体制建设、人的能力开发和政策发展,在每个阶段都将是创建有利环境的必要组成部分。这更清晰地佐证了 ABSPⅡ的目标主要聚焦在转基因农业科技的推广和商业化这一方面。

---

① Agricultural Biotechnology Support Program – ABSP, http://www. lobbywatch. org/profile1. asp? prid = 274.

② USDA, Agricultural Biotechnology Support Project(ABSP)Ⅱ, https://portal. nifa. usda. gov/web/crisprojectpages/0194637 – agricultural – biotechnology – support – project – absp – ii. html.

ABSP 项目的主要作用,就是为转基因生物科技这一新兴农业技术寻找一个合理的运作模式。在 ABSP Ⅱ 的网站主页中,将这种循环的模式解释为"研发、评估、输送、认同(包括使用和鉴定)"(如图 2−1),即通过对转基因生物科技的不断研发,达到转基因产品的安全性评估和监管在全球的有效实现,然后将这些产品输送到全球市场,让消费者对转基因生物科技产生认同,这样就能够推动转基因技术更快的发展和进步。

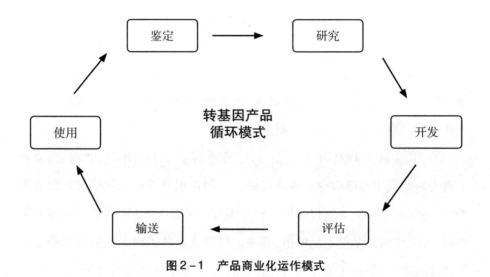

图 2−1　产品商业化运作模式

一旦转基因作物在世界范围内能够被广泛认识和接受,进而实现其作为传统农作物的替代品的商业价值,美国作为转基因生物科技的主要研发者和转基因产品的主要生产者,必定能够从中获得包括经济利益在内的不同层面的利益。

需要指出的是,ABSP 的受益者不仅仅局限于美国,作为近年来美国国际开发署的一个重要援助项目,该项目的顺利进行对于发展中国家和贫困落后地区的农民和农业发展也有重要意义。美国唐纳德植物科学中心(Donald Danforth Plant Science Center)的专家劳伦斯·肯特(Lawrence Kent)曾说过,对于发展中国家和地区来说,农业生物科技所带来的潜在益处有许多,只不过目前转基因作物和产品还没有得到推广,而 ABSP 目前仍不够成熟,完善的农业生物科技的技术转让尚不能很好地实现。① 因此,发展中国家及其民众想要从转基因作物中获得利益,还面临着许多问题,诸如生物安全监管成本高、种子监管成本昂贵、知识产权保护不足、公众对转基因技术缺乏支持以及农民因对市场的担忧而对转基因作物种植的排斥心理,等等。

在 ABSP Ⅱ 的网站主页中,同样也对该项目能够带给世界人民的"同等利益"做出了解释:"过去的第一次绿色革命改良作物品种的成功很大程度上依赖于其他技术,例如改良的灌溉技术、机械化的农业设备以及购买的肥料和其他化学品等投入品。因此,它们被大农场主优先采用。而现在的农业生物技术,包括转基因技术的出现,使种子的遗传改良可能使包括资源贫乏在内的所有农民和消费者受益。"②

ABSP 项目自 1991 年创立至今,已经进行了二十余年,在非洲、南亚和东南亚的研究中心已取得了各种成果。例如在东非进行的抗病转基因香蕉种植,在东南亚和南亚进行的抗虫转基因茄子种植、抗环斑病毒转基因木瓜种植、抗晚疫病转基因土豆种植,等等。尽管这些技术研发的成果仍处于田间试验的阶段,但在孟加拉国,转基因茄子已经实现了商业化生产。③

具体而言,ABSP Ⅱ 项目的主要活动和实验品种包括:"对于抗虫的茄子项目,ABSP Ⅱ 与印度种子公司合作,为印度、孟加拉国和菲律宾提供抗虫茄子技术。泰米尔纳德邦农业大学和达瓦特农业科学大学的育种工作持续进行,已将这项技术引入到流行的开放授粉茄子品种当中。这些品种进行了

---

① Program for Biosafety Systems (PBS), https://www. sourcewatch. org/index. php/Program _ for _ Biosafety_Systems_(PBS).

② ABSPII, Scope and Activities, http://absp2. cornell. edu/aboutabsp2/scopeandactivities. cfm.

③ Krisy Gashler, Bt Eggplant Improving Lives in Bangladesh, July 16, 2018, https://news. cornell. edu/stories/2018/07/bt – eggplant – improving – lives – bangladesh#:~:text = Bt% 20eggplant% 2C% 20or% 20brinjal% 20as% 20it% E2% 80% 99s% 20known% 20in, communities% 2C% 20improve% 20profits% 20and% 20dramatically% 20reduce% 20pesticide% 20use.

多地点试验，并制定了种子传播和跟踪计划。在乌干达，ABSPⅡ与乌干达的国家农业研究组织（NARO）合作开发抗虫和抗病毒的转基因香蕉，进行了现场试验，并继续进行监测。同时，合作伙伴（ABSPⅡ、美国孟山都公司、乌干达的国家农业研究组织）合作进行了转基因棉花的田间试验和功效测试的准备和规划。"①需要指出的是，在ABSP项目的推行过程中，美国影响目标对象国转基因政策的主要策略是向该国注入资金和专家意见。美国国际开发署是这两者的主要提供者。它已经为洛克菲勒基金会支持的乌干达的香蕉生物技术实验室提供了至少20万美元的资助，美国国际开发署将转基因香蕉技术描述为受乌干达科学家欢迎的生物科技项目。② 它还为乌干达国家科学技术委员会（UNCST）提供资金，该委员会是该国关于转基因政策的主要决策机构，曾拒绝批准孟山都的转基因棉花的田间试验申请，但在美国人的游说和影响下，乌干达批准了转基因棉花的密闭田间试验。③

　　在ABSP项目的技术总结中，美国人认为发展中国家的农业生产力并没有从生物技术的积极方面获益。提高农业生产力是发展的先决条件。美国的目的是通过增加对转基因作物的市场、监管环境、知识产权问题和其他商业化成分的了解来促进技术转让，从而增加农业产出，美国也可以从中获得相应的收益。

　　美国农业部官网对ABSPⅡ项目的成果总结中说道：农业生物科技援助项目注重安全和有效的发展和生物工程作物的商业化，这是对东非、西非、印度、孟加拉国和菲律宾在传统农业方法上的一个补充。由美国国际开发署资助，由康奈尔大学牵头，ABSPⅡ项目是公共和私营部门合作的典型。项

---

① USDA，Agricultural Biotechnology Support Project（ABSP）Ⅱ，https：//portal. nifa. usda. gov/web/crisprojectpages/0194637 – agricultural – biotechnology – support – project – absp – ii. html.

② USAID：Making the World Hungry for GM Crops，April 25，2005，https：//grain. org/article/entries/ 21 – usaid – making – the – world – hungry – for – gm – crops.

③ Ochieng' Ogodo，Uganda Approves Bt Cotton Trials，November 2，2008，https：//www. scidev. net/global/news/uganda – approves – bt – cotton – trials/.

目的方法是提供生物工程产品,以改善农业生计,并作为在产品开发、政策和许可、营销和通信等领域加强建设能力的一种方式。①

2016 年,ABSP Ⅱ 项目正式结束,虽然在非洲、东南亚、南亚等目标区域,ABSP 项目已经取得了些许成效,但 ABSP 设定的目标能否实现,和该项目能否真正对世界农业发展做出重要贡献,目前还不得而知,作为一个逐步推进的项目,ABSP 的效果和影响还有待时间的检验。

(四)公私合作伙伴关系的开展

在 ABSP 项目的开展中,除去美国国际开发署所代表的政府部门之外,美国私人公司和财团合作伙伴的参与是必不可少的。该项目是一个由政府、非政府组织、企业和大学共同组成的公私合作伙伴关系网络。

公私合作伙伴关系(Public Private Partnership,PPP)在农业生物技术转让项目中的表现尤为显著。ABSP 项目是美国国际开发署创立和管理的一个面向国际的农业援助项目,该项目深刻体现了美国国际开发署这一政府机构的职能和对外援助作为美国外交政策的一个方面的重要地位。

长期以来,美国国际开发署一直是支持发展中国家推广转基因作物的领导者,自 20 世纪 90 年代以来,美国国际开发署一直在为发展中国家的转基因作物研究和商业应用提供支持。美国的这项努力最初围绕着由美国大学领导的 ABSP 项目来开展,美国人的设想是目标对象国的政府在接受美国国际开发署的资金和培训后,将着手进行转基因生物的实地试验和商业审批。鉴于私人部门和跨国公司在转基因技术方面的领先优势和垄断地位愈益明显,自 1991 年以来,美国国际开发署一直与孟山都公司就转基因技术开

---

① USDA, Agricultural Biotechnology Support Project(ABSP)Ⅱ, https://portal. nifa. usda. gov/web/crisprojectpages/0194637 - agricultural - biotechnology - support - project - absp - ii. html.

展合作,每年为生物技术的推广提供 600 万美元的资金支持。① 2002 年,美国国际开发署从其生物技术方案中拨出 1500 万美元用于一个新的五年期生物安全系统方案,旨在帮助目标对象国加快其监管审批程序。②

但是,基于财力的制约,美国国际开发署不得不借助私人基金会的资金支持,强调非政府组织在 ABSP 项目中的参与。并且,另一个非政府组织——国际农业生物技术应用服务组织(ISAAA)也在 ABSP 项目中发挥了重要作用。该组织是一家由生物技术公司和美国国际开发署资助的转基因专业机构,因其关于全球转基因作物生产的年度报告而闻名。该组织非常积极地支持 ABSP 项目的开展,代理美国公司与目标对象国之间的知识产权交易,向目标对象国的科学家提供资金支持,以便在美国的私人和公共实验室中进行转基因技术的培训,并对潜在的转基因作物进行了社会经济影响评估,同时,该组织通过其生物技术信息中心网络处理了许多风险沟通和外联工作。③ 当马里成为 ABSP 项目的目标对象国后,该组织与马里的国家农业研究中心合作建立了一个生物技术信息中心。在东南亚,该组织积极举办各种讲习班和培训班,业务范围包括抗晚疫病的马铃薯、抗病虫害的转基因茄子、抗环斑病毒的转基因木瓜和多种抗病毒的转基因番茄。④

因此 ABSP 项目涉及多个合作伙伴:发展中国家的合作伙伴是当地的农业研究机构,它与美国人一起优先鉴定了小农户最愿意种植的转基因作物的抗性,而传统技术对此没有解决方案;私人部门的合作伙伴是孟山都公司,它同意转让相关的技术,最重要的是孟山都同意对来自目标对象国的科

① Robert Paarlberg, *Starved for Science: How Biotechnology is Being Kept Out of Africa*, Cambridge: Harvard University Press, 2008, p. 166.

② Robert Paarlberg, *Starved for Science: How Biotechnology is Being Kept Out of Africa*, Cambridge: Harvard University Press, 2008, p. 166.

③ USAID: Making the World Hungry for GM Crops, April 25, 2005, https://grain. org/article/en-tries/ 21 - usaid - making - the - world - hungry - for - gm - crops.

④ USAID: Making the World Hungry for GM Crops, April 25, 2005, https://grain. org/article/en-tries/ 21 - usaid - making - the - world - hungry - for - gm - crops.

学家进行新技术使用方面的培训;第三个合作伙伴是为这个项目提供资金支持的洛克菲勒基金会,提供资金的原因是这个项目的创新性符合该基金会的农作物生物技术项目要求;第四个合作伙伴是国际农业生物技术应用服务组织,它为该项目提供资金支持和外联支持,向全球推广"安全有效"的生物安全监管程序。此外,领导 ABSP 项目两期工程的密歇根州立大学和康奈尔大学在农业生物科技领域都有悠久的学术和科研历史,属于全球顶尖的高校,同时,ABSP 两期工程都投入了大量的研发资金,在国内外培养和引进了许多专业领域的人才,所以 ABSP 必然拥有该领域世界顶级的人才和技术力量。而在 ABSP 项目的公私合作伙伴关系中,美国国际开发署作为该项目的发起者和协调者扮演了"灵魂核心"的角色,在顶层设计、长远规划、资金援助、规范建构、理念输出、规则制定等方面发挥着领导作用。

公私合作伙伴关系整合了各方面的资源,并充分调动各方的力量,参与的各方确立了一些项目以促进私人部门和公共部门之间转基因技术应用的捐赠和转让,并在一定程度上减少了反对转基因的声音。

ABSP 项目从 1991 年才开始实施,转基因生物科技也尚在发展之中,但美国的这一动作在世界其他地区已经有了一定的影响,可以预见,在未来的几十年中,ABSP 项目及其他的援助项目,会对美国在国际社会中的地位持续做出贡献。

在 ABSP 项目的推行过程中,美国国际开发署针对具体地区的具体情况,开发不同的转基因品种,为此着重在非洲开展了一项新的项目——非洲节水玉米项目。

二、美国与非洲节水玉米项目

(一)美国对非洲的转基因粮食援助

2002 年,非洲南部 6 个国家约 1400 万人面临迫在眉睫的粮食短缺和潜在的饥荒。为此，美国在 2002 年夏秋两季向该地区运送了 50 万吨玉米作为粮食援助。世界粮食计划署估计，当时向该地区提供的粮食援助中约含有75% 转基因产品。受援助的国家包括赞比亚、津巴布韦、马拉维、斯威士兰、莫桑比克和莱索托。该援助是通过世界粮食计划署和非政府组织提供的。虽然在装运之前美国没有通知受援国这些粮食的构成，但受援国发现这些援助的粮食含有转基因成分。这些非洲国家最初拒绝接受转基因食品援助，部分原因是出于健康风险的考虑，部分原因是担心自己的农作物受到污染，从而影响其农产品的出口。津巴布韦和赞比亚表示，他们根本不会接受这些援助的粮食，而莫桑比克、斯威士兰和莱索托则表示，如果粮食首先被碾碎无法种植，他们将会接受。马拉维接受了这些粮食，并进行了严格的监控，以确保农民不会种植。津巴布韦最终表示，如果粮食被碾碎并贴上标签，它就会接受。这表明一些非洲国家在面对饥荒时不得不向现实妥协。但仍有部分国家如赞比亚会基于健康和生态环境的考虑拒绝这些粮食物资。[1] 赞比亚时任总统声称"如果转基因是安全的，那么将把它给民众食用，但如果不是，那么宁可饿死也不愿吃有毒的东西"[2]。此时，赞比亚大约有300 万人面临饥饿的危险，世界粮食计划署紧急为赞比亚寻找非转基因的粮食援助，最终，只能为赞比亚采购其所需的 21000 吨玉米的一半份额。[3]

　　世界粮食计划署明确表示，它尊重受援国拒绝接受援助的权利，并尽其所能为那些愿意接受援助的国家安排碾磨粮食的工作，并向赞比亚提供非转基因食品援助。而美国的反应则非常保守。美国拒绝将这些转基因粮食

①　Noah Zerbe, Feeding the Famine? American Food Aid and the GMO Debate in Southern Africa, *Food Policy*, Vol. 29, No. 6, 2004, p. 603.

②　Robert Falkner, *The International Politics of Genetically Modified Food: Diplomacy, Trade and Law*, New York: Palgrave Macmillan, 2007, p. 96.

③　Robert Falkner, *The International Politics of Genetically Modified Food: Diplomacy, Trade and Law*, New York: Palgrave Macmillan, 2007, p. 90.

运往该地区之前进行碾磨,声称这样做的成本太高,[①]会使食品成本增加25%,而且会缩短食品的保质期。美国最初还拒绝向该地区运送非转基因品种的粮食,但是后来,在国际社会的巨大压力下,美国又表示它愿意尊重那些拒绝转基因粮食援助的国家的意愿,最终向赞比亚捐赠了3万吨的非转基因玉米。[②]

在美国整个粮食援助的历史中,剩余农产品的处理对美国而言一直很重要。转基因技术的采用增加了粮食产量,这无疑为美国增加了新的压力,迫使美国不断向海外开拓新的市场,来处理过剩的农产品,同时为转基因产品打开销路。欧盟抵制转基因和暂停转基因的进口意味着美国农产品市场的重大损失。自1998年以来,美国每年向欧洲销售的玉米损失3亿美元。除欧盟外,许多国家抵制和质疑转基因,这也减少了美国出口其转基因产品的市场机会。由于海外市场的减少,美国不得不为其转基因农产品的出口寻找新的市场和其他的渠道,包括非洲国家在内的广大发展中国家成为美国的重点关注对象,而2002年南部非洲的饥荒无疑为美国的转基因粮食援助提供了机会。

对美国而言,美国提供转基因粮食援助的第一个经济动机是处理国内过剩的农产品,为转基因产品的销路开拓市场,所以美国一直坚持以实物而非现金的形式来提供粮食援助,联合国粮农组织和世界粮食计划署都鼓励以现金形式而非实物形式来提供粮食援助,欧盟也一直在推动将仅以现金形式提供的粮食援助纳入世贸组织规则。但这些都遭到了美国的反对。美国的全国小麦生产者协会曾公开声明:作为美国粮食援助和人道主义项目

---

① Noah Zerbe, Feeding the Famine? American Food Aid and the GMO Debate in Southern Africa, *Food Policy*, Vol. 29, No. 6, 2004, p. 600.

② Robert Falkner, *The International Politics of Genetically Modified Food: Diplomacy, Trade and Law*, New York: Palgrave Macmillan, 2007, pp. 90 – 91.

的坚定支持者,该协会不支持只使用现金形式的粮食援助项目;①美国提供转基因粮食援助的第二个经济动机是补贴转基因作物的生产和销售,支持以跨国公司为代表的农业生物技术行业的发展。粮食援助出于维护美国利益的考虑,自然美国也是粮食援助的最大受益者。约 80% 的粮食援助资金花在美国自己身上,美国最大的跨国粮商嘉吉公司和 ADM 公司,获得了大量的粮食援助合同,成为粮食援助的受益者。美国政府部门包括农业部和国际开发署与跨国粮商、生物技术公司密切合作,制定生物技术和农业贸易计划,旨在减少美国农产品出口的关税壁垒问题。美国国际开发署还通过教育和培训计划积极促进发展中国家对生物技术的采用,为此提供大量的资金支持。这包括国际开发署为公私合作伙伴关系提供的资金,诸如非洲农业技术基金会(AATF)的项目和农业生物科技援助项目(ABSP)。这两个项目在农业生物技术产业中都有跨国公司大量参与。这些举措旨在通过研究、教育和培训,促进发展中国家对农业生物技术的使用,并且美国人公开承认,他们希望这些努力将在未来开辟新的市场。②

　　在 2002 年的粮食援助事件发生后,非洲国家开始关注生物安全问题,并开始着手制定本国的生物安全法律。在国际层面,2003 年 9 月生效的《卡塔赫纳生物安全议定书》负责管理全球范围内的转基因贸易,它为转基因的跨国界流动制定了一些具体的方针。例如,当转基因在跨国界流动时必须遵循事先知情同意的原则,转基因的进口国应该拥有知情权和选择权,并可以根据风险评估来拒绝转基因产品。这些规则适用于那些签署和批准该协定的国家。许多非洲国家签署和批准了该协定,但美国并未参与。显然,《卡塔赫纳生物安全议定书》与美国向全球推广转基因的理念并不相符,违背了

---

　　① Robert Falkner, *The International Politics of Genetically Modified Food: Diplomacy, Trade and Law*, New York: Palgrave Macmillan, 2007, p. 97.

　　② Robert Falkner, *The International Politics of Genetically Modified Food: Diplomacy, Trade and Law*, New York: Palgrave Macmillan, 2007, p. 97.

美国的利益。美国也意识到,向非洲推销转基因并非是一件容易的事情,特别是通过粮食援助的方式在非洲引进转基因作物可能会面临质疑。一位美国学者认为,非洲比其他任何地区都更需要新的农业科学技术,但非洲却最不乐意接受现代农业生物技术。① 所以,美国不得不改变策略,由直接的转基因粮食援助转向技术援助,非洲节水玉米项目应运而生。

(二)美国与非洲节水玉米项目的开启

在美国看来,非洲的干旱挑战不是来自其降雨量的不确定性,而是因为它缺乏针对这些不确定性的技术保护。非洲节水玉米项目的目的是利用先进的生物育种技术来开发抗旱和抗虫玉米品种,这些改良的品种旨在帮助非洲农民在中度干旱条件下获得可靠的收成以及因减少虫害而获得更好的粮食质量,为他们提供有价值的经济和环境效益。

非洲节水玉米项目于2008年正式启动,面向的地区是农业生产落后但有巨大发展潜力的非洲撒哈拉以南地区。该项目第一阶段的经费为4700万美元,其中3910万美元来自盖茨基金会,其余来自巴菲特基金会。第一阶段的主要工作是研制和初步推广新玉米品种。该项目的第二阶段于2013年开始,盖茨基金会为该项目第二阶段的活动再次捐助了4890万美元,美国国际开发署在2013年和2014年期间捐助了750万美元。第二阶段的主要工作是抗虫品种的育种,玉米的生产管理、种子公司在农民间的推广以及产品管理活动。

非洲节水玉米项目是由非洲农业技术基金会(AATF)牵头协调的一个公私合作项目,这一项目着眼于利用先进的生物技术如常规育种、标记辅助育种等,研究较为耐旱的玉米品种,然后向农民免费提供这类品种的玉米种

---

① Robert Paarlberg, *Starved for Science: How Biotechnology is Being Kept Out of Africa*, Cambridge: Harvard University Press, 2008, p. 16.

子，旨在解决干旱对非洲农业的消极影响。该项目的合作伙伴是美国国际开发署、盖茨基金会、巴菲特基金会、国际玉米和小麦改良中心（CIMMYT）、孟山都公司以及肯尼亚、莫桑比克、南非、坦桑尼亚和乌干达的国家农业研究机构。为了巩固公私合作伙伴关系，所有的伙伴机构都在 2008 年与非洲农业技术基金会签署了合作协议，使得伙伴关系在其合作组织内实施项目活动。为了推广非洲节水玉米项目，美国人采取了以下方式开展活动：

一是举办各种培训讲习班，来自美国农业部的专家在非洲当地举行的生物技术讲习班授课，以提高学员的知识水平和技术能力，最终将耐旱玉米交付给当地的农民。其中，2008 年和 2010 年在肯尼亚等国举办了耐旱玉米育种课程，2010 年 10 月举办了土壤和灌溉管理培训，除却技术培训之外，2009 年 8 月还举办了保密课程培训——侧重于与私营部门信息管理保密要求和公共部门公益责任有关的关键问题。2010 年 10 月举办知识产权管理培训班，重点是在非洲节水玉米项目的合作伙伴之间就该项目的知识产权达成共识，并讨论了与知识产权、专利和植物品种保护相关的问题。此外，还举办了转基因监管监督、风险沟通和信息管理的培训讲习班。[①]

二是与巴西开展合作，共同举办植物生物技术和生物安全讲习班。基于巴西与非洲同属热带农业的特性，以及巴西在热带农业的转基因研发方面处于领先地位的情况，美国借助巴西的技术优势，推动非洲国家的技术人员、科学家、政府官员参加在巴西举行的非洲国家生物技术和生物安全讲习班。美国农业部、巴西合作署、巴西农牧业研究公司（EMBRAPA）、巴西国家生物安全委员会、巴西环境风险评估中心、巴西生物技术信息委员会参加了讲习班，与会者包括来自肯尼亚、莫桑比克、乌干达等非洲国家的决策者。[②]

---

① AATF，WEMA（Water Efficient Maize for Africa）Progress Report，March 2008 – March 2011，https：//www. aatf – africa. org/wp – content/uploads/2018/11/WEMA – Progress – Report_2008 – 2011. pdf.

② Mozambique：Agricultural Biotechnology Annual，July 30，2015，https：//apps. fas. usda. gov/newgain api/api/report/downloadreportbyfilename？ filename = Agricultural％ 20Biotechnology％ 20Annual_Pretoria_Mozambique_7 – 30 – 2015. pdf.

三是在非洲举办国际生物技术专题讨论会,专题讨论会的目的是讨论和交流生物技术方面的经验,与会者包括企业家、科学家、决策者、非政府组织。通过美国政府的资助,来自美国研究机构和大学的学者介绍美国在转基因作物方面的经验,并分享了为非洲国家提供生物技术培训的各种可能性。①

四是美国政府提供资助,以助学金的方式,由密歇根州立大学为非洲国家培训技术员,这些非洲国家的技术人员通过选拔后赴美参加该大学的转基因技术培训和生物安全培训课程。同时,美国政府通过助学金,资助少数非洲农民参加密苏里大学农业和自然资源学院开设的农民生物技术培训课程,美国人向这些农民传授转基因作物改良、新型灌溉、土壤维护、免耕技术、防治害虫技术以及美国的生物安全防控和监管经验。为期两周的培训课程对这些非洲农民而言是一次独特的体验,他们与美国不同的农业团体交流接触,增长了见识。②

五是向非洲当地的小农宣传生物技术的益处,并扩大外联范围,使消费者群体和社会公众加深对生物技术的了解和认可。

六是树立南非的样板形象,将南非打造为非洲转基因的"优等生"。南非是全球第九大转基因作物生产国,也是非洲最大的转基因作物生产国,还是美国向非洲推广转基因的桥头堡和前沿阵地。美国在南非的转基因推广更多是通过非洲生物组织(Africa Bio)来开展工作。非洲生物组织是一个倡导转基因研究、开发、生产、加工和消费的非政府、非营利组织,其大部分运营资金来自私营部门,美国国际开发署也定期向该组织提供资金,用于技术

---

① Mozambique:Agricultural Biotechnology Annual,July 30,2015,https://apps. fas. usda. gov/newgain api/api/report/downloadreportbyfilename? filename = Agricultural% 20Biotechnology% 20Annual_Pretoria_Mozambique_7 – 30 – 2015. pdf.

② Mozambique:Agricultural Biotechnology Annual,July 30,2015,https://apps. fas. usda. gov/newgain api/api/report/downloadreportbyfilename? filename = Agricultural% 20Biotechnology% 20Annual_Pretoria_Mozambique_7 – 30 – 2015. pdf.

培训以及生物技术信息资料的制作与宣传。非洲生物组织对南非政府进行游说，定期与南非的监管机构就转基因问题进行互动和信息交流，与美国农业部合作主办南部非洲农业生物技术和生物安全会议，讨论该地区生物技术协调的重要性，以及在南共体区域协调生物安全政策的紧迫性。此次会议以南非为案例，强调转基因技术和生物技术在保障粮食安全中的重要作用。美国在宣传时往往以南非作为案例，南非接受转基因的故事是美国在非洲宣传的核心，南非技术人员、专家、政府官员在参加由美国资助的外联活动中现身说法，宣传生物技术的好处，这大大增加了美国单依靠自身无法实现的可信度。[①] 通过一系列公关活动和外联策略，继续加强南非农业生物技术的地位，将有助于协调该区域的生物技术系统并减少贸易争端。

非洲节水玉米项目的目的是为转基因生物引入非洲铺平道路。作为最大的转基因粮食生产国和出口国，美国需要不断扩大其出口市场。当试图通过粮食援助来创造非洲对转基因的需求失败时，美国将其视为对美国霸权地位的威胁，但是非洲仍然被美国跨国公司视为最具发展潜力的地区和决意要征服的前沿地带。[②] 为此，它们联合美国政府，通过粮食援助、技术援助、资金援助来支持非洲国家引入转基因，并进行相关的能力建设，宣扬转基因的益处，力图通过这些途径来扩大市场。而通过上述一系列的方式也确实取得了一些效果。美国农业部下属的美国外贸农业处（Foreign Agricultural Service，FAS）主要负责美国农产品进入外国市场的推广工作，它的研究报告定期评估非洲国家与生物技术有关的贸易壁垒是否对美国对非洲的农产品出口产生负面影响。通过非洲节水玉米项目的开展，美国外贸农业处发现没有对美国出口产生不利影响的生物技术相关的贸易壁垒，也没有发

---

① South Africa: Agricultural Biotechnology Annual, July 14, 2015, https://apps. fas. usda. gov/newga inapi/api/report/downloadreportbyfilename? filename = Agricultural%20Biotechnology%20Annual_Pretoria _South%20Africa%20-%20Republic%20of_7-14-2015. pdf.

② Emma Broadbent, Research-based Evidence in African Policy Debates, June 2012, https://www. odi. org/sites/odi. org. uk/files/odi-assets/publications-opinion-files/9122. pdf.

现这样做的潜在动力。因此,美国外贸农业处认为没有任何与生物技术相关的贸易壁垒对美国向一些非洲国家的出口产生负面影响。①

归根结底,美国通过非洲节水玉米项目是要建构一种规范,进而制定规则并掌握这种规则的主导权。而这种规范的核心内容之一是知识产权的规定。非洲节水玉米项目的知识产权涉及三个主要的方面:①对这些种子的植物品种保护以及对哪些国家授予植物品种保护;②各利益攸关方之间的许可协议;③农民重新使用保存的种子的权利。

在知识产权方面,非洲节水玉米项目明确声明:为了最大限度地降低农民的成本,各方和获得许可的种子公司不会对出售给非洲农民的玉米种子收取专利费,通过这种方式向非洲推销转基因。与此同时,非洲节水玉米项目的知识产权政策还规定:各方将继续拥有其为该项目做出贡献的所有财产,如技术、种质和知识产权,并将在该项目之外自由使用这些财产。种质资源将归育种开发者所有,尽管原始种质仍然是原始贡献者的财产,但各方可以要求"对自己育种者的任何新发现进行知识产权保护,无论用于开发这些新发现的种质来源如何"②。这意味着种质将归育种开发的一方所有,无论最初种质的来源如何。因此,孟山都公司将享受免费获得带入该项目的种质资源,并将拥有在其自身育种计划中开发的任何新品种。基于此,许多人质疑孟山都通过免专利费的方式来窃取非洲的种质资源,任何育种者都可以对自己的新发现申请知识产权保护,而不管其用于开发的种质来源如

① Mozambique:Agricultural Biotechnology Annual,December 11,2017,https://apps. fas. usda. gov/newgainapi/api/report/downloadreportbyfilename? filename = Agricultural% 20Biotechnology% 20Annual_Maputo_Mozambique_12 – 11 – 2017. pdf.

② African Centre for Biodiversity,The Water Efficient Maize for Africa(WEMA) Project – Profiteering Not Philanthropy,https://www. acbio. org. za/sites/default/files/2017/08/WEMA – Discussion – Doc – web. pdf.

何，①孟山都为非洲节水玉米项目提供了技术，同时也获取了该技术在非洲田间试验的重要信息，便利了该公司进行生物剽窃。② 通过知识产权的规定，美国想要实现"一箭双雕"的效果：一方面免征专利费可以消除转基因推广的阻碍，吸引更多的农民参与；另一方面跨国公司则可以在该项目的推进过程中获得更多的种质基因资源，为开发更为先进的技术提供物质来源。

进一步而言，《非洲节水玉米项目种子植物品种保护法》（又称《植物育种者权利法》）中的品种保护条款授予个人对植物新品种的独家垄断植物品种保护权。作为非洲节水玉米项目的成员国，莫桑比克制定的植物保护方案法律旨在重组莫桑比克的种子系统，为私人投资提供安全的市场，特别是通过以知识产权保护的形式保护私人对种子的所有权。它遵守《国际植物新品种保护公约》（UPOV 公约）的规则。同样，另一个成员国肯尼亚的种子也受到植物保护方案的保护。③ 美国输出和建构知识产权规范的目的是让非洲人意识到知识产权的重要性，由以农民为主体的育种模式逐步过渡到商业化、公司化的育种模式。

非洲节水玉米项目的目标是通过转基因耐旱和抗虫玉米品种的商业化，改善非洲小农户的粮食安全和农村生活。该项目免费向非洲的种子公司提供转基因技术，帮助他们生产种子并向农民分发种子。公私合作伙伴关系帮助非洲建立技术育种和生物技术能力，并支持有效的种子系统。

作为非洲节水玉米项目的负责人，非洲农业技术基金会已经获得了项

---

① African Centre for Biodiversity, The Water Efficient Maize for Africa(WEMA) Project – Profiteering Not Philanthropy, https://www. acbio. org. za/sites/default/files/2017/08/WEMA – Discussion – Doc – web. pdf.

② BIFAD, U. S. Benefits Leveraged From Strategic Investments in Developing Country Agriculture and Food Security, August 8,2018, Washington, DC, https://www. usaid. gov/bifad/documents/bifad – pubic – meeting – minutes – washington – dc – august –8 – 2018.

③ African Centre for Biodiversity, The Water Efficient Maize for Africa(WEMA) Project – Profiteering Not Philanthropy, https://www. acbio. org. za/sites/default/files/2017/08/WEMA – Discussion – Doc – web. pdf.

目伙伴开发的自交系、杂交品种和性状的授权,以便将其转授给非洲的种子公司,并且领导参与该项目的非洲国家对商业发布转基因性状的监管批准申请。

通过非洲节水玉米项目,非洲国家基本上已经承认现代生物技术可以为满足粮食和营养安全的需要做出贡献,同时,这些国家也意识到,现代生物技术的发展必须与适当的监管结合起来,以便最大限度地发挥效益,尽量减少潜在的风险。为此,许多非洲国家制定了生物安全条例,涵盖与转基因作物监管有关的生物安全的各个方面,条例规定生物安全规范和机制,以管制现代生物技术产生的转基因生物及其衍生物的进口、出口、过境、研究、环境释放、管理及使用,有助于人类健康安全和环境,特别是保护生物多样性。① 但是,许多非洲国家在建立一个职能监管和体制框架以顺利执行该法令方面仍面临挑战。并且,虽然一些非洲国家制定了安全使用现代生物技术的一切必要政策、法律和体制框架,但转基因技术的研究和利用仍踟蹰不前,主要原因是各利益攸关方对生物技术和生物安全的了解和认识不足。②

为此,美国要进一步提高非洲对生物技术和转基因技术益处的积极认识,开发以科学为基础的监管体系,通过美国的协调来实现规则制定,同时继续推动在非洲生物技术规则制定的统一。

在对非洲节水玉米项目的宣传中,美国通过传播来自国际方面的证据,支持制定生物技术的方法,并从全球走向技术进步的角度制定采用转基因生物的框架,使非洲国家的政策话语"国际化",如果不参与这一"技术进步"

---

① Mozambique:Agricultural Biotechnology Annual,July30,2015,https://apps. fas. usda. gov/new-gainapi/api/report/downloadreportbyfilename?filename = Agricultural% 20Biotechnology% 20Annual_Pretoria_Mozambique_7 – 30 – 2015. pdf.

② Tanzania – United Republic of Agricultural Biotechnology Annual 2018 Tanzania Agricultural Biotechnology Report,April 2,2019,https://apps. fas. usda. gov/newgainapi/api/report/downloadreportbyfilename?filename = Agricultural% 20Biotechnology% 20Annual_Dar% 20es% 20Salaam_Tanzania% 20 – % 20United% 20Republic% 20of_4 – 2 – 2019. pdf.

和"国际化"的进程,继续抵制转基因,就意味着非洲反对"现代化"。① 从中可以看出美国开展非洲节水玉米项目的最终目标是建构一种技术规范,进而掌握规则制定权和话语权。

(三)对非洲节水玉米项目的进一步阐释

基于非洲节水玉米项目仍在开展的过程中,在此,笔者从该项目的背景和原因、内容、取得的效果、存在的问题等方面进行更为深入的细致分析。

1. 非洲节水玉米项目的背景和原因

在撒哈拉以南的非洲,超过3亿人依靠玉米作为其主要食物来源,然而这一地区共有约2430万平方公里的水资源稀缺区域。非洲农业研究论坛报告指出,2006年,撒哈拉以南非洲的平均玉米产量为1.7吨/公顷,而全球平均产量约为5吨/公顷。② 除此之外,撒哈拉以南的非洲是贫穷和营养不良在全球人口中所占百分比和绝对数字都在增加的唯一区域。一半以上的饥饿人口是自给农民,他们无法种植足够的粮食养活他们的家庭,无法摆脱周期性贫困。

在1970年至2004年间,撒哈拉以南非洲的大多数国家都经历了5至10次干旱事件。尽管干旱的频率和严重程度各不相同,但干旱仍是撒哈拉以南非洲玉米产量提高受到限制的主要因素之一。据估计,在干旱的条件下,撒哈拉以南非洲仅仅1℃的气候变暖,都将进一步降低玉米产量。③

在许多国家,农业一直是经济增长的引擎和减贫的主要力量。但在撒哈拉以南的非洲地区,近几十年来粮食产量和贫困状况几乎没有改变。本

---

① Emma Broadbent, Research - based Evidence in African Policy Debates, June 2012, https://www. odi. org/sites/odi. org. uk/files/odi - assets/publications - opinion - files/9122. pdf.

② David D. Songstad, Jerry L. Hatfield, Dwight T. Tomes, *Convergence of Food Security*, *Energy Security and Sustainable Agriculture*, Heidelberg: Springer, 2014, p. 318.

③ David D. Songstad, Jerry L. Hatfield, Dwight T. Tomes, *Convergence of Food Security*, *Energy Security and Sustainable Agriculture*, Heidelberg: Springer, 2014, p. 319.

区域的大多数国家,农业增长缓慢、人口增长迅速、外汇收入疲软以及将国内和国际市场联系起来的交易成本高,所有这些因素都威胁到家庭粮食安全。在大多数发展中国家,化肥的使用正在被推广,但在非洲撒哈拉以南地区还未出现这一情况。①

同时,种子技术已经成为有关撒哈拉以南非洲农业未来的争论的中心。居高不下的营养不良率和对气候变化影响的担忧,使人们对通过先进的生物技术提高农业生产力的兴趣日益高涨。② 然而在非洲,只有南非、尼日利亚、苏丹和布基纳法索这四个非洲国家实现了转基因作物的商业化生产。非洲其他国家的转基因作物田间试验正在开展,但许多国家对这项技术持保留态度。由盖茨基金会资助的非洲绿色革命联盟(AGRA)在一份报告中将这种情况称为一场"闹剧",这种"闹剧"表明了一些非洲国家在公共政策方面的"随意武断和不可预测性"。③ 非洲绿色革命联盟支持美国对非洲的技术援助,也鼓励非洲国家采用农业新技术,以实现非洲农业的转型。非洲国家正面临极端气候、人口增长导致的粮食安全压力,他们不得不考虑采用新技术来提高粮食产量,尽管对转基因存在一些质疑,但许多非洲国家正在开展转基因作物的田间试验,这离转基因的商业化生产仅有一步之遥。

在撒哈拉以南的非洲地区,玉米在生长季节的关键时期对干旱的高度敏感性阻碍了当地农民使用优质杂交种子和肥料来规避干旱风险。相关的研究合作伙伴正在探寻如何减轻干旱对玉米带来的不利影响,并试图提高和稳定粮食产量。目前正在通过常规育种、标记辅助育种和生物技术开发

---

① Thomas A. Lumpkin, Janice Armstrong, Staple Crops, Smallholder Farmers and Multinationals, Crawford Fund for International Agricultural Research, Parliament House, Canberra, Australia, October 2009, p. 51.

② Report Name:Agricultural Biotechnology Annual, February 12, 2020, https://apps. fas. usda. gov/newgainapi/api/Report/DownloadReportByFileName?fileName=Agricultural%20Biotechnology%20Annual_Maputo_Mozambique_10-20-2019.

③ Andrew Bowman, Sovereignty, Risk and Biotechnology:Zambia's 2002 GM Controversy in Retrospect, Development and Change, Vol. 46, No. 6, 2015, p. 1370.

耐旱杂交种子,并将向生产和销售杂交种子的当地种子公司颁发许可证,以此帮助撒哈拉以南非洲农民降低遭受干旱的风险,并解决粮食安全问题。[①]

2.非洲节水玉米项目的内容

(1)项目的重点和目标

非洲节水玉米项目始于 2008 年,由非洲农业技术基金会(African Agricultural Technology Foundation,AATF)主持开展,该基金会成立于 2003 年,致力于通过推广先进的农业技术解决非洲的粮食安全问题,以实现经济繁荣和粮食安全的愿景为动力。非洲节水玉米项目由慈善团体、科学家、研究人员和农业组织共同资助,盖茨基金会、巴菲特基金会和美国负责对外援助的政府机构——美国国际开发署共同提供资金支持,孟山都公司提供技术支持,国际玉米和小麦改良中心(CIMMYT)提供玉米种质资源。非洲节水玉米项目在初期只面向五个东非和南部非洲国家——肯尼亚、坦桑尼亚、莫桑比克、南非、乌干达。近年来,该项目逐渐在非洲其他国家诸如埃塞俄比亚和尼日利亚得到推广。[②] 埃塞俄比亚曾试图通过常规育种解决粮食安全问题和农作物病虫害问题,但未获成功。目前,埃塞俄比亚正在转向转基因技术,进行非洲节水玉米项目的试验,以满足该国未来的粮食安全和营养需求。[③]

该项目的重点是,利用常规育种、双单倍体和标记辅助反复选择开发新种质;开展发现育种,鉴定耐旱性;将耐旱基因导入撒哈拉以南非洲以适应种质;对伙伴国家的耐虫耐旱性转基因进行种质测试。[④] 该项目旨在帮助农

① David D. Songstad,Jerry L. Hatfield,Dwight T. Tomes,*Convergence of Food Security,Energy Security and Sustainable Agriculture*,Heidelberg:Springer,2014,pp. 319 – 320.

② TELA Maize Project,https://www. aatf – africa. org/aatf_projects/tela – maize/.

③ Report Name:Agricultural Biotechnology Annual,February 5,2020,https://apps. fas. usda. gov/newgainapi/api/Report/DownloadReportByFileName?fileName = Agricultural% 20Biotechnology% 20Annual_Addis% 20Ababa_Ethiopia_10 – 20 – 2019.

④ David D. Songstad,Jerry L. Hatfield,Dwight T. Tomes,*Convergence of Food Security,Energy Security and Sustainable Agriculture*,Heidelberg:Springer,2014,p. 321.

民应对干旱而导致歉收的潜在风险。这一项目着眼于利用先进的生物技术如常规育种、标记辅助育种、转基因育种等,研究发明较为耐旱的玉米品种,然后向农民免费提供这类品种的玉米种子。在中等干旱条件下,这一节水玉米品种的产量比目前可利用的品种高24%~35%,[①]所带来的更高和更可靠的收成将有助于农民养家糊口并增加收入。

由于干旱触发植物的一系列物理和化学变化,植物会以一种复杂的、综合的方式对其周边不断变化的环境做出反应,这会改变基因的性状并且增加新陈代谢的水平和蛋白质的组成,其中一些变化可能会给予这些植物一定程度的保护。因此,耐旱性的遗传控制非常复杂,受到其他环境因素和植物发育阶段的高度影响。

(2)该项目的特点:公私合作伙伴关系

在非洲农业技术基金会的领导和协调之下,孟山都、国际玉米和小麦改良中心等公司和研究机构以及肯尼亚、莫桑比克、南非、坦桑尼亚和乌干达的国家农业研究系统正在开发、测试和推广耐旱玉米。这些努力包括先进的常规育种技术和转基因技术。来自孟山都提供的耐旱基因被添加到国际玉米和小麦改良中心提供的玉米优良品系中,从而使这些新品种能够更好地抵御气候变化在非洲日益增加的影响。

正在开发的非洲节水玉米品种已获得非洲农业技术基金会的许可,由当地合格的种子生产者最终使用。由于干旱本身的复杂性和植物对水分短缺的反应,一个单一的部门无法应对为非洲开发耐旱玉米品种的所有挑战,而单一的技术或方法只能提供解决方案的一部分。非洲节水玉米项目的合作伙伴正在采取多种方法,利用各部门的资源,制定一种基于系统的方法,以实现项目的目标。

---

① Water Efficient Maize for Africa, https://sustainabledevelopment. un. org/partnership/? p = 2026.

为了巩固公私合作伙伴关系,所有伙伴机构都在 2008 年与非洲农业技术基金会签署了合作协议,这导致伙伴关系在其合作组织内实施非洲节水玉米项目的活动。2008 年 1 月,非洲农业技术基金会、国际玉米和小麦改良中心和孟山都公司签署了三方研究合作协议,承诺合作伙伴将相关的技术及其知识产权捐赠给非洲农业技术基金会,[1]这意味着孟山都公司采取免征专利费的方式将其技术无偿提供给非洲。

每个合作伙伴都有自己加入合作组织的理由。国际玉米和小麦改良中心借助孟山都的研发投资,使非洲农民受益,该中心已经将非洲撒哈拉以南地区的种质资源的抗旱能力发展到一定水平,并希望在孟山都的育种平台和抗旱转基因技术的帮助下,进一步扩大与非洲节水玉米项目的合作伙伴关系;孟山都加入这个伙伴关系是因为它相信非洲的农民应该有机会选择和其他地方的农民一样的技术和工具,孟山都认识到尽快向非洲小农提供抗旱技术的重要性,并认为其有责任让选择使用这种技术的非洲农民从中获益;[2]而非洲农业技术基金会的任务是促进公共和私人部门研究机构之间的技术转让,在此过程中,非洲农业技术基金会提供了设计和谈判解决公私合作伙伴关系相关风险的正式协议所需的专业知识。

在非洲部署改良的玉米品种将需要公共和私营合作伙伴努力开发一个有效的监管框架和改良的种子系统,必须在非洲建立田间试验、收集数据和部署转基因产品的管理系统。他们必须让公众对产品的安全性有信心。成功还需要种子公司拥有优良的质量控制措施、生产杂交种子的基础设施和生产能力,同时在交付端管理知识产权。这一伙伴关系旨在促进非洲中小

---

① AATF,WEMA(Water Efficient Maize for Africa) Progress Report,March 2008 – March 2011,https://www. aatf – africa. org/wp – content/uploads/2018/11/WEMA – Progress – Report_2008 – 2011. pdf.

② Thomas A. Lumpkin, Janice Armstrong, Staple Crops, Smallholder Farmers and Multinationals, Crawford Fund for International Agricultural Research, Parliament House, Canberra, Australia, October 2009, p. 53.

型种子公司的生存和发展能力,促进市场上的健康竞争,提供高质量的产品,并对该地区农民的种子投入和其他投入开展服务。①

(3)该项目的宣传活动

提高对耐旱玉米品种将给撒哈拉以南非洲小农带来的好处的认识,并争取所有相关利益方的支持,是该项目的一个重要组成部分。非洲农业技术基金会需要以有效的方式来与各利益攸关方开展互动。自启动以来,该项目通过多种渠道和方法接触各种受众,诸如通过开发全球和国家特定的传播材料和工具,如项目简介、常见问题和项目网站。

该项目已形成战略伙伴关系和网络,通过与南部非洲区域的非洲信息组织和东部非洲区域的国际农业生物技术应用采购服务等生物技术通信组织合作,加强其生物技术外联活动;并与乌干达、坦桑尼亚和肯尼亚的农业生物技术开放论坛(FAB)等生物技术倡议建立了联系。

基于媒体在接触各种受众方面发挥的关键作用,该项目与印刷和电子媒体合作,宣传非洲节水玉米项目和农业新技术的好处。2009 年至 2011 年间,该项目为来自参与项目的五个国家的科学家和记者组织了三次能力建设研讨会。自该项目启动至今,其在印刷媒体和电子媒体上已被提及两百多次。

另一项传播战略是利用当地和国际活动提供的机会,向各类受众介绍和展示非洲节水玉米项目。自启动以来,该项目已在七十多个此类活动中展出。国家工作队还通过年度会议和各种其他形式的会议向主要受众进行宣传。②

---

① Thomas A. Lumpkin, Janice Armstrong, Staple Crops, Smallholder Farmers and Multinationals, Crawford Fund for International Agricultural Research, Parliament House, Canberra, Australia, October 2009, p. 53.

② AATF, WEMA(Water Efficient Maize for Africa) Progress Report, March 2008 – March 2011, https://www. aatf – africa. org/wp – content/uploads/2018/11/WEMA – Progress – Report_2008 – 2011. pdf.

与此同时，非洲节水玉米项目为项目团队和包括非洲国家的决策者、立法者、监管机构、种子公司、农民协会及媒体在内的利益相关者组织了到种植转基因作物的国家的参观考察，其中包括 2009 年 9 月赴菲律宾考察、2010 年 9 月赴加拿大考察、2011 年 3 月赴泰国考察，2010 年 4 月和 11 月分别组织了针对非洲节水玉米项目参与国的政策制定者的参观考察，让参观考察的人了解了各个国家的生物安全监管程序和处理转基因作物的经验，了解每个国家的生物技术采用水平，也有机会参观农场，与种植转基因作物的农民开展互动，进行实验学习。

3. 对非洲节水玉米项目的评价

（1）取得的效果

迄今为止，非洲农业技术基金会已经通过非洲节水玉米项目帮助种植了 40 万英亩耐旱的玉米品种，使单产提高了 25% 至 30%。在中度干旱条件下，这一项目在未来 10 年内开发的玉米品种可能会使单产再提高 20% 至 35%，参与国在干旱年份将得到约两百万吨粮食。美国农业部在对非洲节水玉米项目的参与国——坦桑尼亚的评估报告指出：如果坦桑尼亚接受并采用转基因技术，该技术可以帮助其在未来 10 年内养活七千多万人，并降低慢性营养不良率。因此，坦桑尼亚应该重新审视其相关的政策法规，以促进技术的发展。① 虽然转基因玉米作物是其主要工作重点，但该项目还旨在为农民提供更好的技能培训和技术支持，包括病虫害防治技术、土壤的保护以及农产品市场的规范化。随着时间的推移，基金会所做出的努力将可能带来翻天覆地的变化。

第一，生产力和技术管理。利用来自世界各地的创新和专利以提高农

---

① Tanzania – United Republic of Agricultural Biotechnology Annual 2018 Tanzania Agricultural Biotechnology Report, April 2, 2019, https://apps. fas. usda. gov/newgainapi/api/report/downloadreportbyfilename? filename = Agricultural% 20Biotechnology% 20Annual _ Dar% 20es% 20Salaam _ Tanzania% 20 – % 20United% 20Republic% 20of_4 – 2 – 2019. pdf.

业生产力,持续优化农业生产系统以增强农业和粮食安全系统的适应力,满足农民的生产生活需求并为非洲的农业转型做出贡献。农业是撒哈拉以南非洲地区经济的主要组成部分,与世界上其他任何地区相比都更加深入到日常生活中,成为当地民众的主要生活来源,劳动力总数的一半以上都直接参与农业生产或从事与农业有关的活动。其中,小农农场约占撒哈拉以南非洲地区所有农场的80%,直接雇佣约1.75亿人。因此,农业技术的改进有较大可能带来广泛的经济效益,并有助于促进这一地区的经济增长。世界银行估计,到2030年,非洲的农业和农业企业的经济潜力有望从目前的3000亿美元增长到10000亿美元。

非洲是干旱多发的大洲,干旱使数百万靠天吃饭的小农户的耕作面临风险。玉米是非洲种植最广泛的主粮,非洲有3亿多人口将玉米作为主要粮食来源,但非洲的玉米经常受到干旱的严重影响。干旱导致作物歉收、饥饿和贫穷。气候变化只会使问题更加恶化。① 像干旱一样,各种害虫对非洲的小农玉米种植者也构成了威胁,他们几乎或根本没有资源来有效地防治和管控害虫。在干旱期间,正在生长的玉米特别容易受到害虫的侵害。这些害虫会对玉米产量产生巨大的负面影响,因为它们降低了玉米充分利用有限的水分和养分的能力。在一些极度干旱的年份,农民甚至会损失掉所有的农作物。

非洲农业技术基金会认为,农业有潜力成为撒哈拉以南非洲地区经济转型的催化剂,并且相信农业技术的创新和运用在实现粮食安全的美好愿景方面发挥着核心作用。因此,基金会坚持创新驱动发展的原则,通过推广新兴的农业技术来满足非洲小农的需求。在农民、科学家和其他利益相关

---

① African Agricultural Technology Foundation to Develop Drought – Tolerant Maize Varieties for Small – Scale Farmers in Africa, March 2008, https://www.gatesfoundation.org/ Media – Center/Press – Releases/2008/03/African – Agricultural – Technology – Foundation – to – Develop – DroughtTolerant – Maize – for – SmallScale – Farmers – in – Africa.

者的投入下，基金会建立了科技企业向小农户转让农业技术的机制。相关人员共同调研确定合适的农业技术和产品，以解决农业生产的种种限制，并探讨农民的获取途径。这些技术通常已开发并制造为有形产品，通过各种交付途径（包括公共、私人和其他渠道等）向农民提供。

第二，机械化与数字化农业。机械化和数字化农业将减轻小农的劳作负担，延长农业产业链，发展特色竞争优势并实现非洲未来的持续经济增长。随着非洲和全世界粮食需求的急剧增加，以及非洲成为具有全球影响力的合作伙伴地位的愿景，如果不利用新兴的数字技术以及机械化设备，就不可能大幅度提高满足这些需求所需的农业生产力。

撒哈拉以南非洲的农业生产部门是世界上机械化程度最低的地区，农民平均拥有的机械化工具设备仅为其他发展中国家和地区平均水平的10%。机械化水平的严重滞后削弱了非洲农业的生产力，加剧了非洲无法投资所需机械设备带来的恶性循环。将新兴机械设备和灌溉技术等先进科学技术引入非洲农业市场，有可能推动该行业的根本性变革。其中关键在于确定引入哪些新技术，并找到将其推向市场的恰当方法，这样非洲农民，尤其是构成该地区农业部门最大一部分的小农户，就可以方便地使用它们。

非洲农业技术基金会致力于寻找更多获得先进农业技术的机会，这将提高农民的经济效益、降低运营成本并扩大农产品的分销网络。基金会帮助农民与市场建立联系，促使市场购买更大数量的农产品，并确保农民获得最有利的价格。基金会与合作伙伴共同努力，以增强本地企业家在农场和加工厂的维护和修理方面以及低成本的机器制造方面中的能力。基金会还建立了培养农民有效利用农业机械能力的专门机构。

该基金会相信，小农户有能力通过使用先进的农业生产技术为非洲的农业转型做出积极贡献，其工作人员正在尝试改变农民的生产方式，将机械化和数字农业变成一项有利可图的商业活动。基金会在乌干达等国家试验的机械化模型表明，小农户的农作物单产提高了300%。

非洲农业技术基金会的工作人员负责确定合适的、已在其他地区成功推广的技术和经验，并使其适应非洲的当地情况。目前主要采用来自亚洲和拉丁美洲的适应性和定制化农业机械设备，与其他利益相关者合作，将机械化技术应用于整个非洲大陆超过 8500 公顷的农作物，并推动信贷机制和政府融资机制的建立，使农民能够获得他们所需要的资金来投资机械化生产。

第三，商业化市场体系。高效的市场体系将加速农业科学技术的转化和运用，以改善小农的生产生活状况。有效的市场体系能够应对农业生产技术的需求和供应，并确保小农户在适当的时间获得适当的必要资金投入，使生产技术转化为生产力，提供充足的优质农产品进入市场，这对于非洲农业有效地为农民、企业和国家增加经济收入至关重要。改善该地区的市场体系，将通过降低农业价值链上所有参与者，包括农民、种子公司、农业经销商及消费者的成本，为农业部门带来可观的利益。若市场能够充分为非洲农业服务，并帮助农民获得新技术和资金投入，将会刺激更广泛的经济转型。根据世界银行的估计，到 2030 年，非洲农业部门的规模可能会增加两倍以上，从目前的 3000 亿美元增加到 1 万亿美元，从而推动粮食安全以及减贫方面的历史性跨越。

非洲农业技术基金会在农产品开发周期的整个过程中与合作伙伴共同努力，以识别尚在研发渠道中的优质产品，并帮助将其推向商业发布，包括产品分配、经营许可、种子生产、促销和营销等。基金会意在推动整个产业链中的公共和私人参与者的合作，包括研究机构、大学、国家和地区政府、技术所有者、农民、农业经销商和金融机构等，以确保农业生产技术的开发符合当前市场的需求。

非洲农业技术基金会帮助提高包括中小企业在内的私营部门公司的运作能力，以提高其向小农户提供农业技术的速度和效率，包括在有效的批量生产系统中进行技术建设、质量控制、市场营销、知识普及以及一般业务发展等。基金会不断探索更好的公司业务模型,以确保其能够越来越快地大规模推广先进的农业生产技术。

非洲农业技术基金会认为,在非洲建立更有效的可持续和包容性的农业系统需要公共和私营部门形成合力,共同采取行动。其中,私营部门处于相对重要的地位,它们便于将新的农业技术商品化并确保这些技术的普及。因此,基金会在整个产业链上开展工作,以确保市场体系高效地运作,从而使农业生产技术能够进入最需要的地方。从技术发现到产品推广,基金会始终将商业化纳入考虑范围,并帮助有能力的零售合作伙伴建立更强大的系统,推动技术创新得到更广泛的传播。

第四,政策环境和公众参与。更具适用性、科学性的法律法规和商业政策,将向市场提供安全可靠的技术,同时保护人类和环境健康。如果要使农业对非洲小农的生活产生有意义的变化,那么扶持性的政策环境和积极的公众参与是非常有必要的,这将刺激科技创新、技术推广和农业综合企业发展。

非洲国家若希望实现其在农业方面的潜力,科技创新和技术推广将发挥重要作用。撒哈拉以南非洲地区的农民普遍表现出运用新兴农业生产技术的意愿,尤其是那些使他们能够克服现有条件限制的技术。但是,由于缺乏促进创新的扶持性政策和法律法规,存在一些新技术本有潜力推动该行业的转型、却尚未触及实际生产领域的情况。

基金会通过为决策者提供他们所需要的信息,来做出有关农业技术法规的明智决策,并帮助他们制定相关法律法规和促进创新的扶持性政策。有利的政策和良好监管环境有利于包括企业在内的所有农业参与者相对自由地开发和推广先进的新兴农业生产技术,同时使其合法权益受到保护。创造良好的整体环境至关重要,能够为技术创新和企业发展创造良好环境的国家将能够吸引更多投资,并推动其农业部门的发展和更广泛的经济增长。

非洲农业技术基金会相信科技创新和技术推广可以对非洲小农户的生活产生积极影响。因此，工作人员积极应对从研究、生产、加工到市场的整个农产品产业链中所有的政策和法规障碍。基金会的工作涉及各个方面，包括对知识产权的保护、政策倡导、监督管理、技术支持、通讯和公共事务以及向最终用户（农民）的实际产品部署。

通过与非洲的政府及非政府机构保持一致，以支持功能性政策的制定和监管环境的营造，非洲农业技术基金会为各级政府官员和农业部门提供相关知识解答服务。工作人员努力引导有关科学、技术和创新的对话，包括科技知识教育和培训，以便所有相关人员可以就新技术做出明智的决定。基金会致力于提高有关机构和个人的能力，使他们在政策和法律领域有效开展工作掌握基本的知识。

此外，在农产品营养价值和收获后综合管理方面，强调多种作物和各种技术的结合，可提高作物的营养价值，为非洲家庭提供健康均衡的饮食，形成独具特色的竞争优势，最大限度地增加农民的收益。

非洲节水玉米项目的负责人曾宣称，让转基因玉米面市是帮助非洲农民寻求创新解决方案的重要活动。① 由于转基因作物的投入较少，而产量相对较高，农户发现转基因作物比传统作物更易管理。② 所以，以南非为代表的国家开始接受转基因技术，因为他们注意到这项新技术可能有助于解决农业方面的某些问题，并促进长期的经济增长。

---

① Hans Wetzels, African Solutions Urgently Sought for Agricultural Revolution, December 2017 – March 2018, https://www. un. org/africarenewal/magazine/december – 2017 – march – 2018/african – solutions – urgently – sought – agricultural – revolution.

② South Africa – Republic of Agricultural Biotechnology Annual Biotechnology in South Africa, November 21,2016, https://apps. fas. usda. gov/newgainapi/api/report/downloadreportbyfilename?filename = Agricultural% 20Biotechnology% 20Annual_Pretoria_South% 20Africa% 20 – % 20Republic% 20of_11 – 21 – 2016. pdf.

（2）存在的问题

①非洲的农业一直面临着各种新的挑战,例如气候变化严重影响该地区实现粮食安全、消除贫困和实现可持续发展的能力。此外,秋粘虫等新的病虫害也加剧了这种情况。这就要求更先进的农业技术,包括通过遗传手段改良农作物和改进农业生产设备的生物技术方法等,从根本上改善该地区的农业生产状况并维持非洲国家的经济增长。尽管非洲国家意识到转基因技术的扩散在一定程度上加强他们在生物技术方面的研发能力,并使他们能够利用新技术解决本国农业方面的具体问题,但更为先进的农业技术对一些贫穷落后的非洲国家而言是一种奢望。在现阶段,非洲农业生物技术和转基因作物的研究仅限于少数国家,而这些国家的研究才刚刚进入监管过程的初级阶段。

②先进的农业生产技术,特别是通过生物手段改良农作物品种以使其提高产量和增强环境适应性,不仅有可能改善粮食安全状况,而且有可能促进和变革非洲的农业生产和经济发展模式。但是,从改良化品种到机械化设备等新技术推广上的难度,阻碍了撒哈拉以南非洲地区农场80%的小农户因这些技术而受益,这种不足可能是由于私营企业不发达以及不完善的市场体系未能及时将新技术带给农民。农业投入价值链的供需双方都面临着挑战,小农常常在获取资金或信贷时遇到困难,这使他们受制于落后的技术。此外,进入国内和跨国的农产品市场有时也受到一些因素的限制,包括基础设施的落后、政策的阻碍以及资金的匮乏等。所以,转基因技术可以帮助解决生产问题,但技术无法解决非洲农业的体制问题。虽然农业需要足够的投资和适当的技术,但其可行性取决于相关的政策和制度。

干旱是非洲国家农业发展中面临的首要问题之一,基因工程被认为有解决这一问题的潜力。基因工程的发展潜力与诸如虫害、植物疾病、农药的大量使用等重要问题相关。转基因很重要,但市场和基础设施方面的问题,如效率低下的市场体系、研发投资的匮乏、灌溉设施的匮乏、糟糕的运输网络以及收割环节的损失同样也是许多国家关注的问题。这些问题转基因无法解决。

转基因技术是一种生产工具,就像肥料、农药或灌溉技术一样,它也许能够增强作物的某种能力,但它无法克服农业体制的局限和国家治理的挑战,这些挑战在非洲普遍存在。在缺乏正确的体制结构和法律法规的情况下,转基因技术推动的进步可能是短暂的。

③开发转基因产品是高度专业化和高成本的业务,跨国公司在全球转基因发展的过程中扮演着关键性角色,转基因技术的研究、试验和技术监管都受到跨国公司活动的巨大影响,目前,少数跨国公司垄断了该行业,①如果广泛采用转基因种子,就可能引发对跨国生物技术公司依赖的担忧。非洲节水玉米项目的反对者表示,他们一方面担忧非洲国家形成对跨国公司的依赖。曾有人宣称:"大多数转基因作物,特别是农作物,是私有的,在美国几乎完全由私营部门拥有。因此,基因工程也可能对粮食生产和分配系统的所有权产生影响。许多发展中国家担心,美国的公司对来自发展中国家的遗传物质申请专利,而没有像《生物多样性公约》第8(j)条所规定的公平地分享收益。"②

另一方面,他们担忧非洲的农民会形成对跨国公司的依赖,转基因生物是专利。这意味着创造植入基因的跨国公司拥有这些种子和作物。农民必须向该公司支付额外的费用来使用它们并从它们身上重新获得种子。几个世纪以来,农民一直在保存、选择和分享种子,这是所有农民都拥有的一项基本权利。转基因作物的种植成本更高:种子成本更高,必须每年购买;它们需额外的肥料才能生长;农民必须购买相关的除草剂。许多小农为了购

---

① Hans Wetzels, African Solutions Urgently Sought for Agricultural Revolution, December 2017 - March 2018, https://www.un.org/africarenewal/magazine/december - 2017 - march - 2018/african - solutions - urgently - sought - agricultural - revolution.

② Andrew Bowman, Sovereignty, Risk and Biotechnology: Zambia's 2002 GM Controversy in Retrospect, Development and Change, Vol. 46, No. 6, 2015, pp. 1378 - 1379.

买这些技术而负债累累。尽管生物技术公司声称转基因作物使用的杀虫剂较少,但几年后,目标害虫对 Bt 毒素产生了抗性,次生害虫就成了更大的问题。①

南非农民种植转基因玉米已经有 20 年了,目前该国种植的玉米中几乎有 90% 是转基因品种,南非农民必须每年购买新种子,农户要签订为期一年的许可协议,技术费包含在种子价格中。而南非的农民正在陷入困境,因为昆虫变得对转基因生物免疫。但是多年来市场已经被垄断,除了等待跨国公司研发新的转基因品种外,农民别无选择。②

跨国公司所拥有的专业知识、经济实力和有影响力的政策网络,使得他们在转基因政策的制定中发挥了关键作用。而跨国公司基于对转基因技术研发的大量投入,希望收回研发的成本,寻求保护其投资收益,为此要借助专利政策来维护知识产权,专利政策旨在为其开发的每个新产品提供在全球范围的有效的保护、专利和经营许可,保护其产品免受未经授权的不正当竞争。所以,许多人担心转基因作物的专利使跨国公司控制整个食物链——从研发到育种,再到种子的商业化,少数人控制了种子市场,农民逐渐被边缘化。

尽管在非洲节水玉米项目的推进过程中,以孟山都为代表的跨国公司采取免征专利费的无偿方式将其技术提供给非洲农业技术基金会和非洲国家,但这无疑是孟山都的一种营销策略。因为只有免费的种子和技术才能体现慈善与人道主义的目的,同时可以吸引大量农民采用其产品。此外,许多人质疑孟山都提供免专利的条件可能是一个很小的代价,因为孟山都可

① Fact Sheet:GMOs in South Africa and Why We Say NO! May 2016, https://biowatch. org. za/download /fact - sheet - gmos - in - south - africa/? wpdmdl = 496&refresh = 6023965e178c11612944990.

② Hans Wetzels, African Solutions Urgently Sought for Agricultural Revolution, December 2017 - March 2018, https://www. un. org/africarenewal/magazine/december - 2017 - march - 2018/african - solutions - urgently - sought - agricultural - revolution.

以获得其他合作伙伴拥有的基因种质资源。① 实际上,国际玉米和小麦改良中心的种质资源是一种公共产品,它的种质资源只有在严格的条件下才能提供,其中之一是项目合作者必须承诺免费使用种质。同时,非洲玉米种质的特性对孟山都而言有助于其未来的商业化和盈利。通过非洲节水玉米项目,孟山都可以获得非洲国家捐赠的种质资源,但没有信息表明是否有适当的保护措施来防止生物剽窃和实现利益共享。所以,尽管原始种质仍然是原始贡献者的财产,但如果育种计划进一步开展,该种质将属于育种开发它的一方,而与原始贡献者不再相关。在此情况下,孟山都可以轻易拥有这些有价值的种质资源。②

④大多数小规模农民负担不起杂交品种需求的定期灌溉与施肥。此外,如果转基因作物生长在附近,它们可能会污染当地品种特别是像玉米这样的风媒作物。这意味着可能会引入对小农户毫无价值的特性,代价是牺牲当地品种中重要的特性,同时,非洲的生物多样性也会受到影响。由于在研发方面的巨额投资,生物技术公司一直在寻求其产品的市场化,努力推销其产品。因此,他们不愿投资于转基因长期影响方面的研究。对此,非洲生物多样性中心多次提醒人们关注小农和生态环境。非洲生物多样性中心致力于揭露非洲农业体系的不平等,反对跨国公司的垄断,维护小农的利益,强调可持续发展和有机种植。该中心认为,非洲节水玉米项目的目的是在非洲建立一个由私营部门驱动的种子产业,并推广杂交种子和转基因种子的采用,其最终目的是为转基因生物引入非洲国家铺平道路,因此,慈善和人道主义仅仅是非洲节水玉米项目的次要动机,而开拓市场和盈利才是其主要目的。

---

① African Centre for Biodiversity, FAQs on Water Efficient Maize for Africa(WEMA), https://www. acbio. org. za/sites/default/files/2017/09/WEMA – FAQ – a. pdf.

② African Centre for Biodiversity, FAQs on Water Efficient Maize for Africa(WEMA), https://www. acbio. org. za/sites/default/files/2017/09/WEMA – FAQ – a. pdf.

非洲节水玉米项目作为一项基因工程项目，在公私合作伙伴关系下提供了可行的节水玉米新品种，如 MON87460。从孟山都公司向美国农业部提供的有限数据来看，MON87460 品种在中度干旱时期保证了 6% 的减产。[①]但这种"产量优势"会随着缺水的严重程度而降低，孟山都指出，"在严重缺水的情况下，产量可以降至零"[②]。这证明干旱带来的威胁并不能被完全解除，节水玉米产量也有可能下降。美国罗代尔研究所提供的数据显示，在干旱年份，有机玉米的产量比传统玉米高出 31%；相比之下，非洲节水玉米项目使用了同样的方法只比常规种植高出 6.7% 到 13.3%，远远低于有机玉米。同时，转基因玉米可能带来一些问题，使得该项目的推行并不十分顺利。

尽管非洲节水玉米项目通过传统方式培育的耐旱玉米可能不会像转基因品种那样带来生物安全方面的担忧，但它仍然是通过采用杂交玉米品种在非洲建立一个由私营部门推动的种子产业目标的一部分。非洲农民需要真正的气候变化解决方案。人们一次又一次地看到，真正的解决办法不依靠企业或工业化农业生产模式，而是依靠农民，在农民的田地里，依靠农民管理的种子系统。真正的解决办法在于农民的知识，例如，如何创造在干旱条件下能够储存更多水分的健康土壤，以及如何种植多种作物，以创造应对气候模式日益增加不可预测性所需的恢复力。[③]

农业生态学利用农民的知识和经验，使国际社会日益认识到，向多样化的农业生态系统转变是必要和紧迫的，特别是在面临气候变化的情况下。农业生态学在经济、环境、健康、社会或文化等许多方面都优于传统农业。

---

① African Centre for Biodiversity, Profiting From the Climate Crisis, Undermining Resilience in Africa, April 2015, p. 10.

② African Centre for Biodiversity, Profiting From the Climate Crisis, Undermining Resilience in Africa, April 2015, p. 10.

③ African Centre for Biodiversity, FAQs on Water Efficient Maize for Africa (WEMA), https://www.acbio. org. za/sites/default/files/2017/09/WEMA – FAQ – a. pdf.

其通过建立对环境和气候的适应能力来提供强劲和稳定的产量方面的证据尤其明显。[①]

总之,转基因为非洲解决粮食安全问题提供了一种途径,但并非唯一的途径,也并非是解决非洲饥荒的灵丹妙药。正如国际食物政策研究所(IF-PRI)在其研究报告中所说:与大多数技术干预措施一样,转基因技术无法解决非洲的所有问题,转基因作物在非洲的具体环境中也面临一系列问题,非洲决策者需要评估每种转基因作物的具体价值,作为提供给非洲农民潜在干预措施组合中的工具。如果转基因帮助解决特定的作物产量限制,它就有一定的价值。[②] 人们不能对转基因持极端的看法,理性的态度应该是根据具体的个案来综合评估,同时考虑相关的成本、收益和风险。非洲节水玉米项目的效果和后续影响仍有待观察。

三、两个项目的共同性

从 ABSP 项目到非洲节水玉米项目,尽管这两个项目的实施方式和参与者各不相同,但仔细分析可以发现,这两个项目作为美国转基因技术援助和技术输出的项目,存在着一些共同的特点,具体如下:

(一)公私合作伙伴关系的开展

公私合作伙伴关系是指公共和私营实体联合规划和开展活动,以实现双方商定的目标,同时分担风险、成本以及收益,它代表了一种在发展中国家推广农业生物技术和转基因作物研发的新路径。美国向全球推广转基因

---

① African Centre for Biodiversity, FAQs on Water Efficient Maize for Africa(WEMA), https://www. acbio. org. za/sites/default/files/2017/09/WEMA – FAQ – a. pdf.

② José Falck – Zepeda, Guillaume Gruère, Idah Sithole – Niang, Genetically Modified Crops in Africa, International Food Policy Research Institute(IFPRI), Washington, 2013, p. 2

的最有效框架就是公私合作伙伴关系，美国政府、美国的跨国公司和私人基金会、当地的研究机构共同合作来促成转基因技术转让。

公私合作伙伴关系依赖于知识共享、资源共享、成本最小化、规模经济以及联合研发的过程，以便于在新技术研发、商业化应用和推广、部署新产品方面产生协同效应。它通过整合公共部门和私人部门的资源，避免了各部门势单力孤、各自为战的局面，并且降低了交易成本。从这个意义上讲，美国的转基因技术援助和技术输出是一项"举国工程"。

这项"举国工程"至少包含三个主要的部门：以美国国际开发署为代表的政府部门、生物技术公司、私人基金会。在公私合作伙伴关系中，美国国际开发署扮演核心关键角色，作为美国对外援助的联邦政府机构，美国国际开发署开展顶层设计工作和系统部署，领导美国生物技术公司开发的转基因的推广工作，并不惜投入大量资金来推销。公私合作伙伴关系也使公共部门的人员能够从私人部门获得财政资源和技术方法。推动 ABSP 项目和非洲节水玉米项目，美国国际开发署的目的是让目标对象国建立监管框架和美国公司建立其转基因作物全球市场所需的技术能力，并将转基因引入目标对象国的农业生产中。

对于美国的生物技术公司而言，特别是对以孟山都为代表的跨国技术公司而言，推广转基因和将转基因引入目标对象国的粮食系统是孟山都一贯的追求。尽管孟山都与美国国际开发署的合作会面临各种麻烦，诸如年度融资的不确定性、政府机构的繁文缛节以及为取悦不同的政治派别而做出的自相矛盾的努力。但是，为降低成本，减少各种反对转基因的声音，孟山都需要来自美国政府部门的支持，需要政府提供各种"技术转让"的机会，①为此，孟山都会为美国国际开发署提供财政支持和技术支持。对于美

---

①　USAID：Making the World Hungry for GM Crops, April 25, 2005, https://grain. org/article/entries/ 21 - usaid - making - the - world - hungry - for - gm - crops.

国的私人基金会而言,尽管它们打着慈善和人道主义的旗号,但还是有自己的利益追求。由于它们的身份并不敏感,它们可以采取灵活的方式来开展工作,发挥自己"柔性"的力量,帮助美国政府分担责任,并且代替政府行使部分对外职责,增强美国的国际形象和软实力。同时,美国生物技术公司的业务拓展也符合私人基金会的利益。2010年有媒体披露,盖茨基金会购买了孟山都50万股的股票,总价值约2760万美元,[①]尽管盖茨基金会并未出面澄清此事,但它基于自身的利益,仍会大力支持美国的转基因技术输出和推广工作,并在技术援助中扮演重要的角色。

美国国际开发署往往与美国非政府组织和跨国公司相互协调,步调一致,三者共同服务于美国的全球战略。美国国际开发署作为政府组织代表政府的立场,政府为私人基金会与跨国公司在全球的活动提供政策支持。在转基因生物的推广活动中,美国非政府组织与跨国公司往往因存在共同利益而总是以合作伙伴的关系协同参与。通过这种公私合作伙伴关系,参与的各方形成了利益共同体,一荣俱荣,一损俱损。在非洲,公私合作伙伴关系包括抗虫玉米、节水玉米、抗虫豇豆、抗病香蕉的研究项目,牲畜疫苗开发方面的公私合作伙伴关系也在使生物技术对非洲发展产生影响方面发挥了作用。[②]可以预见的是,不仅在非洲,在全球的其他地区,美国会继续通过公私合作伙伴关系来开展技术援助,向全球输出和推广转基因。

(二)跨国公司的技术垄断地位愈发明显

如果说第一代绿色革命是由公共部门引领并作为主力而完成的,那么目前以转基因技术革命为代表的第二代绿色革命则是由私营部门特别是跨

① Kristi Heim, Maureen O'Hagan, Gates Foundation Ties With Monsanto Under Fire From Activists, August 28,2010, https://www. seattletimes. com/seattle – news/gates – foundation – ties – with – monsanto – under – fire – from – activists/.

② José Falck – Zepeda, Guillaume Gruère, Idah Sithole – Niang, Genetically Modified Crops in Africa, International Food Policy Research Institute(IFPRI),2013,p. 189.

国生物技术公司为主力开展的。转基因作为一项前沿性的技术,在技术的研发过程中需要大量的资金和人力物力投入。在转基因产品上市前需要大量的验证和评估工作,这些工作持续的时间长达数年乃至数十年,在产品上市后还面临各种诉讼和赔偿,而这一切工作需要大量的经费,这也是为什么转基因的研发门槛高、只有少数大公司在做的原因——只有少数大公司能够承担转基因商业化带来的风险和费用。

在美国国内,以孟山都为代表的生物技术公司和农业利益集团对美国政治拥有强大的影响力。它们通过游说、政治献金和竞选资助等各种方式来影响美国政府的政策制定,维持与美国政府的密切关系,能够有效阻止围绕转基因技术的风险开展广泛的公众辩论,农业生物技术领域的垄断集中度日益提高。并且在美国,转基因产业的强势存在、专注于价格竞争和农产品出口创汇的农业部门,以及并不关注食品安全问题的公众,使得转基因技术仍然是一个主要由对该行业友好的政府部门监管的技术问题,而并未上升到政治议题。

在全球范围内,跨国公司在全球转基因发展过程中扮演着关键性角色,它们所拥有的专业知识、经济实力以及有影响力的政策网络,使得它们在转基因政策的制定中发挥了关键作用。转基因技术的研究、试验和技术监管都受到跨国公司活动的巨大影响。[1] 跨国公司基于对转基因技术研发的大量投入,希望收回研发的成本并追求较高的回报,寻求保护其投资收益,为此要借助专利政策来维护知识产权,专利政策旨在为其开发的每个新产品提供在全球范围的有效的保护、专利和经营许可,保护其产品免受未经授权的不正当竞争。[2] 并且这意味着它们开发的作物必须尽早进行商业化生产,

---

① Robert Falkner, *The International Politics of Genetically Modified Food: Diplomacy, Trade and Law*, New York: Palgrave Macmillan, 2007, p. 71.

② Robert Falkner, *The International Politics of Genetically Modified Food: Diplomacy, Trade and Law*, New York: Palgrave Macmillan, 2007, p. 73.

寻求其产品的市场化。同时,这些公司试图对转基因的研究进行垄断,而且这种研究被用来证明转基因技术在全球的推广是正当的。

ABSP 项目和非洲节水玉米项目的目的都是在全球各地建立一个由私营部门特别是跨国公司驱动的种子产业,并推广杂交品种和转基因品种的采用。目前,杂交种子和转基因品种正以快速的速度占领全球市场。跨国公司通过技术转让和公私合作伙伴关系来支持当地的合作伙伴。而公私合作伙伴关系便利了跨国公司进入发展中国家的市场,并轻易获得基因遗传资源。拥有丰富的种质资源和先进的研究机构使得跨国公司能够进一步研发更为先进的生物技术,并强化其垄断地位。

所以现代生物技术由私营部门主导,转基因服务于商业利益而非人道主义考虑,并且通过专利和知识产权,农民的育种权利被剥夺。美国政府希望通过扩大其粮食系统关键领域的公司的垄断控制,来维护其在全球粮食系统中的主导地位,从而确保专利费等垄断利润继续流向美国。在此,转基因技术不仅是美国农业的一项新技术,也在美国的全球战略中占据重要地位。

(三)这两个项目的共同目标是建构转基因的规范,制定符合美国利益的规则,进而掌握话语霸权

全球在转基因的监管方面存在以美国为代表的实质等同的规范和以欧盟为代表的预先防范的规范。美国政府未颁布过多的法规来监管转基因产品,与美国的转基因公司保持一致,以确保最低限度的监管约束。美国政府的理念来自里根–老布什时代的决策,他们认为,只有最低限度的监管监督,才能增强美国在这一新兴技术领域的竞争力。20 世纪 80 年代中期,里根政府否决了一项将使国家环保局(EPA)成为转基因产品的主要监管机构的提议。1986 年,白宫发布了一个被称为生物技术监管协调框架的替代方案,制定了沿用至今的监管程序,同时赋予了对转基因企业态度友好的美国

农业部以主要的监管角色。① 美国没有通过新的立法来监管转基因生物，并且奉行实质等同的原则，转基因产品与传统产品并无本质的区别，即转基因技术的申请人如果通过粗略的化学分析证明转基因品种与非转基因品种的组成成分类似，则认为该转基因品种就是安全的，不需要对免疫和生化作用或生态与社会经济的影响进行复杂的长时间的评估。

长期以来，美国是一个农产品的出口国，出口收入在美国农业收入中占据重要份额。随着来自世界其他国家的竞争，为了增强国际竞争力，降低成本，美国不得不依赖大规模的现代技术，包括生物技术和转基因技术。目前，美国是世界上最大的转基因作物生产国，其农业部门变得越来越集中和产业化。作为转基因玉米、大豆和棉花的生产商，孟山都公司在全球范围内积极推销转基因产品，美国政府也大力支持孟山都公司的市场开拓。

而欧盟国家以人类健康和环境安全为名，颁布了禁止或限制进口和使用转基因生物的法规。随着美国对转基因生物的持续支持，欧盟试图利用预防原则，在没有转基因生物实际危害的具体证据的情况下，维持其对转基因产品的保护性限制。

美欧双方基于各自的利益，力图争夺道义上的话语权。欧盟批评美国的做法，认为美国借助粮食援助的机会来推销转基因产品是不道德的，对饥饿的人群提供粮食援助应该符合人道主义的原则，而不应该掺杂经济利益的因素。② 在 2002 年非洲南部的粮食危机中，欧盟特别要求世界粮食计划署使用欧盟捐助的资金来购买非转基因粮食，从而为灾民提供粮食援助。③

面对欧盟的批评，美国认为欧盟的监管方式过于严苛和复杂，缺乏科学

---

① Robert Falkner, *The International Politics of Genetically Modified Food：Diplomacy，Trade and Law*, New York：Palgrave Macmillan，2007，p.104.

② Robert Falkner, *The International Politics of Genetically Modified Food：Diplomacy，Trade and Law*, New York：Palgrave Macmillan，2007，p.91.

③ Robert Falkner, *The International Politics of Genetically Modified Food：Diplomacy，Trade and Law*, New York：Palgrave Macmillan，2007，p.92.

依据。美国参议员格拉斯利(Grassley)在一次演讲中指责欧盟抵制转基因的做法导致了转基因在某种程度上是危险的说法的流传。欧盟的做法是不道德的,因为这间接助长了非洲的粮食危机。① 在美国人看来,非理性的恐惧假设和未经证实的风险导致数百万非洲人挨饿。

基于历史、地理、文化等方面的原因,许多非洲国家受欧盟的影响更深,在转基因方面更乐意接受欧盟的预先防范的规范和理念,这导致非洲在转基因作物的应用方面远远落后于其他大陆。非洲开发和采用转基因作物的一个主要制约因素是缺乏监管框架,无法对转基因产品进行全面和综合的评估。拥有了健全的监管框架,转基因作物更有可能被广泛采用和接受,关于安全问题的辩论会在较小程度上影响使用转基因的可能。

为了争夺话语权,输出美国的模式,美国通过开展ABSP项目和非洲节水玉米项目这样的技术援助来建构自己的规范。美国向发展中国家提供技术支持,进行培训和指导,为生物技术和转基因技术的研究提供资金,鼓励发展中国家采取更为宽松的监管措施,要求受援国加快生物技术开发的申请程序,以避免不必要的延误。

在援助过程中,美国一方面引导受援国认可美国模式,该模式被描绘为落后国家在转基因监管方面唯一实用的方法。按照美国学者的说法,欧盟过于复杂的监管模式对发展中国家建立生物安全系统是不适合的,发展中国家的政策制定者必须了解"政策选择的后果"和"监管复杂化的成本"。② 为此,美国建议受援国在监管方面权衡利弊,取消全面的风险评估,以尽快获得转基因的"红利"。例如,在转基因作物的田间试验中,美国学者提倡一种类似于美国模式的"有利环境",在这种环境中,监管问题是风险管理问

---

① Robert Falkner, *The International Politics of Genetically Modified Food : Diplomacy, Trade and Law*, New York : Palgrave Macmillan, 2007, p. 96.

② USAID : Making the World Hungry for GM Crops, April 25, 2005, https://grain. org/article/entries/ 21 – usaid – making – the – world – hungry – for – gm – crops.

题，不需要全面的风险评估，预先防范的理念和规范不利于转基因的传播，应该被取代。正如美国国际开发署的报告所说："非洲对转基因商业化应用的动力将取决于监管程序的成本，与美国类似的监管结构和程序会降低监管的成本。"①

　　另一方面，美国帮助受援国开展"能力建设"，协助其建立监管机构，提供政策建议，协助起草新法律或法规。在 ABSP 项目中，美国国际开发署指导受援国实施植物知识产权制度，帮助起草植物品种保护立法，并组织举办研讨会来培训当地官员如何开展植物保护工作。在菲律宾，美国国际开发署游说菲律宾政府重新起草植物品种保护法规以使其符合国际标准的《国际植物新品种保护公约》（UPOV 公约），并帮助菲律宾政府制定规则和法规，以此来保障植物品种保护的育种者权利。② 在推动受援国开展植物品种保护立法时，美国国际开发署通过各种援助项目对当地政府施加影响，并开展幕后工作以避免公开辩论，敦促受援国接受和遵守《国际植物新品种保护公约》。

　　美欧之间的博弈扩大到发展中国家被视为一场争夺市场和影响国际监管进程的国际竞争。从这个角度看，美国是在推行一项开放农产品和转基因市场的战略。而欧盟试图阻止这种尝试，并"出口"自己更具限制性的监管方式。美欧双方都试图诱使别国支持它们在世贸组织、生物多样性公约中的政策立场。在一定程度上，如果它们能够在这些国际机制中赢得更多的盟友，那么它们对国际标准制定的影响力也会增加。对 WTO 争端解决机制的研究表明，赢得更多的盟友确实可以提高 WTO 争端解决机制胜诉的

---

① USAID：Making the World Hungry for GM Crops，April 25，2005，https：//grain. org/article/entries/ 21 - usaid - making - the - world - hungry - for - gm - crops.

② USAID：Making the World Hungry for GM Crops，April 25，2005，https：//grain. org/article/entries/ 21 - usaid - making - the - world - hungry - for - gm - crops.

机会。①

此外,值得强调的是,美国与欧盟的理念竞争以及美国针对发展中国家的农业生物技术政策与美国的国内政治存在密切联系。美国决策者担心欧盟的监管模式首先被与欧盟有紧密贸易关系的发展中国家效仿,并从那里传播到其他国家,特别是那些与美国有着紧密贸易关系的国家,最终,随着世界上许多国家对农业生物技术的法律约束越来越严格,国内外要求美国加强监管的压力将越来越大。② 也就是说,如果其他绝大多数国家对农业生物技术实施严格限制,美国选民和消费者将会开始质疑美国国内法规的合法性,那么,其对政府和监管机构的信任也将受到影响。

综上所述,美国模式就是宽松的监管和可以申请专利的种子。总结 AB-SP 项目和非洲节水玉米项目,这两个项目是美国先发布局转基因育种技术,体现了美国的深谋远虑。孟山都公司拥有全球 90% 转基因种子专利权,市场份额大幅领先全球其他公司。ABSP 项目和非洲节水玉米项目是孟山都公司转基因育种技术的一种提前布局,孟山都希望借助这些援助项目为其在包括非洲在内的广大的发展中国家对转基因的种植放开后奠定明显的先发优势。同时,孟山都清楚地知道,要扩大转基因种子的销路,仅靠自身的宣传推广是不够的,产品的生产经营需要政府的许可,市场的开拓离不开政策的支持,所以,孟山都与美国政府保持密切的关系,为其发展寻找政治庇护。③ 所以,转基因产品在全球的普及是美国对外扩张和建构霸权的新手段。

在现阶段,种子的品种选育正走向商业化和专利化,以孟山都为代表的跨国公司对种质资源的竞争日趋白热化,并且生物技术在育种方面的应用

---

① Robert Falkner, *The International Politics of Genetically Modified Food: Diplomacy, Trade and Law*, New York: Palgrave Macmillan, 2007, p. 142.

② Robert Falkner, *The International Politics of Genetically Modified Food: Diplomacy, Trade and Law*, New York: Palgrave Macmillan, 2007, p. 144.

③ 侯军岐、张长鲁:《种业企业案例研究》,中国农业出版社,2016 年版,第 191 页。

大大加快。这些跨国公司拥有巨大的资金投入和技术投入以及强大的研发实力，使其在转基因技术方面具有显著的竞争优势。

面对美国的提前布局和全球推广，其他国家都有权来决定是否接受或拒绝转基因技术，但这种决定必须考虑相关的成本、收益和风险。对于那些正在考虑采用转基因技术的国家，适当的生物安全监管和技术评估将有助于确保降低成本和风险，同时实现利益最大化。我们观察到的现象是，一些发展中国家已经开始接受转基因技术，因为它们注意到这项新技术可能有助于解决农业方面的某些问题，并促进长期的经济增长。同时，转基因技术的扩散在一定程度上可以加强发展中国家生物技术的研发能力，并使它们能够利用新技术解决本国农业方面的具体问题。

在 2002 年美国对非洲南部国家提供转基因粮食援助时，赞比亚对转基因的拒绝并不是对这项技术的全盘否定，而是对这项技术被引入的方式和具体情境的质疑和担忧，以及对如何掌握该技术的关切。美国的科学传播策略无意中触及了有关外部势力在该国经济中所扮演角色的敏感议题。在赞比亚向外部开放的同时，政府的决策充满了对粮食主权和技术主权的焦虑。这种焦虑可以理解，但更重要的是，广大的发展中国家不应该坐以待毙，而是应该奋起直追，缩小与美国的技术差距，否则最终会沦为美国的"种子殖民地"的境地。目前在转基因的研发投资和支出方面，许多发展中国家紧随其后。中国和巴西是发展中国家中领先的生物技术国家。它们在转基因的某项具体领域占据了一席之地，甚至可以与美国的跨国公司一决高下。近年来，全球范围内转基因作物种植面积的增长主要集中在发展中国家。其中一些国家已经开发了一系列的转基因作物品种，并希望利用生物技术的新工具来解决本国国内农业的问题。在这些国家，农业生物技术被视为自主知识产权的本土技术，而不再是从美国进口的技术。因此，只有不断努力实现技术自主，才能有效捍卫本国的粮食主权和粮食安全。

美国与欧盟对待转基因的态度尖锐对立,这种对立的态度不仅影响了美欧之间的双边关系,也影响到第三方——非洲。美国出于政治和经济的目的,借助技术援助和粮食援助的方式,在第一次绿色革命在非洲失败后,开始推行以转基因技术为核心内容的第二次绿色革命,向非洲乃至全球输出技术规范,力图构建自身的技术霸权。而欧盟国家出于安全和保护市场的考虑,禁止转基因的推广,并限制相关外来农产品的进口。由此,非洲国家陷入两难境地:一方面,基于粮食安全的因素,非洲希望通过新技术提高农作物产量,缓解粮食危机;另一方面,非洲担心转基因产品的出口会受阻,进而失去欧盟这个最大的外部市场。但是在新冠肺炎疫情、蝗灾、粮食巨大需求等综合因素的作用下,许多非洲国家转变态度,开始对转基因持积极的看法。

粮食问题是困扰许多发展中国家的重要问题。在20世纪开展的第一次绿色革命中,一些国家通过接受外来援助等措施,增加了粮食产量,基本解决了粮食问题。但在非洲，第一次绿色革命却归于失败。由此从 20 世纪末 21 世纪初开始，非洲在美国的帮助下展开了第二次绿色革命。第二次绿色革命自初始就饱受争议，尤其是受非洲最大的农产品出口市场——欧盟的强烈抵制，由此非洲陷入了一种"两难境地"。本章通过回顾两次绿色革命，重点分析转基因和非洲的"两难"处境，并针对非洲的粮食问题进行未来展望。

一、第一次绿色革命与非洲

第一次绿色革命是 20 世纪中期兴起的在全球范围内推广先进农业技术的革命。这次革命的发起者是美国，从美国对其邻国墨西哥的农业技术援助开始，后被推广到菲律宾、印度、巴基斯坦等国家，并迅速引起世界其他国家和地区的效仿学习。

（一）第一次绿色革命的背景和实施

20 世纪前期，发达国家由于技术以及管理模式的进步，粮食产量取得了巨大的成就，而在众多发展中国家，民众则依然饱受饥饿的折磨，尤其是在二战以后，而且加上各种自然灾害，发达国家与发展中国家之间的南北矛盾愈演愈烈。二战之后，美苏冷战随即而来，美苏之间积极争夺中间地带。1949 年，杜鲁门在其总统就职演说中提出了第四点计划，即美国需要向新兴的发展中国家提供援助作为西方民主制度与共产主义之间冷战竞争的一部分，这成为其冷战战略的核心内容。杜鲁门说："提高生产是实现和平与繁荣的关键，而提高生产的关键是更积极、更广泛地运用现代科学技术。"[①]1968 年，美国负责对外援助的国际开发署署长威廉·高德（William Gaud）提

---

① U. S. Department of State, Foreign Relations of the United States（FRUS）,1949, Volume I, Washington：U. S. Government Printing Office,1976, pp. 776 – 777.

出了"绿色革命"的概念,绿色革命服务于美国的全球冷战战略,用来对抗苏联的"红色革命"。在高德看来,红色革命意味着战争、短缺和饥荒,而绿色革命则代表着和平、富裕和繁荣。代替红色革命和共产主义的绿色革命承诺要消除饥荒并消除因此导致的社会动乱。绿色革命借助科学革命将农业和资本主义联系在一起,用以提高粮食产量。1974 年全球性粮食危机的爆发又进一步推动了各国开展绿色革命。

在规划对外援助时,美国的想法也相对比较简单——工业化国家的经验似乎是一种有效的模式。世界其他国家通过修建公路和安装电力设施,引进西方技术、工厂设备、拖拉机和种子就可以实现现代化。① 因此第一次绿色革命的重点在于引进改良品种、使用无机化肥与农药、建设灌溉和排水设施、购置农业机械或采用其他新的技术。

在这种情况下,美国积极对发展中国家开展援助,其中最主要的措施就是积极构建面向发展中国家的农业机构,在这一过程中,美国的跨国公司、援助机构和基金会起到了至关重要的作用。美国的援助机构为绿色革命提供了后勤支持。20 世纪 60 年代,美国国际开发署开始资助肥料的运输和农村基础设施建设,其支持的项目包括:铺设农场到市场的道路、修建水利灌溉设施以及推进农村电气化。它还资助了一大批技术援助专家的活动。此外,美国一些大学和研究机构也对绿色革命起到了重要作用。它们与相关机构签订合同,协助其推进教育、科研和推广工作。

(二)绿色革命存在的问题与在非洲的困境

绿色革命导致农村地区贫困和不平等程度的加深,因为农业发展的领导者通常所关注的是那些拥有土地、资金以及信息灵通的农民,而不会关注

---

① [美]黛博拉·布罗蒂加姆:《龙的礼物》,沈晓雷、高明秀译,社会科学文献出版社,2012 年,第 6 页。

那些处于穷乡僻壤的小农户或那些只有小块土地的农户。面对人口增长以及粮食需求的增加,人们把希望寄托在农业生产效率的提高上,而没有在资源的获取以及分配的平等方面加以足够的重视。

在粮食产量增加的同时,农村地区的贫困化程度却在加深。因为大多数农村人口赖以为生的小规模家庭农业,丝毫没有出现任何改善的迹象:面对来自资本化程度高、更具市场竞争力的农业的竞争,他们在土地和水资源方面面临着越来越大的压力。由此,在提高粮食产量的同时,也产生了饥荒。因此,绿色革命的结果是一方面粮食的产量得到提高,但另一方面社会的不平等加剧和贫富差距逐步扩大。

在亚洲、拉美地区,第一次绿色革命虽然遗留下了许多问题,但它取得的成就仍是巨大的,许多国家实现了粮食的自给,粮食的产量获得了巨大提高。而在非洲地区,这次绿色革命却失败了,到 20 世纪 80 年代末,亚洲农业产量继续上升,而非洲农业产量却回落了。肯尼亚玉米的亩产几乎降至 20 世纪 60 年代的水平,其他非洲国家也遇上类似的问题。根据官方统计,非洲的粮食平均产量从绿色革命全盛时期的每亩 60 蒲式耳降低到 15 蒲式耳。有的农业专家认为,非洲许多地区的农业状况几乎与 50 年前没有什么不同——缺乏生产资料及机械装备、农业产量还处于工业化以前的水平。[①] 其原因主要有以下几点:

首先,相对于其他地区,绿色革命在非洲起步较晚,且自身经济水平薄弱。20 世纪 60 至 70 年代,当拉美和南亚开展绿色革命时,非洲地区的绿色革命并未发生。这里的农民仍处于一种自生自灭的状态,尽管一些国家为达到促进工业发展和向民众提供廉价食物等目标,也会对农民提供一定的支持,但是由于该地区的落后,效用终究是有限的。

---

① ［美］保罗·罗伯茨:《食品恐慌》,胡晓姣、崔希芸、刘翔译,中信出版社,2008 年,第 128 ~ 129 页。

其次,非洲各国政府对于本国的农业方案贯彻不力,政府通常会为了自己的利益操控粮食价格,政府育种工作者没有将国际种子项目研发出来的好品种完全地方化。此外,绿色革命确实带来一套工业化的农业实践,但这些实践方式并不符合非洲农业的现实情况。例如,高产的农作物需要大量的水,亚洲有足够的降雨和河流系统来支持庞大的灌溉系统,但在干旱的撒哈拉以南非洲地区,情况并非如此。许多非洲国家的农业耕作方式还处于刀耕火种的阶段,土地无法得到灌溉,而降水又特别稀少。

最后,绿色革命大量依赖化肥、农药等农资的投入,但如果农民停止追加化肥,产量就会下降。这导致普通农户的经济压力越来越重。最终,在非洲,肥料的使用量直线下降,平均每位农民使用不到 10 磅的肥料,远远低于肥料使用的平均水平。虽然 20 世纪 80 年代末出现了适合非洲种植条件的种子,但是大型捐助者却不再将资助的种子分配给农民。正如哥伦比亚大学发展经济学家杰弗里·萨克斯(Jeffery Sachs)所说:"种子出现在非洲时,模式成了'我们不资助种子在非洲种植'。"[1]另外,绿色革命在巴基斯坦、印度等亚洲国家取得成功的因素,如交通运输系统、水利灌溉系统、运转有序的经济制度,在整个非洲严重欠缺,对非洲提高粮食产量的努力构成了障碍,进而导致了非洲绿色革命的失败。[2]

此外,西方国家的援助是具有冷战目的的,所以从一开始,这一援助就是以欧美的利益为核心的。因此西方的冷战援助并未取得较大效果,而暴动却持续增加。而且西方在非洲提倡自由主义,并将该地区引入资本主义世界市场体系下,导致该地区脆弱的经济受到的冲击更加巨大。显然,该地区更需要的是稳定。"非洲如今的粮食危机不是孤立存在的,它是酝酿多年

---

① [美]保罗·罗伯茨:《食品恐慌》,胡晓姣、崔希芸、刘翔译,中信出版社,2008 年,第 128～129 页。

② Kizito Michael George, *From the Green Revolution to the Gene Revolution*, Saarbrücken:LAP Lambert Academic Publishing,2010,p.43.

的农业危机的表现,在过去三十年里发达国家强迫非洲国家在内的发展中国家开放市场,然后让补贴的粮食大量涌入,给发展中国家的粮食生产带来了毁灭性的影响。"①可见欧美国家在非洲种下的恶果。在这些重重因素下,非洲绿色革命不可避免的失败了。

二、第二次绿色革命在非洲的发展

(一)第二次绿色革命的兴起

第一次绿色革命未能在非洲取得如期的成果,饥饿、战乱、动荡及贫富差距的过大仍然是困扰非洲大陆的主要问题。在第一次绿色革命这一系列缺陷之下,1990 年世界粮食理事会第 16 次部长会议提出了推行"第二次绿色革命"的倡议,旨在为贫穷国家培育既高产又富含营养的作物新品种,推动农业生产方式出现革命性变化,在促进农产品增长的同时,确保生态环境能支持农业可持续发展。② 而在此时的生物技术科学也取得了重大突破,尤其是转基因技术,非洲正是在此浪潮之下进入了第二次绿色革命。

转基因就是使一种有潜力的基因转化进入另一种作物细胞的过程。这一目标的实现要么需要天然细菌来感染植物,要么就需要在基因外覆盖黄金粒子,再用基因枪发射到植物细胞中。随后,再通过栽培过程使这些细胞进入到经过温室测试的植株中,以确保这些转移的基因能够发挥作用。并非所有的转基因作物都能够表现出所需的基因特征,但是这些特征一旦稳定下来,就能够通过常规育种手段培育出适应作物生长环境条件的栽培变种。

---

① Kizito Michael George, *From the Green Revolution to the Gene Revolution*, Saarbrücken: LAP Lambert Academic Publishing, 2010, p. 180.

② 邓心安、彭西:《绿色超级稻的缘起、多功能价值与时代意蕴》,《科学对社会的影响》,2010年第 2 期;曹幸穗、柏芸、张苏、王向东:《大众农学史》,山东科学技术出版社,2015 年,第 179 页。

(二)美国在第二次绿色革命中的作用

与第一次绿色革命一样,在非洲的绿色革命主要是在美国的援助支持下进行的。美国学者宣称生物技术、转基因技术有望在减少非洲长期的饥饿方面发挥关键作用,非洲错过了第一次绿色革命,当前在撒哈拉以南非洲,只有4%的耕地是灌溉用地,在一些地区,农业用地受到沙漠化的侵蚀,而在另一些地区,过度的潮湿和高温导致病虫害的发病率较高,基于此,转基因技术可以发挥作用。[①] 同时,美国学者认为支持非洲对抗饥饿的斗争对于重塑美国的领导地位必不可少,而只有美国有能力发起新一轮绿色革命。[②] 而在非洲的这次援助主要是运用转基因技术提高农业产量,而非洲迫于现实压力,也只好接受,正如布基纳法索总统布莱斯·孔波雷(Blaise Compaore)于2010年国家农民日的演说谈道,"在一个饥饿的大陆上,对于转基因技术的态度完全不像在其他地方那样充满争论,因为这项技术提供了一个最佳途径来大幅提高农业生产力,从而保障粮食安全"[③]。在美国政府的支持下,美国的基金会、跨国公司积极参与,然而由于转基因技术的特殊性以及美国顾及自身利益的需要,非洲的绿色革命之路注定是艰难的。

美国各方还在非洲建立专门的机构,非洲绿色革命联盟(AGRA)成立于2006年,它是在盖茨和洛克菲勒基金会的支持下创建的,目的是在非洲重新创造在20世纪60年代曾在拉美和亚洲出现的农业技术革命,又要在发扬第一次绿色革命所取得成就的同时,克服它在环境方面的负面影响。非洲绿色革命联盟项目旨在为小农户获得农业投入物及其进入市场扫除障碍,从而将农户既作为农业投入物的买家,又作为农产品的供应者与市场连接起

①　Andrew Bowman, Sovereignty, Risk and Biotechnology: Zambia's 2002 GM Controversy in Retrospect, *Development and Change*, Vol. 46, No. 6, p. 1369.

②　Nick Cullather, *the Hungry World*, Cambridge, Mass.: Harvard University Press, 2010, p. 265.

③　ISAAA, Global Status of Commercialized Biotech/GM Crops: 2010, http://www. isaaa. org/resources/publications/briefs/42/executivesummary/default. asp.

来。这种市场准入被认为十分关键,因为它能使农民走出传统上以自我消费为主的自给农业。非洲绿色革命联盟所开展的各种项目差不多都把它当作自己的目标。这些项目资助了非洲 40 家种子企业和 1 万个分销商(非洲种子系统工程),帮助创建农村市场、作物交易场所和仓库,以绘制非洲土壤分布图为开端的土地保养行动,鼓励非洲国家政府加大对农业和农业投入物补贴的支持力度。此外,非洲绿色革命联盟还与几个合作伙伴展开了合作,而且盖茨基金会借助慈善组织的名义,资助非洲小农购买化肥、杂交种子和转基因种子。可以见得,美国在这场绿色革命中是带有打着援助的旗号,借此推广转基因产品的性质的。

(三)关于转基因产品的争议

当前对转基因的争议集中在三个方面,其中一个方面是关注转基因生物的内在因素,而另外两个方面则关注其外在特征。对转基因的内在因素关注基因工程本身的性质。这些反对意见包括:转基因生物本质上是不道德的,因为它们违反了自然规律,非法跨越了物种界限,使生命商品化;或者转基因生物是通过"扮演上帝"的过程制造出来的,这些反对意见常常诉诸伦理自然主义的形式、自然化的社会契约理论和相关的道德理论。

第二个方面涉及对人体健康和自然环境的风险——收益的权衡。转基因的支持者认为,转基因作物将通过减少劳作以及减少农药的使用量来造福环境。转基因也可以帮助解决粮食安全问题,提高作物的营养价值,从而消除饥饿。另一方面,那些对转基因持谨慎态度的人通常会对人类健康和环境的潜在风险提出呼吁。此类风险的例子包括害虫耐药性的增强导致杀虫剂使用量增加、基因漂移以及单一种植减少了生物多样性和丰富的遗传资源。这些反对意见常常基于成本—收益理论和风险—预先防范原则。

第三个方面涉及与转基因相关的社会和经济风险。转基因的支持者认为转基因有利于穷人,并指出农业产量增加会带来经济和社会效益。反对转基因的人表达了对种子垄断的担忧,对发展中国家基因资源的盗取,对消费者权利的剥夺,以及社会和经济不平等现象的扩大。

这些争议在非洲同样广泛存在。非洲的粮食安全问题是长期困扰非洲发展的重要问题,约有2.27亿人长期受到饥饿的影响,非洲由此成为世界上唯一一个饥饿人口还在大幅度上涨的地区。[①] 非洲早就依靠全球市场和对外援助来养活其人民,粮食安全问题已经耗费了其大量稀缺的外汇并占用了大量捐助资源。虽然近年来非洲的经济增长率与幸福指数都在不断提高,并且其正在经历世界上速度最快的城市化,但这些现代化的迹象并未惠及非洲的粮食安全领域。粮食产量不断降低,人口增长率居高不下,再加上气候变化的影响,所有这些可能意味着到2050年,非洲最多将只能满足自身13%的粮食需求。[②] 因此,非洲各国具有利用新技术来提高粮食产量的内在动力。但是,基于转基因的风险与各种争议,非洲各国在转基因的商业化种植方面仍处于踟蹰不前的状态,他们对待转基因仍处于疑虑和观望之中。2002年,美国以开展人道主义国际粮食援助,向遭受旱灾和饥荒的南部非洲国家提供转基因玉米,但这些国家拒绝了美国的"善意"。在发货前,美国并未通知非洲国家这批粮食含有转基因成分,[③]为此,美国显得较为被动,辩解称不可能从美国采购非转基因粮食。[④] 一些非洲国家提出折中意见同意接

---

① UNFAO, State of Food Insecurity in the World: in Brief, 2014, http://www.fao.org/3/a-i4037e.pdf.

② Richard Munang, Jesica Andrews, Despite Climate Change, Africa Can Feed Africa, Africa Renewal: Special Edition on Agriculture 2014, https://www.un.org/africarenewal/magazine/special-edition-agriculture-2014/despite-climate-change-africa-can-feed-africa.

③ Jennifer Clapp, The Political Economy of Food Aid in An Era of Agricultural Biotechnology, *Global Governance*, Vol.11, No.4, 2005, p.467.

④ Jennifer Clapp, Doris Fuchs, *Corporate Power in Global Agrifood Governance*, Cambridge, MA: MIT Press, 2009, p.132.

受碾磨后的玉米,但是赞比亚对碾磨后的玉米仍然拒绝接受。①

此外,非洲民间团体在可持续发展世界峰会上宣称:非洲拒绝成为转基因食品的倾销地,非洲应加强团结和自立来面对由转基因主导的新一波殖民主义浪潮,这次浪潮旨在通过公司对种子的垄断来操控非洲的农业生产。②

当前,非洲国家对待转基因食品的态度也存在差异。南非积极支持转基因棉花和转基因玉米的研发与商业化种植,布基纳法索、苏丹、尼日利亚积极支持转基因棉花的研发和种植,但其他大部分的非洲国家,仍处于转基因作物的试验阶段,未开展商业化种植和推广,而坦桑尼亚等国采取严格的限制措施,其反对原因主要是对转基因食品安全的担忧和害怕失去欧洲市场。

三、美欧对转基因食品的态度与非洲国家的"两难困境"

(一)转基因在美欧的不同境遇

1. 转基因在美国

转基因技术诞生于斯坦福大学的实验室中。1982年,全球第一例转基因农作物——一种抗抗生素的烟草在美国培育成功。可以说,转基因技术在美国得到了蓬勃的发展,甚至已经形成了专门的转基因产业。在转基因产品与技术的应用与输出上,美国也占据着优势地位。近几年,仅美国孟山都公司(Monsanto)的生物技术种子及具有生物技术特性的种子占其全球范

① Jennifer Clapp, The Political Economy of Food Aid in An Era of Agricultural Biotechnology, *Global Governance*, Vol. 11, No. 4, 2005, p. 467; Andrew Bowman, Sovereignty, Risk and Biotechnology: Zambia's 2002 GM Controversy in Retrospect, *Development and Change*, Vol. 46, No. 6, p. 1370.

② Kizito Michael George, *From the Green Revolution to the Gene Revolution*, Saarbrücken: LAP Lambert Academic Publishing, 2010, p. 202.

围内专供基因工程的种子市场的 87%。① 转基因在商业上的发展已二十多年,总体来说,美国联邦政府对待转基因的商业化是不反对的,在很多政策上都表现出较为宽松的倾向。在 20 世纪 80 年代,随着转基因成为越来越热门的话题,美国联邦政府曾专门为转基因的发展成立了一个跨部门的工作小组,以此来处理相关事务。而经过讨论,该工作小组最终给予白宫的结论并未反对转基因。虽然美国国会没有出台专门针对转基因的法律法规,但这并不意味着美国没有对于转基因的监管。美国的农业部(USDA)、食品药品监督管理局(FDA)以及国家环保局(EPA)可以依据相关的类似法案如《联邦植物保护法》《食品药品和化妆品法》等对转基因产品进行监管。

但是值得注意的是,美国的监管体系并未明确将转基因与非转基因产品区分开来,在没有确切的科学证据证明转基因的危害时,转基因与非转基因产品受到的监管几乎是一样的,这对于转基因的普及是非常有利的。美国在转基因方面奉行"实质等同"原则,这一原则的核心是来自基因改造作物的食物之成分,与人们通常在食物中找到的成分,比如蛋白质、脂肪、油以及碳水化合物,是相同的或大体相似。按照美国生物学家的说法,通过生物技术被导入植物的基因,其所制造的蛋白质与人们数百年来所摄入的蛋白质非常相似,"如果提取抗农达大豆的样本,它所含的经改造的酶与天然存在于植物中的酶实际上是相同的:变化非常微小,因此,在安全性方面来说,受操纵的酶与自然的酶并无显著差异"②。

长久以来,美国的农业补贴政策一直压迫着第三世界国家的农业发展,许多国家深受其害却又无可奈何。而转基因农作物在美国同样享受着高额的农业补贴,再借助其发达的农业贸易体系,美国的转基因开始"入侵"它国。这可以说是美国联邦政府对于转基因的支持,也可以说是美国在转基

---

① 张彩霞:《跨国公司农业生物技术垄断、影响及启示》,《生态经济》,2010 年第 3 期,第 80 页。
② [法]玛丽－莫尼克·罗宾:《孟山都眼中的世界》,上海交通大学出版社,2013 年,第 158 页。

因方面向全球的扩散。

2. 转基因在欧洲

与在美国相比,转基因在欧洲的发展要坎坷许多。美国对待转基因的态度可以说是支持鼓励,而在欧洲,多数国家对于转基因的态度极为冷淡甚至是抵制。2009 年只有 0.05% 的欧洲耕地用于种植转基因作物,少于全球用作转基因种植用地的 1%。[①] 转基因在欧洲不得人心,并导致欧盟专门为转基因出台多个法案,以限制转基因在欧洲的发展。其中几个主要的法案按时间顺序如下:

①欧共体 1990/202 指令:这是欧盟的前身欧共体关于转基因的第一个法案。它要求对转基因的封闭使用之前必须要对生态环境和人体健康做出评估,并且经相关主管部门批准后才能开展,对于可能产生对人体或者环境危害的实验成果,不允许其进行。[②] 该指令在科研开发和市场化两方面做了极为严格的要求,尤其是在其市场化的过程中,要满足三个要求:一是在科研过程中获得环境释放许可;二是通过环境方面的风险监测;三是该产品符合欧共体的法规。这一系列规定说明,欧共体对于转基因产品进入市场有着多么严格的要求。

②欧盟 258/97 号条例:该条例认为转基因食品是一种新食品,转基因成分的存在实际上是一种关键性的原料,与传统的"自然食物"是不同的。在上市之前,要进行严格的安全评估,在上市之后要有强制标示制度,并且欧盟的标签制度相当严格,只要转基因成分超过 0.9% 的食品都要进行强制标示,且标签必须注明特征和改变性质所用的方法,以使消费者确知食品情况

---

① Joseph Zacune, Combatting Monsanto: Grassroots Resistance to the Corporate Power of Agribusiness in the Era of the Green Economy and A Changing Climate, March 2012, p. 5.

② 孙 静:《美欧日转基因食品安全管理对我国的重要启示》,《沈阳农业大学学报(社会科学版)》,2013 年第 6 期。

并自愿选择。① 目前,在饲养过程中使用了转基因饲料的肉类并不需要标示,但已有民间力量要求这类产品也应该标示,同时有的生产商已经开始主动标示。

③欧盟 2001/18 指令:该指令是对欧共体 1990/202 指令的进一步完善,主要体现在三方面:一是指出欧盟在转基因监管方面奉行预先防范的原则(precautionary principle),并肯定该原则在转基因管理上的地位;二是强化了对转基因产品的风险监控;三是对公众意见的听取。

④1829/2003 及 1830/2003 号条例:这两个条例力图通过促进各个成员国的合作、交流,以及欧盟食品安全局的统一筹划,共同构建更加严格的、透明的、欧盟统一的转基因生物的审批、检测、上市标准,并且将转基因饲料纳入监管体系之内(即使这些饲料并不被用于饲喂生产动物食品的动物)。② 除了监管体系,欧盟还需要建立"可回溯"的转基因产品控制体系,保证已上市的转基因产品一旦出了问题,可以尽快销毁污染源头,追究相关人员的责任。

⑤欧盟 2004/35 指令:这一规定为欧盟内部各国提供了一个法律框架,但各国可以出台监管规格更为严格的法规并在其国内优先适用,也即,这类似于一个兜底的框架,给予欧盟各国自由选择权。

作为一个大的整体,欧盟的态度并不完全代表其内部国家的态度。从上述的欧盟 2004/35 指令可以推知,欧盟内部有的国家对转基因似乎更无好感。法国即为典型的一例。在法国,民众多次向欧盟提交法案试图杜绝转基因玉米在该国土地种植。自 2008 年至今,包括地球之友法国分部、绿色和平组织在内的非政府组织联合在法国创立了反对孟山都联盟并组织大量的

---

① Regulation(EC)No 258/97 of the European Parliament and of the Council of 27 January 1997 concerning novel foods and novel food ingredients, 1997 – 02 – 14, http://eur – lex. europa. eu/LexUriServ/LexUriServ. do? uri = CELEX:31997R0258:EN:HTML.

② The European Commisson, Commisson Implementing Decision of 6 November 2013, Official Journal of the European Union, 13th November, 2013, p. 3.

活动来揭露和挑战孟山都的宣传攻势。该联盟的另一目的是为了与被孟山都侵害的受众建立起沟通对话机制,以帮助保护其基本的权利。[①] 在法国的邻国——德国,多次发生反对转基因的游行示威活动,甚至于德国联邦政府通过的转基因方面的法律也遭到宪法法院关于其是否违宪的审查。面对2005年首次引进种植的转基因玉米,德国环保组织和农民团体发起了提倡非转基因种植的草根运动。同时,德国的一部分食品生产者选择给他们的肉制品、蛋制品和乳制品都贴上了非转基因标签。在欧盟之外的瑞士,曾通过全民公决,在5年内完全禁止转基因相关产品的销售,将转基因"关进笼子",可称为欧盟之外反转基因最坚决的代表。

　　欧洲国家特别是欧盟国家在转基因方面奉行"预先防范"原则,即在转基因技术研发和商业化应用之前应该充分考虑该技术所蕴含的一系列潜在风险,并将这些风险严格控制在监管范围之内。欧洲民众反对美国的"实质等同"原则,认为这一原则是美国政府以牺牲消费者的利益和破坏生态环境为代价来为生物技术公司谋利,"转基因生物的根本问题是,只有孟山都公司会从中获得好处,风险是对别人而言的"[②]。当实质等同原则被称适用于一种生物或食品,该食品就被看作与常规方法培育出的同类食品同样安全,而不必进行任何其他评估,而当实质等同原则并未被证实,也并不必然意味着食品不安全,也并非必须要求进行深入细致的公共卫生检测。欧洲民众进一步认为,实质等同原则从未真正得到确切界定:一个天然食品及其转基因替代品之间的差异要达到何种程度,才不被认为"实质"足够"等同",这一点根本未得到确切定义,而且没有任何一个严格定义得到过立法机构的认可。正是这种模糊性使得这一概念对工业企业来说很有利,而对于消费者来说则难以接受。并且,美国决策者对实质等同原则的依赖也阻碍了对食

---

　　① Joseph Zacune, Combatting Monsanto: Grassroots Resistance to the Corporate Power of Agribusiness in the Era of the Green Economy and A Changing Climate, March 2012, pp. 7 – 8.

　　② [法]玛丽-莫尼克·罗宾:《孟山都眼中的世界》,上海交通大学出版社,2013年,第347页。

用转基因食品可能具有的危害性做出更进一步的研究。[1]

(二)美欧对待转基因态度的比较

美国是世界上转基因技术最发达的国家,也是全球转基因作物推广和转基因食品商业化的操纵者和最积极的推动者。美国政府与民众普遍认为转基因作物与传统作物并无本质不同。由于国内转基因作物的大面积种植和大量剩余产品,美国急于打开国际市场,加上国内跨国公司巨头在转基因技术方面处于垄断地位并享有知识产权,进一步扩大转基因作物和食品出口有利于巩固和加强美国在转基因领域的优势地位。为此,美国拒绝在限制转基因产品国际流通的《卡塔赫纳生物安全议定书》上签字,极力消除阻碍转基因跨界流动和出口的贸易壁垒。通过国际人道主义援助的方式,美国打开世界市场(主要是发展中国家和最不发达国家市场)的努力可见一斑。并且美国表示"不可能提供非转基因粮食的援助"[2],使其对外粮食援助有转嫁国内剩余转基因农产品、迅速打开转基因食品海外市场之嫌。[3]

洵如上文所论,在非洲进行的第二次绿色革命中,美国是这一"革命"的主导者和推动者。美国通过政府及非政府间的支持,提供资金、技术,建立种子销售网等方式,希望在非洲大陆开辟"试验田",以此来推广美国的转基因技术和转基因产品。因此对于非洲来说,采用转基因技术是获取美国援助的重要途径。而对于美国来说,非洲是美国转基因产业发展的重要市场,也是美国推广转基因作物的重点地区。[4] 而反观欧盟,欧盟是全世界反对转

---

① [法]玛丽－莫尼克·罗宾:《孟山都眼中的世界》,上海交通大学出版社,2013 年,第 184 页。

② Jennifer Clapp, The Political Economy of Food Aid in An Era of Agricultural Biotechnology, *Global Governance*, Vol. 11, No. 4, 2005, p. 467.

③ Jennifer Clapp, Doris Fuchs, *Corporate Power in Global Agrifood Governance*, Cambridge, MA: MIT Press, 2009, p. 132.

④ Don Lotter, The Genetic Engineering of Food and the Failure of Science － Part 1: The Development of A Flawed Enterprise, *International Journal of Sociology of Agriculture and Food*, Vol. 16, No. 1, 2009, p. 35.

基因的中坚力量,在欧盟国家中,法国是抵制转基因的最重要代表之一。

早期欧盟和美国对转基因食品的监管具有相似性,即与传统食品监管相同,并没有特殊对待。但随着欧洲疯牛病事件的发酵,欧盟国家开始关注转基因食品的安全问题。为此,欧盟及其成员国积极协调立法,在对待转基因方面确立了"预先防范"原则①,逐步成为转基因食品坚决的反对者。

2015 年 3 月,欧盟通过了有关转基因作物种植的"选择退出计划",允许个别成员国寻求将自己排除在欧盟已批准的安全转基因品种的任何审批请求之外。② 同年 9 月,法国政府宣称通过该计划确保本国对种植转基因作物的禁令继续有效。在此之前,法国已禁止种植美国孟山都公司的转基因玉米,并对该玉米对于环境的安全性表示了担忧。法国政府对种植转基因作物反对与抵制的态度之坚决由此可见一斑。而法国民众对于转基因食品的态度与政府尤为一致。2013 年,按照相关机构的民意调查,绝大多数的法国民众在购买产品时会注意其是否为天然食品,其中半数以上的民众认为转基因食品是危险的,应该在法国禁止销售。③

美欧对转基因的不同态度与其种业的不同生态相关。美国种业基本上完全为孟山都、杜邦、美国陶氏等几家大型跨国公司所掌控,尤其是孟山都独占鳌头。而欧洲的种业生态更为丰富,除了先正达、拜尔、巴斯夫等几家跨国公司外,还有大量中小型育种公司百花齐放。比如荷兰的蔬菜种业在全世界遥遥领先,不是因为一家或者几家大公司,而是因为有几十家中小型种业公司,在不同的作物品种或者不同的性状上各领千秋。欧洲在转基因问题上更为谨慎,其中未尝没有防止种业巨头借转基因技术形成垄断、保护中小育种企业的考虑。这种担心并非空穴来风。

---

① 陈亚芸:《转基因食品国际援助法律问题研究》,《太平洋学报》,2014 年第 3 期。

② 《法国将继续禁止种植转基因作物》,2015 年 9 月 21 日,http://finance.sina.com.cn/world/20150921/110223303776.shtml.

③ 《法国如何对待转基因食品》,2017 年 5 月 12 日,https://www.bbaqw.com/cs/27653.htm.

　　转基因作物的经济性加上美国高额的补贴使得美国转基因产品具有很强的竞争力,在这种情形下,一些国家尤其是大量占有欧洲粮食市场的法国为保护本国利益,不仅自己抵制转基因,同时还呼吁欧盟禁止转基因。而在美国看来,转基因是未来粮食发展的大势所趋,既然已经拥有了技术优势,这样的优势自然要尽力发挥运用,所以美国政府对待转基因的"走出去"是大力支持的,并将之上升到战略高度,使其服务于美国的全球战略。而对于欧洲大多数国家来说,虽然在转基因技术上并没有劣势,但是转基因的安全性确实是一个有待探讨的问题,如果全面开放转基因,可能会造成食品安全、生态安全等一系列的问题。欧洲民众特别警惕以孟山都为代表的美国生物技术公司在欧洲市场的经营和运作。他们认为如果外源基因进入玉米或小麦的野生品种以及传统品种中,会导致生物多样性的消失,并且会带来知识产权争端,即孟山都公司认为任何一种植物一旦其中包含有一种受专利保护的基因,那就归它所有,"如果这一原则不受质疑,那就意味着该公司可能最终会控制欧洲乃至全球的基因资源,而这些资源是全世界共同的财产"①。并且欧洲有机农业面积广袤,若放开转基因,所谓"物美价廉"的转基因产品必将对本国传统产品产生冲击甚至碾压,极有可能对本国的粮食和经济安全产生不良影响。所以,多数欧洲国家并不愿意为转基因"放行"。

　　法国等欧盟国家对于转基因食品的排斥和对于非洲的看重,使得它并不希望转基因产品在非洲推广,影响本国传统农产品的进口。这与美国的行动背道而驰。法国同样不会任由美国凭借"转基因食品与技术援助"扩大在非洲的影响力损害自己的利益,两个国家在非洲转基因问题上的博弈不可避免。

---

　　① [法]玛丽-莫尼克·罗宾:《孟山都眼中的世界》,上海交通大学出版社,2013年,第262页。

（三）美欧博弈与非洲的"两难境地"

美国和欧盟在转基因问题上的态度差异显著，使非洲国家陷入了一种两难的困境。

一方面，非洲自身粮食产量低，粮食需求量大，而且商品粮出口也是非洲国家获得外汇收益的重要来源，发展转基因作物能很大程度上提高产量。针对这种局面，美国国际开发署（USAID）通过资助一些由美国主导的非营利组织，例如农业技术研究机构在非洲成立，再借由私人基金会对其转基因研究成果，主要是转基因作物种子在当地推广。这种国际人道主义援助和非政府组织慈善的旗号极具迷惑性，在解决非洲粮食问题的同时打开了非洲市场，将非洲拉入了由美国主导的全球农业体系。美国通过政府与私人基金会合作，以"国际人道主义援助"的亲和面目来达成自己的目的——这样做不仅降低了非洲对转基因技术与产品的"心理防线"，也为美国赢得了受援国的好感与国际声望。

由于转基因作物种子的高产特征，非洲种植国家在满足国内需求后的剩余粮食则用于出口，并且，转基因技术大大减少了杀虫剂、除草剂的使用，在南非观察到的杀虫剂和除草剂的使用量减少了33%。[1] 这一方面保护了生态环境，另一方面减轻了农民的经济负担，进而增加了他们的经济收益。所有这些因素都加速了非洲转基因作物和食品的商业化。

美国国际开发署致力于开拓非洲市场，将"帮助非洲建立有利于转基因技术安全有效运行的决策机制"作为己任，以粮食危机为切入点增加与非洲的依赖程度，迫使非洲接受转基因食品。[2] 作为美国国际开发署和跨国公司

---

① Gurling Bothma，Charlotte Mashaba，Nompumelelo Mkhonza，Ereck Chakauya，Rachel Chikwamba，GMOs in Africa：Opportunities and Challenges in South Africa，*GM Crops*，Volume 1，Issue 4，2010，p.176.

② Noah Zerbe，Feeding the Famine American Food Aid and the GMO Debate in Southern Africa，*Food Policy*，No.29，2004，p.606.

在撒哈拉以南非洲主要的代理人之一,非洲农业技术基金会成立于2003年,是一个非营利性组织。它的主要目的是促进公共和私人合作伙伴关系以确保资源贫乏的非洲农民有权利使用专利性农业技术来提高他们的生产效率,其启动资金主要由美国国际开发署及洛克菲勒基金会等提供。通过影响公众舆论,消除降低产品接受度的关于转基因生物技术的误解,非洲农业技术基金会在促进转基因生物技术产品规范性框架在非洲建立的过程中发挥着重要作用。

非洲农业技术基金会为实现转基因生物在非洲的推广付出了许多努力。例如该组织针对非洲开发了一种被称为"节水玉米"(Water Efficient Maize for Africa)的项目,简称WEMA。该项目是非洲农业技术基金会进行的五个项目之一,设立于2008年,由盖茨基金会和霍华德·G.巴菲特基金会共同投资。非洲农业技术基金会在该项目上的合作者还包括孟山都公司(Monsanto)、巴斯夫公司(BASF)、国际玉米小麦改良中心(CIMMYT),以及肯尼亚、莫桑比克、南非、乌干达的国家农业研究系统。该项目的目标是利用传统育种和转基因技术开发适应非洲农业生态环境的新品种耐旱玉米。这种新的白玉米品种在中度干旱的情况下产量可增加20%~35%。

为使转基因生物产品获得道德正统性和增加公众对转基因作物的接受度,美国转基因巨头向非洲的贫穷农民捐赠一些专利作物基因,交换条件是这些国家的政府必须放宽转基因作物的市场准入并乐意接受生物技术专利法。也就是说,为了获得未经检验的技术,这些国家的政府要被迫放弃有关知识产权、生物和食品方面的国家主权。

除了美国国际开发署,美国农业部(USDA)以投资的方式参与了非洲农业技术基金会针对加纳的转基因可可项目。当发展转基因可可必要的基因序列被"解锁"后,美国农业部和其他合作者们"慷慨"地将这一研究成果投放到公共领域,作为可可主要种植地区的西非和世界可可产量最大的国家之一的加纳成为理想的试验田。

　　同时,美国对非洲国家提供的援助大多是在转基因技术方面,即通过双边协定为非洲国家的转基因研发能力建设提供援助。如2001年美国国际开发署制订援助非洲国家转基因技术计划,2003年又开展了"农业生物技术合作计划"(Collaborative Agricultural Biotechology Initiative)和"合作研究支持计划"(Collaborative Research Support Program)。美国国际开发署还支持设立非洲农业技术基金,为西非国家提供转基因种植技术等。因此,在美国看来,接受转基因技术有利于非洲国家提高粮食产量,改善贫困落后的处境,对于非洲国家的经济社会发展是有所裨益的。

　　当然,美国在这场转基因博弈中获得的好处远不止于此。美国对非洲的转基因食品援助部分解决了国内转基因产品剩余的问题。美国对非洲的转基因援助虽然有直接的食品援助,但最主要的还是转基因技术的援助。美国完全可以将在菲律宾"绿色革命"中的做法如法炮制应用于同样面临饥饿问题的非洲国家。通过"慷慨"给予非洲国家农业技术与一代转基因种子,让贫穷的农民尝到种植转基因种子和机械化劳作的甜头,让他们习惯于不再留存普通作物的种子和机械化作业。由于一代种子存在二次种植产量下降的问题,这样政府就不得不向美国私人基金会购买大量的二代种子。农民们为了种植转基因种子需要大量的农业机械与化肥,这些自然也是由政府向美国的跨国公司购买。这样的"援助"实际上是另一种意义上的"殖民"。美国通过控制非洲的种子来源控制了非洲的农业生产。

　　在WTO和其他国际组织,美国力图迫使欧盟取消对转基因产品进口的限制,为美国农产品的出口开辟道路。① 同时,美国贸易代表指责欧盟禁止转基因是不道德的,他认为,欧盟的抵制阻止了发展中国家特别是非洲国家种植转基因作物,因为他们无法将这些作物出口到欧盟,从而剥夺了非洲饥

---

① Nick Cullather, the Hungry World, Cambridge, Mass. : Harvard University Press, 2010, p. 268.

饿人口的食物和生计。① 美国前总统小布什甚至将非洲饥荒的原因归咎于欧盟不愿进口和消费转基因食品。他声称欧盟的做法是基于毫无根据的恐惧，且导致了非洲没有投资于生物技术。②

另一方面，欧盟是非洲国家农产品出口的重要对象。对于工业化生产能力和高新技术产业相对落后的非洲国家来讲，出口农产品是赚取外汇、增加财政收益的重要途径。欧盟国家和民众对待转基因食品的态度是以抵制为主，并通过了部分限制转基因作物的法案。有学者指出，一旦非洲国家种植和出口转基因食品，基于基因漂移和基因污染，传统农作物遭到侵害很有可能会失去欧盟市场，而欧盟市场占非洲农产品出口的一半左右。这样非洲国家不但需要考虑国内粮食短缺的困难，而且需要考虑接受转基因食品援助对本国农产品出口欧盟可能造成的阻碍。无疑，如果转基因作物在非洲继续扩张，那么很大程度上会影响非洲的粮食出口，从而影响到外汇收入。从这一层面上，转基因技术在非洲的扩展，会对非洲国家的海外市场造成严重的影响，对于非洲经济民生的改善产生不利影响。

欧盟阻止转基因食品与技术进入非洲的努力，在一定程度上保证了欧盟进口非洲传统农产品的安全性。在影响力方面，法国作为在非洲具有持久影响力的大国在与美国的转基因博弈中收获了对转基因产品持反对态度的非洲国家的支持与信任。在转基因问题上，欧盟的立场在一定程度上代表了法国的立场，法国的反对态度或许还要更为强硬。法国利用作为非洲国家主要农产品出口对象——欧盟的成员国优势，通过政策影响非洲国家内部关于转基因的立法，使得一部分非洲国家拒绝接受美国的转基因食品援助，加上法国开发署提供的传统食品援助，使法国成功扩大了自己在非洲

---

① Kizito Michael George, *From the Green Revolution to the Gene Revolution*, Saarbrücken：LAP Lambert Academic Publishing, 2010, p. 206.

② Kizito Michael George, *From the Green Revolution to the Gene Revolution*, Saarbrücken：LAP Lambert Academic Publishing, 2010, p. 275.

的影响力。同时,因为转基因食品所具有的不确定性和美国声明"只提供转基因食品援助",使得法国阻止转基因食品进入非洲的行动具有表面的正义性,有利于为法国争取部分非洲国家的话语权。

同时,由于曾经的殖民历史,法国将非洲视为自己的"后花园",通过对非援助塑造自己在非洲的影响力,维持自己的大国地位和国际话语权。2013 年 5 月初,法国发展部长帕斯卡尔·康凡(Pascal Canfin)宣布法国负责对外援助的政府机构——法国开发署承诺不再资助任何有关转基因种子的研究、购买、繁殖及推广活动。这种"排斥"经法国开发署内部投票通过。事实上,2013 年 5 月初,法国开发署已经制定了未来三年针对撒哈拉沙漠以南的非洲食品安全问题的新策略。这种新策略无疑要体现法国的意志和在对外援助方面的新规范。

法国开发署公开宣布不再支持转基因相关活动后不久,其网站上出现了题为《转基因生物:应对或承诺应对最不发达国家的经济与食品挑战?》的页面,其中强调了转基因生物的一些风险,但也提到了转基因技术可能带来的"巨大潜力",显示出了对转基因生物技术更为温和的态度。[①] 法国在官方声明与实际操作中存在的这种"两面派"作风并不难理解:强硬是在向美国宣告自己维护在非洲利益的决心;妥协退让(即透露出谨慎支持非洲国家发展转基因技术的态度)是为了更好地解决非洲的粮食问题,巩固自己在非洲法语区的影响力,同时提高了另一些非法语区但面临饥饿困境的国家的好感度。这样的做法归根结底是为了更好地维护法国的在非利益。

因此,法国拥有保护本国农产品进口地不受转基因食品"侵害"的决心,在官方声明中往往对转基因产品持强烈的反对态度,但为了缓解非洲的饥饿问题,赢得非洲国家的支持,法国对于一些发展转基因技术的非洲国家做

---

① Christophe Noisette,Les OGM bannis de l'aide au développement par la France...et par la Bolivie,3 juillet,2013,https://www.infogm.org/5461 - ogm - bannis - aide - developpement - france - bolivie? lang = fr.

出了适当的妥协。

此外,作为问题的中心——非洲国家国内也对转基因作物的种植有所警惕。例如乌干达国内反对孟山都公司在乌干达的转基因玉米试验,主要是担心跨国公司形成技术垄断导致农民传统的育种权利被剥夺。一些乌干达的学者认为,如果乌干达政府允许转基因玉米试验,乌干达本土的玉米在不到十年的时间内就会被孟山都的转基因玉米所污染,并逐渐被取代。[①] 按照他们的说法,基因污染的风险与技术垄断的风险是联系在一起的。当转基因作物被推广后,那些继续种植传统品种的农民将努力防止他们的田地受到转基因的污染,但这几乎是不可能完成的任务。因为大风、动物将农作物的花粉传播得很广。[②] 长此以往,转基因作物会使当地的种质遗传资源更为狭窄,并增加农民在支付种子专利方面的负债。并且,跨国公司研发终结者种子,从终结者作物收获的种子如果被重新种植,它们无法发芽,这迫使农民要重新购买种子,进而导致技术垄断使农民传统的育种权利被剥夺。因此,他们要求乌干达政府制定法律,保护农民永久使用当地传统种子的权利,免于跨国公司的技术垄断。

综上,不少非洲国家已经陷入了一种"两难境地"。第二次绿色革命的核心是推广转基因技术,美国是第二次绿色革命的主导者和推动者,出于本国政治和经济目的,美国对非洲展开的多项援助是围绕转基因技术而实施的,美国看重非洲作为全球农业体系和转基因技术在世界范围内实现商业化不可或缺的一环的重要地位,但对非洲有更大历史影响力和农产品国际市场的欧盟却持相反的态度,对转基因作物亮出红牌。对于非洲而言,接受转基因意味着粮食短缺问题能够得到缓解,但将面临失去欧洲农产品出口

[①] Kizito Michael George, *From the Green Revolution to the Gene Revolution*, Saarbrücken:LAP Lambert Academic Publishing,2010,p. 291.

[②] Kizito Michael George, *From the Green Revolution to the Gene Revolution*, Saarbrücken:LAP Lambert Academic Publishing,2010,p. 296.

市场的风险;拒绝转基因则正好相反,这就构成了非洲面临的"两难"境地。

美国与欧盟在非洲针对转基因问题的博弈归根结底是以各自的国家利益为考量的。在美国、欧盟、非洲三方的博弈中,非洲处于最为被动的位置。无论是美国打着人道主义援助的旗号宣称利用转基因作物帮助非洲解决饥饿问题,还是以法国为代表的欧盟宣称转基因存在安全隐患而阻止转基因作物在非洲的推广,都是为了维护自己的利益——美国想要转嫁国内剩余的转基因产品,将非洲拉入由自己主导的全球农业体系的同时赢得国际声望;法国的阻止行为既在一定程度上保证了作为本国农产品进口地的非洲的传统农产品的安全性,也扩大了自己在非洲的影响力,有利于维持自己的大国地位。而非洲国家根据自己的国情,较为被动地选择追随的一方。同时非洲国家内部也存在着不同的声音。因此到现在,在对于转基因进一步发展的问题上,非洲国家的态度并不一致,大部分国家对于转基因既积极尝试,又有所保留。

南非是非洲大陆对转基因试验和转基因商业化种植及推广持开放态度的最积极的国家,1990 年南非首先进行了抗除草剂转基因棉花的试验,迄今已有抗虫玉米、抗虫棉花和耐除草剂棉花这 3 个转基因作物品种获得批准释放。这意味着南非的经济作物和粮食作物都实现了转基因的商业化种植。虽然南非在转基因作物的种植上站在美国一方,但南非政府通过立法对国内转基因产品的研究、公布、生产、销售与进出口都进行了严格的约束。其中最主要的法律是 1997 年通过并实施的《转基因生物法》及其附属法例。它规定进行转基因相关的活动必须办理许可证并进行科学的风险评估,并在进行转基因实验前告知公众,该法案还要求对转基因活动进行地点的所有设施进行登记,研究成果被批准发行前需要论证其对环境安全的无害性。如果转基因活动造成了破坏、在活动过程中实施了犯罪行为或拒绝与监管机构合作,活动组织者都将承担民事责任或刑事责任。除此之外,南非政府约束转基因产品的行动还包括实行转基因食品强制标签制度以保障消费者的知情权与选择权。布基纳法索是美国转基因企业的"试验田",但在2015年6月,布基纳法索宣布,由于技术原因,在未来3年内将转基因棉花的种植比例由目前的73%降至55%。2016年4月,该国又宣布停止种植孟山都公司的转基因棉花。

当前,有很少非洲国家着眼于从现代农业技术特别是转基因技术方面获益,与之相反,大多数非洲国家仍困扰于该技术的潜在风险。所以,在五十多个非洲国家中,仅南非、苏丹、布基纳法索、尼日利亚4个国家开展了转基因作物的商业化种植。[①] 一些非洲国家正在开展转基因作物的田间试验,并着眼于构建与转基因技术相关的监管体系。下表反映了非洲国家的转基因作物发展现状:

表3-1　非洲国家的转基因作物发展状况

阶　　段	国　　家
商业化生产	布基纳法索;尼日利亚;南非;苏丹
限制性田间试验	布基纳法索;喀麦隆;埃及;肯尼亚;加纳;马拉维;尼日利亚;南非;乌干达
研究阶段	布基纳法索;喀麦隆;埃及;加纳;肯尼亚;马拉维;马里;毛里求斯;纳米比亚;尼日利亚;南非;坦桑尼亚;突尼斯;乌干达;津巴布韦
发展研发能力	布基纳法索;布隆迪;埃及;肯尼亚;摩洛哥;塞内加尔;坦桑尼亚;乌干达;赞比亚;津巴布韦;贝宁;喀麦隆;加纳;马拉维;马里;毛里求斯;纳米比亚;尼日尔;尼日利亚;突尼斯;阿尔及利亚;博茨瓦纳;埃塞俄比亚;马达加斯加;卢旺达;南非;苏丹

资料来源:Nompumelelo H. Obokoh & David Keetch:《非洲撒哈拉以南的转基因作物状况》,http://www. agrogene. cn/info – 1903. shtml.

---

① Nompumelelo H. Obokoh,David Keetch:《非洲撒哈拉以南的转基因作物状况》,2014年11月5日,http://www. agrogene. cn/info – 1903. shtml.

总之,美欧双方围绕转基因问题的博弈将长期存在,这种博弈对非洲的影响将长期存在,这也注定了非洲国家的"两难"境地将长期存在。

四、对于非洲粮食问题的未来展望

粮食问题是人类社会发展的首要问题,同时也是困扰非洲大部分国家尤其是撒哈拉以南非洲国家发展的主要问题。受制于地理条件、历史因素、科技发展水平等要素,非洲国家解决饥饿问题仍旧任重而道远。在摆脱饥饿的大潮中,非洲国家由于起步晚,条件不充分,未能像部分亚洲和拉美国家一样在第一次绿色革命中取得胜利,因此第二次绿色革命势在必行。在以转基因技术为核心的第二次绿色革命中,非洲国家很大程度上受制于美国和欧盟的博弈,从而导致对转基因问题"进退两难"。粮食问题还将是长期困扰非洲国家的重要问题。解决上述"两难"问题,需要非洲国家在以下方面做出举措。

(一)进一步推动土地改革,优化粮食分配结构

诚然,粮食产量是导致粮食危机的重要原因,通过技术手段增加粮食产量一定程度上能推动粮食问题的解决,但不合理的土地制度和经济结构导致了财富分配不均,小农的粮食购买力低下,解决好这一问题才是解决非洲粮食危机的治本之策。非洲人挨饿,不是因为没有食物,而是因为他们缺乏获取食物的权利和能力。[1] 如果跨国生物技术公司想为饥饿的人群提供食物,他们应当鼓励土地改革,让农民拥有土地,并推动财富的再分配,这将使穷人能够购买食物。[2]

---

[1] Nick Cullather, *the Hungry World*, Cambridge, Mass.: Harvard University Press, 2010, p. 269.

[2] Kizito Michael George, *From the Green Revolution to the Gene Revolution*, Saarbrücken: LAP Lambert Academic Publishing, 2010, p. 339.

在第一次绿色革命中,采用的良种、水利灌溉、农机设备等措施只能为大面积土地所有者所采用,而少地无地的小农很难有资本采取相关措施来提高产量。在转基因技术方面,世界上许多农民都依靠保存下来的种子种植作物,这些种子经过几个世纪适应了特定的生态区域,而获得专利保护的转基因种子则无法留种,因此农民需要负担更高的转基因种子费用和技术专利费用,小农的经济状况也长期得不到改善。非洲如今的粮食危机也不是孤立存在的,它是酝酿多年的农业危机的表现,在过去三十年里,发达国家强迫发展中国家开放市场,然后让补贴的粮食大量涌入,给发展中国家特别是非洲国家的粮食生产带来了毁灭性的打击。而促进跨国粮商利益的全球农业重建并未止步于此。在同一时期,以非洲为代表的发展中国家被迫采取促进粮食出口而非用于国内消费的粮食政策,并采取单一作物种植、高耗能的大规模工业化生产模式,使小农生产逐渐被边缘化,这种转变是饥荒增加的主要原因。如果没有良好运作的政府,没有制定促进粮食生产的政策,没有确保农业技术可为公众获得的适当的知识产权政策以及公开、公平的贸易政策,单个可能帮助非洲农民和消费者的科学发现是没什么作用的。

对此,要从根本上解决非洲的粮食问题,还是要从体系和制度构建上处理好农业发展的问题。第一,开展切实有效的土地改革,合理分配好土地资源,增加无地少地农民的不动产资本和生产资料,但在此过程中要注重处理好和大土地所有者的关系,在温和的条件下展开改革。第二,政府应积极利用财政和货币手段,完善对小农的财政支持。一方面,政府出资或社会融资建立对小农购买现金设备和技术的资金支持;另一方面,完善银行业对小农的信贷政策,为小农提供更好的资金保障,以此来改善小农处境,逐步缩小收入差距,摆脱粮食危机,并且应大力增加农业投入,加强基础设施与农业科研教育体系及农村社会化服务体系的建设。

（二）完善转基因产品评估机制，加强对转基因食品的长期监管，并建立相应的法律法规

非洲"进退两难"局面的形成，很大程度上是因受制于欧盟市场的需求。第二次绿色革命在非洲的"两难"境地的背后是两种对待转基因问题态度的博弈。作为最大的市场，欧盟对转基因的抵制态度制约了转基因技术在非洲的拓展。因此，如果要让欧盟这个"客户"放心，确保转基因的安全问题才是促使欧盟态度转变的关键。因此，建立必要的转基因食品评估机制，采用立法以及科学的、长期的监管来限制转基因食品的准入是十分必要的。发达国家的评估体系更为完善，他们能够召集一系列专家并建立起相关机构。在转基因动植物进入自然环境之前密切监测实验过程，找出可能的风险。但在非洲，发展现代农业技术，同时建立相应的风险监管体系确属不易。绝大多数的非洲国家无论在资金方面还是在政策方面对现代农业技术的投入都非常有限，①这导致他们在风险管控和监管方面的进展不大，与采用转基因技术相配套的生物安全法规也需要进一步健全。下表反映了非洲国家生物安全法规的法律现状：

表3-2　非洲国家的生物安全法规的法律状况

生物安全文书	国家
已制定生物安全法律	布基纳法索；喀麦隆；埃及；埃塞俄比亚；加纳；肯尼亚；马拉维；马里；毛里塔尼亚；毛里求斯；莫桑比克；纳米比亚；塞内加尔；南非；苏丹；斯威士兰；坦桑尼亚；多哥；突尼斯；赞比亚；尼日利亚；津巴布韦
法律草案已准备妥当，等待通过成为法律	乌干达

① Nompumelelo H. Obokoh, David Keetch：《非洲撒哈拉以南的转基因作物状况》，2014年11月5日，http://www.agrogene.cn/info-1903.shtml.

生物安全文书	国家
国家生物安全框架草案 （联合国环境规划署/全球环境基金生物安全项目的指导）	阿尔及利亚;贝宁;博茨瓦纳;布隆迪;佛得角;中非共和国;乍得;科摩罗;刚果;科特迪瓦;刚果民主共和国;吉布提;厄立特里亚;赤道几内亚;加蓬;冈比亚;几内亚;几内亚比绍;莱索托;利比里亚;利比亚;马达加斯加;摩洛哥;尼日尔;卢旺达;圣多美与普林西比;塞拉利昂
无国家生物安全框架	安哥拉;索马里;南苏丹;西撒哈拉

资料来源：Parties to the Cartagena Protocol and Its Supplementary Protocol on Liability and Redress, http://bch. cbd. int/protocol/parties/.

由上表可以看出,南非、布基纳法索等较早接受和使用转基因技术的国家在立法上相对完善,但大多数国家的相关法律仍处于草案状态或空白。发展中国家特别是非洲国家生物技术和知识产权法律的匮乏,常常被认为是导致农民对转基因需求滞后以及转基因商业推广艰难的原因。因此,建立起必要的法律框架,是防范转基因的负面影响扩大化的重要举措。

（三）根据各国对待转基因食品的不同态度,调整出口对象,拓展全球化的农业出口市场

在过去二十年中全球营养不良的人数有所下降,但仍主要集中在亚洲和拉丁美洲,而在非洲,营养不良的人口比例却在增加。一方面,非洲的人口增长幅度最大,另外,撒哈拉以南的非洲面临巨大的挑战,未来几十年的气候变化将导致农业产量急剧下降,非洲的许多地方会经历沙漠化、土质下降、缺乏灌溉以及产量停滞不前的问题。[1] 目前非洲国家正在采取多项措施

---

① A. Milton Park, *The State of the World's Land and Water Resources For Food and Agriculture: Managing Systems At Risk*, New York: Earthscan, 2011, p. 285.

来开发转基因作物品种,以满足农民的需求,例如适合当地的抗旱品种。[1]
到目前为止,只有4个非洲国家——南非、苏丹、布基纳法索、尼日利亚发展
转基因作物,但越来越多的非洲国家开始实施了转基因作物的田间试验,这
离转基因的商业化种植仅一步之遥。

有的学者认为,非洲的反转基因情绪主要是由外部原因而产生的,特别
是与欧洲的贸易关系。[2] 对发达国家而言,大部分发达国家都存在粮食过
剩,特别是欧盟,因此转基因对欧盟消费者而言并非必需品,但对非洲而言
并非如此。例如乌干达现有的转基因政策允许进口的转基因食品给饥民消
费。[3] 同样,2002年曾坚决抵制美国转基因粮食援助的赞比亚近年来的态度
也出现了转变。2018年12月6日,赞比亚监管机构——国家生物安全局
(NBA)颁布了三项许可证,允许进口含有转基因生物的产品,该机构表示,
该决定允许在严格的监督和核查下进口转基因生物,迄今为止,共有24项通
过发放许可证批准将转基因生物产品投放到赞比亚市场的申请。[4] 2019年
7月,赞比亚国家生物安全局允许进口转基因粮食或含有转基因成分的农产
品。该机构已经向4家公司颁发了进口含有转基因生物产品的许可证,并声
称该决定是在科学咨询委员会进行风险评估后做出的。[5]

非洲陷入"两难困境"的主要原因是欧盟尤其是法国对转基因食品的抵

---

① Ana Komparic, The Ethics of Introducing GMOs into sub – Saharan Africa: Considerations From the sub – Saharan African Theory of Ubuntu, *Bioethics*, Vol. 29, No. 9, 2015, p. 606.

② Robert Paarlberg, *Starved For Science: How Biotechnology is Being Kept Out of Africa*, Cambridge, Mass.: Harvard University Press, 2008, pp. 16 – 17; Ana Komparic, The Ethics of Introducing GMOs into sub – Saharan Africa: Considerations From the sub – Saharan African Theory of Ubuntu, *Bioethics*, Vol. 29, No. 9, 2015, p. 606.

③ Kizito Michael George, *From the Green Revolution to the Gene Revolution*, Saarbrücken: LAP Lambert Academic Publishing, 2010, p. 300.

④ Zambia's Regulator Under Attack For Allowing Importation of GMO Foods, 2018 – 12 – 07, http://www.xinhuanet.com/english/2018 – 12/07/c_137658061.htm.

⑤ Zambia Allows More Imports of GMO Products Despite Resistance, 2019 – 07 – 09, http://www.xinhuanet.com/english/africa/2019 – 07/09/c_138212190.htm.

制态度,而欧盟又是非洲最大的农产品出口市场。"鸡蛋不能放在同一个篮子里",为此,针对不同国家对转基因农作物的不同态度,调整农产品出口方向,也是非洲国家摆脱两难处境的举措之一。目前,各国对转基因食品的态度不一,也导致各国对转基因产品进入市场的准入标准不一。相比于欧盟国家对转基因采取严格的限制,一些国家的进出口限制则相对宽松,如只需有明确的标识即可。除去国家立法,各国民众对待转基因的态度也有很大的差别,也影响转基因作物在市场的需求。对于转基因食品,一些国家的态度则相对宽松,同时对粮食的市场需求也较大,不妨作为非洲国家未来的出口市场。因此,可以预见的是,当非洲国家改变其出口市场时,会有更多的非洲国家接受这项新技术。

综上,将欧盟作为主要农产品出口地的非洲国家基于对失去欧盟市场的担忧拒绝接受美国的转基因技术,并限制和禁止转基因作物的商业化种植,但较低的农业生产率、快速增长的人口数量会使非洲成为粮食净进口地区。转基因技术的研究与应用为非洲提高粮食产量、缓解粮食危机、减少粮食净进口及消除贫困提供了可能。因此,一些国家如赞比亚、莫桑比克、津巴布韦等虽然拒绝了美国的转基因食品援助,却仍在发展转基因研发能力以解决国内的饥饿问题。进一步讲,技术仅仅是工具,社会改革是不可或缺的。著名经济学家阿玛蒂亚·森指出:饥荒并非因供需不足引起,而是因为分配不公。[1] 非洲人挨饿,不是因为没有食物,而是因为他们缺乏获取食物的权利和能力。[2] 绿色革命过多关注技术的发展,而忽视了社会和环境的因素。[3] 因此,不能因为过于关注新技术而忽视了相应的社会改革,技术只有嵌入到相应的社会改革中才能有效发挥作用。并且,研发具有自主知识产

---

[1]　Amartya Sen, *Poverty and Famines: An Essay on Entitlement and Deprivation*, Oxford: Clarendon Press, 1981, pp. 49 – 50.

[2]　Nick Cullather, *the Hungry World, Cambridge*, Mass.: Harvard University Press, 2010, p. 269.

[3]　[法]皮埃尔·雅克、[印]拉金德拉.K.帕乔里、[法]劳伦斯·图比娅娜:《农业变革的契机:发展、环境与食品》,潘革平译,北京:社会科学文献出版社,2014年,第129页。

权的新技术才是根本的治策之道。

两害相权取其轻。非洲国家一方面面临粮食安全的压力,另一方面面临出口市场的压力,但基于粮食作为生存必需品和战略资源的属性,保障粮食安全是全球每一个国家都要面对的首要任务。非洲国家也不例外。民以食为天,只有解决人民的温饱问题才能实现社会的稳定和长治久安。特别是在新冠肺炎疫情、非洲蝗灾、人口增加导致粮食需求巨大等综合因素的影响下,越来越多的非洲国家开始接受转基因。作为非洲人口最多的国家,尼日利亚在 2018 年批准了转基因棉花的商业化种植后,[①]2020 年,尼日利亚政府建议将作为食用用途的转基因豇豆合法化。[②] 埃塞俄比亚之前一直对转基因抱持抵制和批判态度,并以反转运动的急先锋而著称,但是近几年对转基因的看法也出现了积极的转变。[③]

对中国而言,非洲在转基因方面面临的"两难"境地为中国开展中非农业合作提供了机遇,也为非洲国家在美国与欧盟之外提供了另外一种选择的可能。一方面,中国拥有自主知识产权的转基因棉花即抗虫棉,中国的抗虫棉技术在全球居于领先地位,可以向转基因棉花商业化种植的四个非洲国家提供技术援助,也可以在有关国家的邀请下对转基因棉花尚未合法化但已经进行田间试验的非洲国家提供信息和技术指导,提前展开布局,以便为未来中美在非洲的转基因博弈中占据一席之地。另一方面,基于转基因食品的敏感性,除南非之外的非洲国家对转基因粮食作物仍持质疑态度,基于此,中国应该避开敏感的领域,在传统粮食作物的技术方面为非洲提供援

---

① Why African Countries Maintain Tight Restrictions on Genetically Modified Food? May 28,2019, https://www. worldpoliticsreview. com/trend - lines/27892/why - african - countries - maintain - tight - restrictions - on - genetically - modified - food.

② 《农业生物科技能够提高作物产量》,2020 年 6 月 9 日,https://share. america. gov/zh - hans/ agricultural - biotech - makes - farms - more - productive/.

③ Ethiopia:Agricultural Biotechnology Annual,February 11,2020,https://www. fas. usda. gov/data/ ethiopia - agricultural - biotechnology - annual - 3.

助,与非洲分享传统作物和常规作物的技术知识,为中非之间在农业合作方面的互利共赢奠定坚实的基础。

阿根廷政府接受转基因的原因是弥补进口替代工业化模式的失败，其目的和手段是偿还外债和新自由主义改革。随着转基因的推广，阿根廷遭受了生态危机爆发、种子垄断、饥荒等负面影响，其根源在于对转基因技术的安全性和影响缺乏认识，且未掌握转基因核心技术，对美国和跨国公司产生依赖。因此，在"技术进步"的名义下，阿根廷的农业发展模式被重新塑造，粮食主权受到侵蚀，国内的饥荒问题愈演愈烈。因此，从技术的角度分析转基因与阿根廷政治经济的互动关系，对我国农业现代化的发展具有重要启示和借鉴意义。

一、阿根廷接受转基因的原因溯源

（一）阿根廷进口替代工业化模式的挫败

进口替代是指采取保护措施，独立发展国内制造品生产，以国内生产的制造品去替代进口的制造品的经济发展战略。早在19世纪70年代，以阿根廷、巴西等为代表的拉美大国就已经开启了早期工业化，在1929年经济大危机后，阿根廷工业化脚步加快，在二战后，阿根廷的进口替代工业化战略进入全面发展阶段，这种战略的理论基础是依附论，①该理论强调发达国家借助不平等的国际分工体系和非等价交换来剥削发展中国家，为维护自身利益，广大的发展中国家应该摆脱束缚，限制外来工业品的进口，独立自主地发展国家的工业化，最终实现本国的工业品取代进口来满足自身需求，以期减少外汇支出，为经济发展积累资金。

但是在阿根廷进口替代战略实施的过程中，由经济民族主义激发的发展模式带有自给自足和封闭的倾向，这种闭门造车式的发展人为地将自己与外部世界相隔离，不利于引进外来的先进技术来壮大自己。当阿根廷面临经济困难和债务危机时，被迫请求国际社会的帮助，也不得不经历一个痛苦的调整经济发展战略的阶段。同时，由于阿根廷缺乏先进的技术支持和管理经验，生产规模也较小，因而往往出现产品成本高、质量低，缺少规模效益，外汇使用过度，国际收支困难，国内产品价格高于进口同样产品的价格等问题。另一方面，由于进口替代战略的需要，本国的货币币值被高估，导致在价格、资金等方面的优惠措施不利于出口部门的发展，制约了本国的出口创汇能力。所以，外汇缺口不仅没有因为进口替代战略的实施而缩小，反而有扩大之势。由于进口的增加和因外汇不足而向外国举债，结果增加了对外国的依赖。②

阿根廷在进口替代战略失败后，开始采取出口导向战略。在阿根廷人看来，进口替代战略借助人为干预的方式将国家大量的资源投入到自身处于劣势的产业，这违背了经济发展的规律。因此，在比较利益的基础上，发

---

① 董国辉:《劳尔·普雷维什经济思想研究》，南开大学出版社，2003年，第59页。
② 马先仙:《美国经常项目逆差研究》，西南财经大学出版社，2010年，第181页。

挥自身的比较优势和要素优势,出口劳动密集型产品或原材料,以获取经济发展的资金和偿还外债。从比较利益和比较优势来看,一国能够根据自己的生产要素优势分配本国的生产要素,将最大限度地发挥资源优势,实现资源有效配置的效果。拉美国家包括阿根廷过度依赖初级产品出口,而不能建立完整的、有竞争力的工业体系。这种"荷兰病"构成了经济转轨和产业升级、结构转型的障碍。而阿根廷对大豆、牛肉等农牧产品出口的依赖则进一步固化了这种"荷兰病"。对此,阿根廷必须出口具有比较优势的农产品创造大量外汇,才能重振国家经济。在这种情况下,转基因作物由于其产量较大、西方国家的积极推动以及适应在阿根廷生长等优势,开始被阿根廷政府大量引进,成为该国具有比较优势的农产品。

(二)还债的需求

阿根廷的债务危机是国家高度保护下的进口替代工业化战略而采取的政策造成的失误。1970年代当阿根廷进口替代工业化的问题逐渐凸显、内源式经济发展模式似乎走到尽头、经济发展面临新的选择时,石油美元以银团贷款的形式流入阿根廷乃至拉美。但当国际经济形势和世界市场发生不利变化而使拉美经济发展出现困难时,外资问题在阿根廷就表现为债务危机。

1973年,石油危机爆发,拉美国家除了委内瑞拉外,大多是石油进口国,为了购买价格高昂的石油,阿根廷大量借债,信用则由本国政府担保,阿根廷所欠外债越来越多,外债增速远远超过了经济发展增速,使其失去了还债能力。这时,美国为解决国内的滞胀问题,美联储调高了基准利率,1981年达到19%,使得美元大量从拉美地区回流,最终导致包括阿根廷在内的拉美地区的债务危机。在此期间,阿根廷外债的年增长率达到7.6%。[1] 因此从

---

[1] 江时学:《阿根廷危机反思》,社会科学文献出版社,2004年,第95页。

外部来看,阿根廷债务危机的主要原因是石油危机和美国政策的调整。特别是美国的拉美政策,美国借助输出大量的过剩资本,向包括阿根廷在内的拉美各国转嫁危机,这是拉美外债剧增的主要原因之一。此外,美国强化贸易保护政策,使得阿根廷的外部贸易环境不断恶化,出口收入大大缩减,导致国际收支不平衡急剧扩大,从而削弱了偿债能力,加剧了他们的债务危机。

就自身而言,阿根廷长期奉行负债发展战略,[①]导致外债像滚雪球似的增加。负债发展战略是发展中国家为实现现代化而经常采用的一种方式。像拉美大多数国家一样,阿根廷长期奉行举债发展战略。尽管20世纪80年代的债务危机给阿根廷人上了深刻的一课,但他们仍认为,举债发展是一条发展捷径。那么,如何偿还债务呢?基于比较优势,在跨国公司的游说之下,时任阿根廷总统的梅内姆宣称为了偿还飞涨的外债,有必要将转基因大豆的工业化种植来替代传统的粮食生产。为此他推行了包括新自由主义在内的一系列改革,以期实现这一目标。

(三)推行新自由主义的需要

20世纪70年代,阿根廷长期实行的进口替代工业化模式陷入危机。随着替代进口向技术含量高的层面发展,进口需求不断扩大,而出口因多种原因发展缓慢,导致外汇资金短缺和贸易收支严重失衡,进而造成经济衰退。为此,政府不得不进行紧缩性调整,减少工业品进口,限制国内食品消费以增加农牧产品出口,压低劳动者实际工资。经过调整,在工业资产阶级利益集团的驱使和工会组织的强大压力下,这种经济积累模式和发展模式重新运转,又进入工业增长和实际工资提高的阶段,进入20世纪80年代后,积累和发展模式内在矛盾的日益突出,经济收缩、扩张的循环周期日益表现出短

---

① 指一国有意识地以国际间举债作为筹资方式的补充手段来发展本国经济的战略。

期增长和长期衰退的特征。因此,这种发展模式陷入困境并引发政治经济危机和社会危机。客观形势要求对积累和发展模式进行根本性的调整。为此,阿根廷在 20 世纪 80 年代末 90 年代初开始进行以私有化和自由化为基本内容的新自由主义经济改革。

自债务危机后,美欧债权国向拉美国家提供贷款时以实行新自由主义经济政策为附加条件,走投无路的拉美国家只得接受,拉美国家实行新自由主义后,债务负担仍在加重,出口收入减少,政府财政窘困,通货膨胀加剧,失业人数增加,经济继续恶化。对阿根廷而言,经济危机、财政赤字导致的财政亏空、财富的垄断、民众的穷困、外债的膨胀始终困扰着这个国家。时任总统的梅内姆将这一切归因于其前任推行的新自由主义措施不力,他力图通过更为激进的新自由主义改革使国家走出困境,这使处于绝望中的民众看到了希望的曙光,为此梅内姆当时受到民众的欢迎和大力支持。

梅内姆政府通过简化关税制度、降低关税等措施,推行贸易自由化改革,加快经济发展战略向外向型转变的进程。政府在对外资的管理方面也进行了改革。1989 年对原有的外资法进行了修订,取消了外国投资的预先审批制度。只是出于统计的需要,规定外国投资必须进行登记。此后,阿根廷政府向外资开放了国民经济中的几乎所有领域,取消了对外国投资获取的利润汇出的大多数限制。这为跨国粮商进入阿根廷打开了方便之门,同时,在金融方面,阿根廷的货币——比索与美元相挂钩,以便于阿根廷初级农产品的出口和以种子、化肥农药、农机为代表的农资产品的进口。梅内姆政府通过这种市场化、私有化的改革来实现对农业的新自由主义改造,为转基因农作物从美国引入阿根廷提供一个"商业友好"的环境。①

---

① 大豆与权力:转基因如何占领阿根廷,2017 – 09 – 16, http://www.365yg.com/group/6466279305043345678/.

二、阿根廷引入转基因的过程

从上文的分析来看,阿根廷之所以接受转基因,还债是目的,新自由主义是手段,而进口替代工业化的失败是原因。

20 世纪 80 年代末 90 年代初,阿根廷主动推行以私有化为特征的新自由主义政策,对公共部门迅速而又彻底的私有化来吸引外资,使其成为实行私有化规模最大的发展中国家。在农业领域,20 世纪 30 年代成立的农业委员会被撤销,农业经济不再受官方控制。

梅内姆政府想要通过新自由主义改革来还债,并解决长期困扰本国的经济危机、工业化挫败及财富集中问题。为推行新自由主义改革,一方面,阿政府将转基因大豆的出口收入看作还债的主要途径,1992 年,政府宣布 20 万农民将离开土地,并且拥有 200 公顷以下的农户不再受到政府的支持,[①]这意味着大规模单一种植时代的开启。在工业化农业种植模式的条件下,农场主的规模越来越大,并需要较少的农业劳动力,而小农无法承受边际成本的上升和市场波动的风险而大量破产,被迫离开土地和农村。1992 至1999 年间,潘帕斯地区的农民数量不断下降,而每户农场的平均面积却上升到 538 公顷。[②]

另一方面,新自由主义改革在阿根廷国内开展私有化运动,包括港口、能源部门、农业部门的私有化,种子行业进行重组,种子供应体系的多元化局面不复存在,随之而起的是大型私人种子公司对市场的垄断。同时,与这种私有化相伴随的是政府撤除对外资投资的限制,取消保护和补贴政策,使

---

① Lilian Joensen, Stella Semino, Argentina's Torrid Love Affair With the Soybean, Seedling, October 2004, p. 7.

② Walter A. Pengue, Transgenic Crops in Argentina: The Ecological and Social Debt, *Bulletin of Science, Technology & Society*, No. 4, 2005, p. 318.

得以美国孟山都公司为代表的跨国粮商顺利进入阿根廷,并不断开展"跑马圈地"运动。1996 年,阿根廷政府为孟山都发放转基因大豆许可证,并成立"生物技术顾问委员会",该公司获得在阿根廷独家销售转基因大豆种子的许可证。当全球绝大部分国家围绕转基因话题争执不休并谨慎对待之时,阿根廷已经批准转基因大豆的商业化种植和销售。起初,为推广转基因的需要,孟山都公司听之任之,实施免费赠予措施,这种优惠政策意味着农民可以留种。并且,与转基因种子配套的农药价格低廉,使得阿根廷在大豆出口中占尽先机。国内的谷物公司也开始租地种豆,在此情况下,转基因的种植在阿根廷国内逐渐推广开来。早在 1997 年种植季节,在 140 万公顷土地上已经种植了抗野草的"农达"(Roundup Ready)大豆品种。在 2000 年的大豆种植中,80% –90% 是转基因的品种。① 不仅如此,转基因种子开始跨越国界大量走私到阿根廷的邻国,如巴拉圭、乌拉圭、巴西等地,形成了如今所熟知的"大豆共和国"。

　　2001 年阿根廷爆发金融危机之后,本国货币比索大幅度贬值,并拖欠了巨额外债。阿根廷政府被迫向美国和国际货币基金组织申请援助,而他们则提出了苛刻的援助条件,在阿根廷借款的问题上不断抬高要价。国际货币基金组织为阿政府解决危机开出的药方是利用资源禀赋,借助阿根廷传统的农产品出口优势,通过大规模种植和出口转基因大豆来偿还大量的外债。② 跨国公司及技治主义者也宣称转基因将使阿根廷的农村地区摆脱贫穷,并且通过提供生态环保技术来实现经济可持续增长。③ 陷入危机的阿根廷政府认为国际货币基金组织的建议如同救命稻草,在其他出路无望的情

　　① 　Mario Sequeira,Focus on Argentina,Low – cost Grains Producer Maintains its Reputation on Global Stage,*World Grain*,No. 8 ,2005 ,pp. 16 – 19.

　　② 　Julia Tomei,Soy Production and Certification:The Case of Argentinean Soy – based Biodiesel,*Mitigation & Adaptation Strategies for Global Change*,No. 4 ,2010 ,p. 376.

　　③ 　Pablo Lapegna,*Soybeans and Power:Genetically Modified Crops*,*Environmental Politics and Social Movements in Argentina*,New York:Oxford University Press,2016 ,p. 162.

况下,唯有这一丝残存的希望,来走出危机的阴影。并且,阿政府认为转基因可以减少杀虫剂等农药的使用量,保护生态环境,减少土壤板结和肥力下降的程度,这样一方面减少了生产成本,以更少的投入来获得更大的产出,同时大规模的工业化农业的单一种植可以大大提高农业生产效率,大幅度增加作物产量,另一方面实现了人与自然的和谐共处与农业的可持续发展,从而避免了生态环境的破坏。既然拥有多重优势,阿根廷在之前梅内姆政府的基础上逐渐形成了通过转基因作物出口来拉动经济增长的发展模式,在这种模式中,生物技术特别是转基因技术发挥至关重要的核心作用。基于此,2004 年,阿根廷农业部成立了生物技术办公室,推广农业生物技术,制定转基因战略规划,并将转基因技术作为解决阿根廷粮食产量增长的主要途径,为此要为转基因的发展创造有利的舆论环境。[1] 并且,在政府的推动下,本用于耕种其他农作物的田地和用于发展畜牧业的土地都改为遍种大豆,在 10 年的时间之内,阿根廷转基因大豆的耕种面积增加了 126%。[2] 仅在 2003 年至 2008 年,转基因大豆的种植面积就由 1200 万公顷扩大到 1600万公顷。[3] 但当阿根廷积极拥抱新技术时,这种"新事物"所带来的影响却是多方面的,并出现一系列始料未及的新问题。转基因在阿根廷从政府到民间都产生了广泛和深远的影响。

---

① SAgGPA,Plan Estratégico para el Desarrollo de la Biotecnología Agropecuaria 2005 - 2015,Buenos Aires:Ministerio de Economía y Producción,2004,pp. 5 - 7.

② Walter A. Pengue,Transgenic Crops in Argentina:The Ecological and Social Debt,*Bulletin of Science,Technology &Society*,No. 4,2005,p. 318.

③ Walter A. Pengue,Transgenic Crops in Argentina:The Ecological and Social Debt,Bulletin of Science,*Technology &Society*,No. 4,2005,p. 316.

三、转基因在阿根廷的影响

（一）生态危机的爆发

在阿根廷政府和跨国粮商的支持下，在种植转基因大豆获取丰厚利润的诱惑下，大量的森林被砍伐来为转基因作物让路，以牧场、麦田和玉米地为象征的多样性阿根廷农业被改造为种植单一作物的地方，使得阿根廷许多地区的生物多样性受到极大影响。

表4-1　1991—2009年间阿根廷森林面积的变化

年份	面积 （10^6 公顷）	时间范围	森林减少的面积 （10^6 公顷）	年均减少量 （10^6 公顷）	时间段内 减少率（%）
1991	34.50	1991—1995	1.17	0.23	3.40
1995	33.33	1995—2000	1.47	0.24	4.40
2000	31.86	2000—2005	1.26	0.21	3.96
2005	30.60	2005—2009	0.96	0.19	3.13
2009	29.64	1991—2009	4.86	0.26	14.09

资料来源：Georgina Catacora - Vargas，Soybean Production in the Southern Cone of the Americas，Swedish Society for Nature Conservation，January 2012，p. 20.

其一，大规模的单一种植虽然节省人工成本和提高生产效率，但以长远视之，其所造成的消极影响不容忽视，它加剧了生态环境的退化，且是不可持续的。在长达一百多年的时间里，在阿根廷的土地，特别是潘帕斯草原地区，农民采用轮作制度和间隔方法来维持生态平衡。麦田和玉米地与牧场交相辉映，相得益彰，耕地交叉存在于牧场周边，但在推行单一种植之后，生态平衡的局面被打破，土壤板结的问题开始出现。因此，转基因大豆的种植耗竭了地力，土壤受到侵蚀，肥力逐渐下降，以至于有的地区出现了沙漠化的现象。

同时,农药的使用量不降反增,进一步污染了生态环境。孟山都公司进入阿根廷后,为扩大市场份额,向阿根廷政府官员和农民游说宣称与传统大豆相比,种植转基因大豆会大幅度减少农药和化学植保处理的使用量,并且节省劳力,减轻农民负担,因为使用转基因种子的农民在播种前不需犁地开荒,这种免耕技术只需要喷洒农药就可以除掉杂草,而转基因作物可以抵抗与之匹配的除草剂而存活下来。在初期的推广试验中,农药使用规模确实有所降低,但随着虫害、杂草对农药抗性的增加使得农民不得不喷洒更多的农药,而超级杂草的出现让毒性更强的除草剂被派上用场。[①] 这导致的后果是转基因作物种植区域及其邻近区域受到除草剂污染。

其二,单一种植带来作物疾病的传播和蔓延,使农作物对病虫害的抵抗力越来越弱。转基因作物导致了生物单一性,这对于保障粮食安全构成了较大的风险。如果一个国家一半的土地上种植的都是一个品种,这就铺就了一条通往自然灾害的名副其实的高速公路,而这些自然灾害可能会毁掉一个国家的全部粮食生产。目前,在阿根廷乃至南美地区,一种对油料作物构成威胁的病害是大豆锈病,人们对它尚无防治应对之法。植物物种多样性的缺失使得植物无法抵御这种病害。因此,当病害传播时,没有任何天然屏障能够将其挡在门外。[②]

英国社会学家吉登斯在《失控的世界》一书中写道:"过去曾广为采用的密集型农业现在肯定是不能再持续下去了。它使用大量的化肥和农药,对环境造成了危害,但是我们并不能回到以前的更原始的农作方式,因为我们要养活地球上所有的人口。而实行基因改良的农作物可以减少这些化学污染,反而有助于解决这些问题。"[③]事实上,基因改良的转基因作物并不一定

---

① Pablo Lapegna, *Soybeans and Power: Genetically Modified Crops, Environmental Politics and Social Movements in Argentina*, New York: Oxford University Press, 2016, p. 85.

② [法]玛丽-莫尼克·罗宾:《孟山都眼中的世界》,吴燕译,上海交通大学出版社,2013 年,第 312 页。

③ [英]安东尼·吉登斯:《失控的世界》,周红云译,江西人民出版社,2001 年,第 30 页。

会减少化学污染,基于生态环境的多样性和复杂性,以及人类对大自然认知的局限性,人类所发明的转基因技术为解决吃饭问题和保障粮食安全提供了另外一条替代的途径,但其所带来的风险也应为人们所正视。阿根廷的案例便证明,生态环境的风险不容忽视。对阿根廷而言,更重要的问题是忽视了技术的研发,导致转基因的核心技术掌握在跨国粮商——孟山都公司的手中。同时阿根廷本国的种子也被当作杂草杀死,连同一起消失的还有其他的多样性生物资源。而只有孟山都的大豆种子对与其配套的"农达"除草剂有耐受性,并成为唯一存活的物种。结果是跨国公司对阿根廷种子市场的垄断愈来愈集中,并威胁了阿根廷的粮食主权。

(二)种子的垄断与饥荒的出现

堆积如山的外债、强行推进的私有化以及撤除的政府保护性壁垒,使得原有经济效益较好的阿根廷农业,成为跨国粮商激进变革的对象和转基因推广的试验品。孟山都进入阿根廷市场后,为扩大转基因市场份额,一方面兼并和收购当地种子公司,培养和扶植该公司在当地的代理人,这种并购策略增强了跨国公司对当地市场的宏观驾驭能力,能够及时了解市场信息,还使他们获得了阿根廷当地丰富的种质基因资源,为孟山都进一步研发适合当地环境的转基因农作物提供了重要的物质保障。

另一方面,农民是种子公司的主要顾客和消费者,征收专利费或技术许可费是跨国种业巨头的市场营销方案的核心问题。按照孟山都公司的说辞,该公司投入巨资进行转基因技术的研发,必须要有相应的高额利润作为回报。因此,在美国国内,农场主必须与该公司签署合同以支付专利费用。[1]如果农场主私自留种并种植,将被视为侵权,孟山都有权上诉法庭。为防止农民滥种,该公司除了通过法律手段之外,还研发"终结者技术",力图在技

---

① ［美］威廉·恩道尔:《粮食危机》,赵刚译,知识产权出版社,2008 年,第 160 页。

术方面实现对市场的垄断。

1996 年,孟山都公司进入阿根廷市场后,通过商业授权,将种子免费赠予或以优惠的价格出售给农民,在此过程中,双方并未签署购买协议。孟山都之所以采取有别于美国国内的做法,一是出于扩散和推广转基因的目的,将南美洲最先接受"新事物"的阿根廷作为一个跳板和平台,不断向周边国家渗透。二是基于国际法律和阿根廷国内法律限制的一种暂时的无奈之举。按照国际间的《生物多样性公约》规定,发展中国家的生物资源应该得到保护,农民可以自行留种而不必向跨国公司交纳专利费用。阿根廷是《生物多样性公约》的成员国,同时,阿根廷国内的《种子法》并不保护跨国公司在该国的种子专利。这导致的一个结果是阿国内形成了转基因种子黑市交易市场,①阿政府维护国家主权,但对国内种子市场的监管缺位,另一个结果是使阿国内的转基因种子价格低于国际市场价格,边际成本的降低提高了阿根廷农产品在国际市场的竞争力,②但这损害了依赖出口市场的美国农场主和大豆协会以及孟山都公司的利益。

基于农业利益集团对美国政治强大的影响力,美国政府不可能漠然置之,事实上,转基因是由美国政府和美国的跨国公司共同联合向全球推广开来的。在对待阿根廷转基因问题上,美国政府采取既拉拢又打压的策略,拉拢阿根廷是扩大转基因统一战线,向暂停转基因商业化并采取严格监管的欧盟施压,并通过世界贸易组织等国际制度安排迫使其他国家接受这一"新事物",而打压阿根廷是因为阿国内的知识产权保护不利,损害了美国公司

---

① 在阿根廷,转基因大豆合法交易的比例只占据 28% ~ 50%,鉴于黑市交易的庞大规模,经销商不得不将交易价格与黑市价格保持一致。1997 年,转基因大豆刚被引入时,一袋 50 磅种子的价格是 25 美元,而黑市价格是 15 美元,到 1999 年,合法交易的价格下跌到 9 美元,越来越接近于相对较低的黑市价格,参见:J. P. Kesan, A. A. Gallo, Property Rights and Incentives to Invest in Seed Varieties: Governmental Regulations in Argentina, *AgBioForum*, Vol. 8. No. 2, 2005, p. 122.

② 按照美国联邦审计总署(US. General Accounting Office)的测算,阿根廷转基因大豆种子的价格是美国同类价格的 61%,参见:J. P. Kesan, A. A. Gallo, Property Rights and Incentives to Invest in Seed Varieties: Governmental Regulations in Argentina, *AgBioForum*, Vol. 8. No. 2, 2005, p. 121.

的利益,为此应进行相应的赔偿。对阿根廷政府而言,首要的问题是通过出口转基因作物来获取外汇和偿还外债,并作为经济发展的重要推力,因为大豆出口收入在阿根廷税收收入之中占据重要地位,仅大豆出口的收入就占据阿根廷出口税收收入的 2/3。① 基于此,面对美国政府的态度,阿根廷政府采取既防范又利用的策略。维护和扩大海外市场是阿根廷转基因发展的生命线,为此,阿根廷政府密切关注生物技术产品在世界市场上的接受程度以及允许进入欧盟并已经批准的商业产品品种,此外,还十分关注有关国家对转基因农产品增加标签的要求或在主要目的地实行的贸易限制。同时,阿根廷政府强烈反对在其出口市场上对转基因农产品进行区别或分离交易。欧盟作为阿根廷农产品的重要出口市场,阿政府不可能与美国联合而开罪于欧盟,但因其缺乏转基因核心技术导致依赖美国的种子供应,因此阿根廷不得不在其出口市场——欧盟与种子供应商——美国之间小心翼翼,开展走钢丝似的微妙平衡战术。

但美国一旦停止向阿提供种子供应,阿根廷采取的两面策略无异于缘木求鱼。2003 年,孟山都公司停止向阿出售种子,随后关停在阿的大豆种子研发和推广业务,以迫使阿根廷政府在专利费和赔偿问题上让步。并且,孟山都转换战场,采用其他方式向阿根廷施压,其宣称,如果阿拒绝承认专利费或技术许可费,它将在进口大豆的地点如欧盟强制征收。在许多欧盟国家,如西班牙、丹麦、荷兰等国,孟山都公司享有专利保护,同时,他们也是阿根廷农产品的重要顾客。孟山都的举措无疑会冲击阿根廷的出口市场。基于此,阿农业部成立"技术补偿基金",农民们不得不支付几乎高达转基因大豆销售额 1% 的专利使用费。② 尽管"技术补偿基金"于 2004 年底开始推行,但阿根廷为维护自身权益,号召拉美各国反对跨国公司的做法,2005 年阿根

---

① Neal P. Richardson, Export - Oriented Populism: Commodities and Coalitions in Argentina, *Studies in Comparative International Development*, No. 3, 2009, p. 242.

② [美]威廉·恩道尔:《粮食危机》,赵刚译,知识产权出版社,2008 年,第 161 页。

廷召集拉美国家的农业部长开会时,希望他们反对孟山都征收专利费,该倡议获得巴西和巴拉圭的响应,但来自孟山都的压力迫使两国妥协。[①] 阿根廷试图摆脱跨国粮商操纵的努力归于失败。

阿根廷总统克里斯蒂娜2012年曾对外宣称孟山都的投资对阿根廷至关重要,它将有助于阿根廷实现2020粮食增产计划。[②] 但在其背后,阿根廷推广转基因导致的结果是跨国公司形成的垄断,与这种垄断相伴随的是国内饥荒和贫困程度的加剧。工业化农业的单一种植模式加剧了土地的兼并,大农场主和大公司通过种种方式来实现土地的规模化效益,小农的土地被剥夺,他们无法承受边际成本的上升和市场价格波动的风险而纷纷破产流落到城市。这导致土地的集中度越来越高。大农场主仅占全部农户数量的2.6%,但他们的土地规模都超过5000公顷,并且控制了全国50%以上的大豆生产量。

机械化的种植方式不需要过多的劳动力,土地的集中使得阿国内的农民数量减少,但农场规模不断扩大,大量小农的权益无法得到保障,这一方面扩大了阿国内的贫富差距,另一方面成为社会的不稳定因素。而种植转基因大豆来获取高额利润的诱惑是对小农生计的直接威胁。因此,阿根廷的农业发展方式不断侵蚀着其粮食主权。阿民众原有的饮食包括了廉价的肉制品、奶类和蔬菜,混合耕种和轮作提高了粮食产量。但随着转基因作物的推广,大豆种植取代了原有食物的生产,而这些食物开始依赖进口。"在15年的时间里,阿根廷的养牛场数量逐渐下降,高价的牛奶不得不从邻国乌拉圭进口。"[③]自1996年以来,阿根廷大豆的大规模种植以及对其他作物的

① Peter Newell, Bio - hegemony: The Political Economy of Agricultural Biotechnology in Argentina, *Journal of Latin American Studies*, No. 1,2009, p. 43.

② Pablo Lapegna, *Soybeans and Power: Genetically Modified Crops, Environmental Politics and Social Movements in Argentina*, New York: Oxford University Press, 2016, p. 160.

③ Lilian Joensen, Stella Semino, Argentina's Torrid Love Affair With the Soybean, Seedling, October 2004, p. 8.

替代导致了当地民众饮食的单一,食物的种类和数量不断减少,当地的粮食供应紧张,营养不良的情况开始出现。无人相信曾经水草丰美、盛产农产品的阿根廷会出现饥荒和营养不良,但新自由主义的推行、金融危机的爆发、用于出口的转基因大豆取代原有的主食作物、农村的兼并、种子的垄断,这些因素使得阿国内的贫困率不降反增。1970 年,阿贫困线以下的人口仅占 5%,但到 2002 年上升到 51%,儿童的营养不良率也在增加。① 近几年阿国内的贫困程度仍居高不下,深陷在"中等收入陷阱"中而无力解决。并且生产结构的改变导致消费结构的变更,阿国内的媒体宣扬利用转基因大豆解决国内的饥荒,阿政府倡导利用大豆替代传统的以肉蛋奶为主的饮食结构,让大豆成为人们的主食,许多非政府组织探索可持续的大豆生产的可行性,阿根廷的民间团体发起"大豆团结"(Soya Solidarity)运动,主张从出口的大豆中拨出一部分免费给穷人,但收效甚微。② 转基因的推广无法解决饥饿,阿根廷的案例在一定程度上表明转基因大豆的生产规模与潜在饥荒的规模呈一定的正相关关系。

四、话语垄断与转基因的迷思

种子的垄断带来话语的垄断,阿根廷转基因的获益者是跨国公司及其代理人、阿根廷政府和大农场主,将发展转基因上升为阿根廷的国家战略是这三方的共识。虽然他们意识到了转基因推广带来的问题,但为了保障该项国家战略的顺利开展,有必要建构一种公共话语霸权。美国资深媒体人沃尔特·李普曼(Walter Lippmann)提出了"拟态环境"的概念,即普通受众

---

① Lilian Joensen, Stella Semino, Argentina's Torrid Love Affair With the Soybean, Seedling, October 2004, p. 8.

② Lilian Joensen, Stella Semino, Argentina's Torrid Love Affair With the Soybean, Seedling, October 2004, p. 9.

对事物的认知是通过媒体建构的,媒体塑造了话语权,人们生活在媒体提供的虚拟的信息世界之中。在阿根廷民众对转基因这一"新事物"一无所知甚至有所恐惧担心之时,新闻媒体要将上层精英的利益诉求建构为主流话语,将少数人的利益上升为国家利益,最终让置身于"拟态环境"之中的普通民众认可这种人为主观建构的"迷思"。

早在冷战期间,跨国公司就在拉美政治中扮演重要角色,在后冷战时代,随着转基因革命的开展,这种局面进一步得以强化。阿根廷经济的核心是农业经济,农业在政治议程中是优先议题,而转基因又是农业问题的核心,孟山都公司主导着阿农业经济的关键部门,并影响他们的技术发展、农业发展和环境政策,同时充当阿主流媒体的议程设置者。特别是2001年当阿根廷爆发金融危机后,转基因被视为救命稻草,因此在媒体和公共话语之中,各方对转基因有高度的认同感。阿根廷公共舆论宣称,转基因技术是一种安全、环保、富含经济效益和社会效益、有巨大潜力的技术,这种话语通过政府的公告和文件,记者招待会和学术会议,以及电视广告不停地宣传得到强化。具体而言,阿根廷的媒体和报刊话语文本的主要内容包括:①转基因公司和农业出口商要求更严格的知识产权保护,并且消除贸易歧视和关税壁垒,而报纸、媒体的大幅度报道来表达他们的诉求;②媒体经常宣传转基因技术在作物育种方面的最新进展,将转基因革命视为阿根廷自独立建国以来最重要的技术革新,并将重点放在国内克服经济危机、促进经济增长方面;③媒体报道力图消除民众的质疑,宣称当全球面临粮食短缺和粮价高涨之时,人们对转基因的反对之声逐渐减少,同时不断宣传各国对阿根廷农业发展模式的褒奖;④媒体不断提醒阿根廷政府,警告政府干预的危险,并鼓吹新自由主义。①

---

① Peter Newell, Bio – hegemony: The Political Economy of Agricultural Biotechnology in Argentina, *Journal of Latin American Studies*, No. 1, 2009, pp. 54 – 55.

虽然阿根廷左翼的报纸对这一"共识"提出质疑，但他们的受众较少，影响力微弱，这些处于劣势的意见会在舆论形成的漩涡之中，逐渐对转基因食品归于"沉默"或随多数人的附和支持转基因的推广。同时，受到除草剂等农药污染的农民提出抗议，他们认为转基因污染了环境，破坏了耕地，并使财富集中在少数人手中导致贫富差距过大，小农被边缘化。为此，他们要求政府采取干预措施，停止除草剂的喷洒，并追究相关企业和人员的法律责任。而政府一方面将争论的议题仅仅限定在技术层面，这意味着农民在农药喷洒及其影响的方面失去了话语权，只有所谓的技术专家才可以发表意见；另一方面，政府宣称没有证据表明农村的污染与转基因作物的种植存在必然联系，农民的过激行为导致冲突和对抗，并将政府和企业置于尴尬的境地。因此，农民们并非要解决问题，而是为了制造混乱。① 在此背景下，阿国内关注的议题从农药喷洒对农民的影响转变成上层精英对农药喷洒无害性的认可和政府对农药使用的授权，这种现象揭示了那些受农药喷洒影响的弱势群体必须面对无形而强大的障碍，如何维护自身权益，争夺话语权，如何在转基因的争论中使人们关注生态环境议题，仍然是这些农民面临的巨大挑战。

相形之下，跨国公司及其代理人对主流媒体大量的广告赞助确保了媒体的立场和选择性。主流媒体在支持转基因的报道方面，在时间上具有持续性和重复性，从而产生共识的累积效果，在空间上，主流媒体的声音传播范围具有广泛性，容易让人产生一种共识普遍存在的心理暗示。主流媒体在时空上的优势，给予受众一种叠加性的舆论共鸣。这种媒体的宣传赢得了公众对转基因商业化的支持，建构了对转基因友好的"拟态环境"，而刻意忽略了转基因商业化过程中带来的一些消极影响。两种不同的媒介声音在

---

① Pablo Lapegna, *Soybeans and Power: Genetically Modified Crops, Environmental Politics and Social Movements in Argentina*, New York: Oxford University Press, 2016, p. 103.

不停地向受众传播的过程中,在无形中形成了"劣势意见的沉默"和"优势意见的大声疾呼"的舆论螺旋,并不断向外扩展,最终跨国公司和阿根廷政府建构起了基于自身利益对转基因的话语权力。这种媒体的宣传也体现了特殊利益集团的意志,限定了议程设置的内容,因此,建构话语霸权,确保在现有官僚体系和政治权力的框架下把对转基因技术的挑战限制在最低框架之内,从这种意义上说,霸权并非要消除反对的声音,而是把各种不同的声音吸收和纳入统一的话语系统之中。

"文化霸权"的提出者葛兰西认为,文化霸权服从和服务于特定阶层的利益,它所建构的意识形态在操控公共舆论、软化和吸纳反对势力进而巩固政权等方面扮演着极其重要的角色。① 葛兰西特别重视媒体的角色和作用,他认为媒体使统治精英的意识形态合法化,并护持他们的制度霸权。跨国公司通过专利、技术、资本、媒体等方式构建了霸权,在这种霸权之下,虽然大力宣传转基因的优势,但在公共领域对该技术的讨论和广泛的公众参与则是不可能的。同时,阿根廷对转基因的支持源于上层精英的合作,他们更在意的是短期的经济效益和政府绩效以及霸权结构的稳定性,对转基因技术的发展缺乏长远的战略规划,并忽视了长期的环境和社会影响,从而威胁到农业的可持续发展。如同一位学者所说:如果让阿根廷的统治精英对自身的农业发展模式产生忧虑,唯有通过强烈的市场信号来实现,即出现供应链断裂或者来自别国的贸易抵制,而不要期望阿国内内生性自发地出现质疑的呼声。② 因此,阿根廷的新自由主义发展模式被有些学者定义为"新殖民主义发展模式"③。这种发展模式养肥了外国投资者而伤害了阿根廷经济。

---

① Steven J. Jones,*Antonio Gramsci*,London:*Routledge*,2006,pp. 10 – 25.

② Peter Newell,Bio – hegemony:The Political Economy of Agricultural Biotechnology in Argentina,*Journal of Latin American Studies*,No. 1,2009,p. 57.

③ 江时学:《阿根廷危机反思》,社会科学文献出版社,2004 年,第167 页。

对阿根廷而言,它只是出口作为原材料的大豆,沦为了美国孟山都公司的试验场,基于加工工业的落后,以及进口国保护本国市场的考虑,阿根廷无法出口高附加值的大豆制品。在 7000 万吨的大豆中,仅有 2% 的大豆作为深加工的产品进行开发。[1] 因此,经济依附的模式就这样产生了。发达国家的首都和跨国企业的总部成为决策的发源地,只要不影响利润率,它们就不会考虑发展中国家所承担的外部性。尽管转基因的出口为阿根廷带来了外汇,但这并不意味着他们能自主发展,也不意味着带来的利益会供全社会所享用。事实上,农业盈利正如石油或矿产一样,成就了一批本国精英阶层。这批人本质上以国外利益为导向,成为跨国企业和阿根廷民众之间的中介人,然而他们并不算真正的民族资产阶级,因为他们所投资的领域并不是以满足本国民众为出发点的。出口导向是最主要的模式。这些本国精英阶层人士的主要利益在于增加出口,获取外汇。因此,中上层的人能从中获利,然而对于多数人特别是穷苦的民众来说,生活水平并未改善。根据新自由主义的逻辑,国家的众多职能都被削弱,特别是财富的再分配。社会不平等就这样继续加剧。

综上所述,全球对大豆旺盛的需求、高涨的价格推动了大豆面积的扩大。对转基因大豆出口的依赖使得阿根廷政府和阿根廷农民在面对国际商品市场变化时更加脆弱。数以千计的中小农户破产而沦为社会的底层。在 10 多年的时间里,阿根廷集中发展缺乏高附加值的转基因大豆用于出口赚取外汇,从而逐步丧失了粮食主权。社会底层的消费者无法再享受多样化的饮食,他们的饮食由高蛋白的肉蛋奶类的消费改变为低质量的大豆的消费。许多儿童表现出营养不良的特征。

---

① Walter A. Pengue, Transgenic Crops in Argentina: The Ecological and Social Debt, *Bulletin of Science, Technology&Society*, No. 4, 2005, p. 319.

五、对中国的启示

目前中国转基因作物种植面积位于全球第六位,在一定程度上可以说是"转基因大国"。转基因作物的前景如何,将直接影响着中国的农业发展。当我们在转基因问题上争论不休各执一端之时,来自遥远的阿根廷的鲜活案例丰富了我们对转基因的认知,并使我们全面、冷静、客观地看待转基因的发展。阿根廷转基因的经验和教训值得中国借鉴。阿根廷以"技术进步"的名义对本国农业的改造使其丧失了粮食主权,本国的饥荒和贫困问题进一步加重,归根结底,这是因为阿根廷对转基因技术的安全性及其引致的经济、政治、文化影响缺乏清晰的认识,再加上缺乏自身的核心技术,形成了对跨国公司的依赖。阿根廷的案例为我们提供了有益的启示,主要体现在以下五个方面:

其一,对转基因技术的安全性应始终保持谨慎态度。目前,转基因技术的安全性仍然在世界范围内引起广泛争议,在有关科学研究取得根本性突破之前,任何出于经济、政治目的贸然大量引入转基因作物的做法都是轻率的。但是,盲目抵制所有转基因作物、忽视安全合理利用转基因作物的机会也是不可取的。中国作为粮食生产大国,应该从维护粮食安全的高度重视转基因作物的发展态势和潜在风险。我们应该增加对转基因技术研发的投入,以确保转基因技术及产业的健康发展。不管是完善标识制度,建立安全检测机制,还是加大宣传力度,扩大宣传对象,都是为了使转基因食品能够更为合理放心地为公众所接受。那么,追根溯源,都在于希望转基因技术本身能够更为安全和健康。因此,政府应该增加对转基因技术研发的投入,以确保转基因技术及产业的健康发展。一方面,政府可以建立一项专门针对转基因技术研发的专项拨款,给予对转基因技术研发的资金支持,避免出现由于资金不足造成对转基因技术研发的落后,影响转基因食品的合理健康发展。通过先进的转基因技术的研发,做好技术上的充分准备,以增强国内应对国外转基因食品市场的竞争。另一方面,应该出资培养一批研究转基因技术的专业人才,使其在有条件学习专业知识的同时,也有一定的经费用来试验和研究。

其二,在发展转基因技术的同时,对其所带来的风险应进行严格的评估,特别是生态环境方面的风险。阿根廷虽然获得了短期的经济收益,但基因污染风险的增加、化肥农药的大量应用、生物多样性的流失、农业集约化经营,以及单一种植的推广使得阿根廷的生态环境面临不可持续。曾经有研究表明,转基因作物在种植过程中所消耗的农药不一定比传统的种植方式要少,可能在初期的实践中会大幅度减少农药的使用量,但随着时间的推移,其所带来的一系列负面影响也逐渐显现,[1]因此我们对此应有清醒的认识和充分的准备。同时在转基因作物的种植过程中,其所带来的基因漂移和基因污染也应高度重视。大自然是变幻莫测的,各种生物链条是有机联系的整体,通过人为的方式来改造某一环节,可能会使得生态环境更为脆弱。因此,我们应该研发第二代转基因技术,使其与生态环境相协调,在转基因作物与传统作物之间设置隔离带,尽可能减少基因漂移所带来的影响。同时,我们应建立一套完整的转基因的风险评估与安全检测的技术,加大对转基因风险评估与安全检测的技术研究,将技术风险的评价与技术风险的管理紧密结合起来,形成一个内在相互联系的系统,以方便对各项指标进行全程的追踪监控,运用科学的手段来分析。

与之相联系的是,未来的农业发展模式应该是转基因的大规模农业经营模式和传统的农业生产模式并行发展,相互补充,而非是大规模的单一种植来完全取代技治主义者所谓的落后的传统耕作模式。因为现代工业化育

---

① Jack A. Heinemann, Sustainability and Innovation in Staple Crop Production in the US Midwest, *International Journal of Agricultural Sustainability*, No. 1, 2014, pp. 7 – 8.

种模式和农业生产方式追求高产、抗病的新品种,但它的育种遗传基础是狭窄的,在选育的过程中,它会丢失一些优质基因,比如抗干旱的能力。这样育种的结果就是新品种的多样性很差,虽然种植后产量高,但它有个缺点——脆弱性,如果遭遇自然灾害,比如干旱或病虫害,这种品种可能会全军覆没,极有可能招致饥荒。而传统的农业生产模式是在当地自然或栽培条件下,经过长期自然或人为选择形成的品种。它更加适应当地的土壤和气候条件,具有应对气候变化的能力,因此作物种质资源的多样性是粮食安全的基础。

其三,转基因技术不可能解决发展中国家的粮食危机和饥荒问题,因为以孟山都为代表的跨国公司主要追求利润和高额的商业回报,而非人道主义援助,对此我们不应抱有幻想。同时,我们更要深刻地意识到,转基因不是解决吃饭问题的灵丹妙药,宣扬"技术万能"的技治主义者夸大了技术的重要性。技治主义者认为技术是中性的,他们排除了政治、经济和社会的因素,仅仅强调增加产量和养活人口的方面,在他们的话语体系中,获得食物是一个供应不足的问题,可以通过技术的手段来加以解决,这一技术至上推论的结果,是一种合法化的道德义务,它将转基因技术作为一种"支持穷人"的技术,实现了跨国企业社会责任的历史使命。因此,在技治主义者看来,转基因是终结饥饿的武器,作为一项重要的技术创新,它是一种使农村贫困人口摆脱苦难的工具。① 但这种过于强调工具理性和功利主义的论调掩盖和忽视了其内在的价值理性。事实上,转基因技术仅仅是解决饥荒问题的工具之一,而更深层的社会改革如土地改革、解决贫困问题及分配不公等才是解决粮食危机的根本出路。著名经济学家阿玛蒂亚·森曾说过,饥荒问

---

① Pablo Lapegna, *Soybeans and Power: Genetically Modified Crops, Environmental Politics and Social Movements in Argentina*, New York: Oxford University Press, 2016, p. 16.

题并非由于粮食短缺和供给不足引起的,而是因为分配不公导致的。[①] 他进一步阐释说:一个人支配粮食的能力取决于他在社会中的所有权和使用权的权利关系,而粮食供给只是对其权利关系发挥作用的因素之一。[②] 穷人之所以挨饿,是因为贫困和赋权不足,而社会的两极分化剥夺了穷人获得粮食的权利。从这一角度来看,技治主义者的观点无疑是片面的,阿根廷转基因作物的不平衡发展,反映了转基因技术深层次的社会环境和政治环境的复杂性,将转基因仅仅作为一种发展战略而不考虑它所涉及的更广泛的背景就会忽略权力不平等的深刻影响。此外,推广转基因是解决饥饿问题的一种方式,但小农面临紧迫的生计问题和贫困问题,包括对土地、水、信贷、技术、农资等生产资料的占有问题。因此,相比单纯的技术问题,我们更应该深刻关注社会改革的问题。

其四,中国政府应该吸取新自由主义对阿根廷的消极影响的教训,继续对外资种业在中国的投资进行限制,坚持《外商投资产业指导目录》的原则。因为在现有的条件下,中国的种业综合实力与跨国公司相比仍然有很大的差距,如果贸然开放国内市场,无疑为跨国公司在中国的"跑马圈地"提供可乘之机。我国应在保证粮食安全的前提下稳步推进农产品市场开放,通过世贸组织的"绿箱政策"等加大对本国种业公司的支持力度,促进大型种业公司通过加大技术研发力度、开展海外投资等方式提升企业竞争力,更好应对国际市场特别是美国孟山都等种业巨头的竞争和挑战。同时,要进一步规范国内种子企业经营行为,严格管理转基因粮种的研发、生产、流通和消费,保证种业资源不受污染。

其五,媒体作为信息传播的重要载体,在传播知识、引导舆论、培养正确

① Amartya Sen, *Poverty and Famines: An Essay on Entitlement and Deprivation*, Oxford: Clarendon Press, 1981, pp. 49 – 50.

② Amartya Sen, *Poverty and Famines: An Essay on Entitlement and Deprivation*, Oxford: Clarendon Press, 1981, p. 155.

价值观等方面的作用不可小觑。因此，我们需要更合理地利用媒体来进行信息的宣传。中国国内针对转基因出现不同的观点是正常的事情，一种新事物的出现和诞生往往总伴随质疑和批判的声音，支持的一方论证转基因的优势和可行性，而反对的一方则提醒我们转基因存在的风险和安全隐患，这实际上是从另一角度提醒政府和科学家将转基因的不确定性限制在最小范围内。只有通过各方的辩论和交流，才有可能最终让大家形成共识，避免公共舆论的对抗和分裂。最悲惨的情形是像阿根廷那样，主流媒体缺乏反思，并且一边倒地赞美支持转基因，而对其发展的过程中所带来的一系列问题刻意回避或充耳不闻，这是整个国家的悲剧。

在信息爆炸的时代，在自媒体和新技术蓬勃发展的今天，媒体在传播信息的过程中，会自觉或不自觉地对信息进行选择、加工、再制作，这就需要媒体在传播过程中扮演好"把关人"的角色。这要求媒体从业者要有基本的职业素养和正确的立场，尊重科学和科研工作者，不应为了利益和吸引公众眼球而做出任何倾向性的宣传，并尽可能减少极端的报道，加大转基因的科普力度，让广大受众以更理性、更科学的态度来看待这一新事物。

阿根廷曾是一个素有"世界粮仓和肉库"美誉的国家，也曾被誉为"经济改革典范"的国家，但阿根廷在发展转基因的过程中所付出的代价无疑是高昂的，转基因大豆成为阿根廷最主要的作物，转基因的种植带来了深刻的社会影响，诸如人口的迁移、土地的集中、大公司的垄断、粮食主权的丧失；在环境方面的影响是土质下降、土壤结构退化、生物多样性的减少。如同核能技术的开发与应用，转基因技术在造福人类的同时，如何趋利避害、规避其风险，应当是全社会共同思考的一个问题。

毫无疑问，阿根廷在转基因方面的教训值得我们警醒和深思，作为阿根廷的邻国，巴西在面对美国的转基因霸权时主动创新，在转基因技术方面赢得了一席之地，成为新兴发展中国家农业科技创新的代表。在巴西的映衬下，阿根廷在转基因方面的悲剧色彩更为浓重。

六、巴西与阿根廷转基因的成败比较

基于历史和地理等原因,美洲地区成为转基因应用最广泛的地区。巴西和阿根廷是两个典型的案例,它们都受到了美国的影响,最后却走上了不同的道路。对这两个国家的比较,有助于我们认清技术嵌入所需的社会环境以及技治主义者①宣称的"技术万能论"的局限。

(一)问题的提出

1996 年,全球第一个转基因大豆品种在美国和阿根廷几乎同时得到政府批准,并以惊人的速度发展。对于阿根廷而言,接受美国的转基因技术是与国内的新自由主义改革联系在一起的。为了解决国内的经济萧条和偿还巨额的外债,阿根廷政府对内采取自由化、市场化、私有化改革,减少政府干预,对外借助转基因技术提高产量的优势,大量种植转基因作物来出口创汇,刺激经济增长。

对跨国公司——美国的孟山都公司而言,技术的研发需要高额的市场回报,扩大市场的规模是跨国公司获取垄断利润的首要选择。除去美国本土市场外,阿根廷成为孟山都公司在拉美推广转基因的前沿阵地。② 为了开拓市场,该公司在初期允许阿根廷农民无偿使用转基因种子,基于转基因提高单产和减少农药喷洒的优势以及"免费午餐"的诱惑,转基因作物在阿根廷逐步取代传统作物获得主导地位并不断向阿根廷的周边国家扩散。

作为阿根廷的重要邻国,巴西拥有更为广阔的市场和丰富的资源,在孟山都公司的默许和支持下,转基因种子不断从阿根廷走私至巴西,在与阿根

---

① 一味强调科学技术的重要作用,认为科学技术可以包治百病的人们。

② Jennifer Clapp, Doris Fuchs, *Corporate Power in Global Agrifood Governance*, Cambridge, MA: MIT Press, 2009, p. 254.

廷接壤的巴西南部泛滥开来,①并呈现向巴西其他地区扩散的趋势。面对压力,巴西政府最终承认了转基因商业化的合法地位。但巴西政府并未坐以待毙,而是积极研发符合自身国情的自主的转基因技术,使得巴西在转基因技术方面拥有一席之地,并实现了从技术到市场的良性运作。虽然公众目前对转基因生物技术和产品的认知程度还处在较低阶段,然而基于转基因风险因素的考虑,巴西政府通过媒体披露、公众讨论等多种形式,让政府决策机构、立法机构和各种社会组织的代表或利益集团积极参与,对转基因产业化进程中的信息和问题进行充分沟通。并且,巴西政府通过转基因强制标识的方式让民众拥有知情权和选择权。

而反观阿根廷,相比巴西的被动接受而言,阿根廷是主动接受转基因的国家,但转基因在两国的命运却迥然不同,阿根廷陷入技术引进——技术依附的境地,虽然阿根廷被誉为世界上继美国和巴西之后的第三大转基因作物生产国,但其转基因的研发不断内卷化,技术原创无法奢谈。跨国公司仅仅是利用阿根廷肥沃的土地来获取垄断利润,虽然在此过程中,阿根廷也可以分取杯羹以实现出口创汇,但作为"技术殖民地"的角色充当了技术"代孕"的作用,因此人们在谈论转基因负面影响的案例时,总提到阿根廷,而从未提及巴西。这并非空穴来风。巴西的"无心插柳"与阿根廷的"有意栽花"的区别折射的不仅是两国对待外来冲击的不同反应,而且是两国推行新自由主义的不同程度的差别,而深入分析其中的原因无疑具有重要的启示意义。

---

① Jennifer Clapp, Doris Fuchs, *Corporate Power in Global Agrifood Governance*, Cambridge, MA: MIT Press, 2009, p. 265.

(二)巴西与阿根廷转基因技术引入结果的差异

1. 巴西——仅次于美国的转基因技术应用大国

国际农业生物技术应用服务组织(ISAAA)统计的数据显示,近几年巴西转基因作物面积仍然保持着全球第二的排名,仅次于美国,并且巴西转基因作物种植面积不断增加,使得巴西成为全球转基因作物增长的引擎之一。这其中,就有巴西本土公司开发和商业化的转基因品种。巴西转基因技术引入的成功不仅带来的是种植面积与市场占有份额的提升,更体现在其建立了行之有效的转基因作物产业体系,以及相伴随的社会效益。

(1)以自主研发为基础的转基因产业体系

巴西在引入转基因技术的同时,并没有放任其发展,而是积极建立起一套庞大的相关产业体系,作为转基因作物引入的成果的同时,这套体系也在深刻地促进着巴西的转基因产业的发展。

在科研层面,尤为重要的机构是巴西农牧业研究公司(EMBRAPA),它是巴西热带农业科技研究的主要机构,被称为"巴西农业进步的象征"[1],现在 EMBRAPA 已经成为世界热带农业研究的领先者,同时它正朝着诸如生物科技和生物能源领域进发。[2] 该公司隶属于巴西农业部,其主要功能是为农业的可持续发展开展技术研发和创新。1985 年,改制后的 EMBRAPA 强调要实现农业技术的本国化,减少对外部的技术依赖。1988 年,公司制订了发展战略规划,在加强公司现代化管理的同时,明确了农业技术的开发和应用在增强国家竞争力方面所发挥的重要作用,并且建立了 EMBRAPA 规划系统,加强农业科技研究与农业生产者之间的有机联系,缩短农业科技知识向

---

① Portaldoagronegocio, http://www. portaldoagronegocio. com. br/conteudo. php? id =47478.

② Larry Rohter, Scientists Are Making Brazil's Savannah Bloom, *The New York Times*, October 2, 2007.

生产的转化过程。[①] 而且其下辖多个研究中心,分布于各地。其次则是巴西技术援助和农村推广公司(EMATER),这是"巴西政府为统管农技推广、促进科研成果转化为现实生产力而设立的半自治的官方机构……该机构的职能是制定、协调、检验、评估现行的农技推广政策"。[②] 巴西农牧业研究公司与巴西技术援助和农村推广公司密切合作,不断将巴西的农业科研和推广服务体系发展壮大。

这一科研体系的成效是巨大的,2015 年 8 月,由巴西 Empresa Brasileira de Pesquisa Agropecuária(EMBRAPA,一家隶属巴西农业部的国有企业)公司开发的一款新型抗除草剂转基因大豆通过了监管审批,在巴西正式上市。这款大豆品种是 EMBRAPA 公司与巴西农业部、食品供应链上下游企业以及私营机构通力合作的成果,是巴西自主研发的转基因技术产品。此外,EM-BRAPA 公司还在其他大豆品种、甘蔗及蔬菜等作物领域进行转基因技术研究。除了国有公司的参与,巴西民间企业与科研机构也积极开发本土转基因技术产业。一家名为 FuturaGene Brasil Technology Ltd 的公司正在开发一种能够快速生长的转基因桉树,以满足巴西国内对生物能源的需求;Fundecitrus 公司正在开发能够抗病的柑橘树。公私共同参与研发,多品种研究齐头共进的态势促使巴西本土农业转基因技术产业发展蒸蒸日上。EM-BRAPA 对巴西科技的引领作用是显而易见的。在 EMBRAPA 的主持和协调下,巴西建立起涵盖联邦公共研究机构、州立研究机构、大学、私有企业和基金会的国家农牧业研究体系。[③] 世界银行在评价 EMBRAPA 时表示:"巴西农业经济成功的关键因素在于它在尖端农业研究方面实施了很大的资金和智力投资,而 EMBRAPA 处在这种努力的最前沿。"[④]

---

① 周志伟:《巴西崛起与世界格局》,社会科学文献出版社,2012 年,第 55 页。
② 王耀媛:《巴西农业科研推广服务体系的发展与作用》,《世界经济与政治》,1991 年第 8 期。
③ 周志伟:《巴西崛起与世界格局》,社会科学文献出版社,2012 年,第 57 页。
④ Larry Rohter, Scientists Are Making Brazil's Savannah Bloom, *The New York Times*, October 2, 2007.

　　另外则是公众积极参与政策制定以及保障公众的相关权益方面,"在巴西政治发展的进程中,联邦制的政治背景使行政权力平衡向各州和市政当局倾斜,积极推进了公众参与决策"①。也正如先前提到的巴西政府需要确保公众和社会实体的参加,保证民众的利益。另一方面,则是转基因生物标识制度,这一制度既保证了巴西民众的利益,也有利于巴西相关产品的进出口贸易。而且巴西政府在与跨国公司合作的同时,也在积极保护国内企业,防范跨国巨头的垄断,使得在巴西虽有利益集团的存在,但不至于陷入被利益集团"绑架"的情况,农业得到了良好的发展。

　　在这一完善有效的产业体系下,巴西在转基因作物上取得了巨大成就,巴西农牧业研究院开展了转基因大豆新品种的培育研究,并与德国巴斯夫公司合作,经过多年的试验和研究,成功培育出巴西第一个转基因大豆新品种。新转基因大豆品种可适合在不同土壤和气候条件下种植。近年来,巴西转基因大豆技术采用率不断增加,现已成为世界上第二大使用这种技术的国家。② 转基因农作物技术的推广使巴西农作物产量实现了大幅度飞跃,而农作物种植面积仅增长 27%,由此可以看出转基因技术在巴西农业发展中所发挥的重要作用。③ 健康的产业发展使得巴西本土企业在重要作物领域也占有主动权。数据显示,近几年巴西大豆种子市场占有率排名前五的企业中,有两家是巴西本土公司,其中一家——GDM Genetica do Brasil Ltda——更是以 22.3% 的市场占有率排名第一。转基因技术商业化的进程不但没有损害巴西本土企业的发展,反而为本土企业创造了更多市场空间。

　　(2)以"零饥饿计划"为代表的社会改革

　　需要说明的是,转基因技术的引入只会提高作物产量,但无法解决饥饿

---

　　① 展进涛、徐钰娇、姜爱良:《巴西转基因技术产业的监管体系分析及其启示——制度被动创新与技术被垄断的视角》,《科技管理研究》,2018 年第 3 期。
　　② 张蕙杰、徐宏源、张昭:《巴西农业》,中国农业出版社,2016 年,第 114 页。
　　③ 周志伟:《巴西崛起与世界格局》,社会科学文献出版社,2012 年,第 57 页。

问题和分配不公,社会改革才可以。但是可以确定的是,"零饥饿计划"是受到转基因技术引入的影响的。

巴西社会本是极度两极分化的,大量的穷人处在饥饿的威胁之下,"零饥饿计划的问世源于当时巴西的贫困,当时约有 4400 万人(占总人口的28%)食不果腹,并且国家尚未有一项关于粮食及营养安全的公共政策。同时,巴西政府也意识到,相较于食物供应的短缺,困扰这部分巴西民众的饥饿问题与缺乏足够收入以获取食物存在着更直接的关系,因为当时巴西粮食产量已经远远超出人均所需的食物消费量"①。在此背景之下,2002 年卢拉在总统竞选期间提出"巴西是每一个人的巴西",在此基础上提出了"零饥饿计划"②。"零饥饿计划"方案由结构性政策、专项政策和地方政策组成,这样既有总体层面拟的政策,又有专门针对特殊性的地方政策,很好地覆盖了社会饥饿群体的各个层面。

在转基因生产端,大规模单一种植和工业化集约化的生产极有可能将小农边缘化,为保障小农的利益和减贫的需要,巴西技术援助和农村推广公司(EMATER)作为负责技术援助和向农民推广技术的公共机构发挥了重要作用。EMATER 的技术人员为农民提供帮助,定期莅临农场传播巴西农牧业研究公司(EMBRAPA)开发的新技术。其中,EMATER 在巴拉那州(Parana)以其强大和高效的科技推广体系而闻名。按照巴拉那州政府的指示,农业推广方案以家庭农场为优先对象,根据工作合同制定行动。在巴拉那州的 EMATER 的帮助下,农民获得了大量的信息,加入了公共和私人机构支持的项目,这些主要项目包括:①Parana12 个月:主要目的是缓解该州的贫困状况,以帮助农业技术现代化和创造更多的就业机会,保护环境,提高家庭农场的生活质量。②农村:与巴拉那州州政府合作开发的这个项目的主要目

---

① [巴西]玛丽利亚·莱昂、[巴西]雷纳托·玛鲁夫:《有效的公共政策和活跃的公民权》,周志伟译,社会科学文献出版社,2013 年版,第 11 页。

② Programa Fome Zero:Balanço de 2003.

标是在靠近城市地区的地方建造小型农场,为工人和家庭提供更好的生活条件,增加收入,使他们保持农村生活方式。③支持小产业:与巴西农业部合作开发,重点是发展小农户,为他们增加收入、提高生产力和提高市场竞争力提供必要条件。④加强家庭农场:与巴西农业部合作开发,目的是提高农民的生产能力,增加就业机会,提高家庭收入和生活质量。①

在转基因消费端,"零饥饿计划"开始也是在谨慎使用转基因作物的,在确保食品质量安全方面,"消费者团体不认为采购转基因食品有助于巴西反对饥饿的活动。在有充分的研究证明转基因食物不会对人类健康和环境造成危害之前,有必要控制其进入巴西"②。而在粮食安全政策中,"农产品扩张带来好处的最大受益者应该是贫苦的农民"③。而且在计划实施过程中,也实施食物标签,"食物标签应该表明其成分及预防转基因食品风险"④。

"零饥饿计划"所面临的主要困难是,该计划包含多个方面,但各个方面之间却联系松散。在实践层面上,这些困难使得政府的计划效果不彰:政府为400万最贫穷的巴西人提供初始粮食救济的计划遇到很多问题,下至发现许多人都是文盲而且没有身份证件,因此无从寻找这些人或是没有办法登记救济信息;上至地方政府腐败,以及因很多人居住在不通道路、不通电力、不通电话的地方或者没有固定地址而导致的物流极大混乱。⑤

但是巴西政府也通过2003年10月出台的一项家庭救济计划——家庭救助金计划(BFP)取得了一些成果。该计划把四种现金救济计划合并为一

---

① Simone Mattar ALTOE, Noriko TANAKA, Shuji HISANO, Soybean Production and GMO Issues in Brazil, 北海道大学農經論叢第57号, 2001年3月, 第152页。

② [巴西]达席尔瓦、[巴西]德尔戈罗斯、[巴西]弗朗卡:《零饥饿计划:巴西的经验》,许世卫等译,中国农业科学技术出版社,2014年,第32页。

③ [巴西]达席尔瓦、[巴西]德尔戈罗斯、[巴西]弗朗卡:《零饥饿计划:巴西的经验》,许世卫等译,中国农业科学技术出版社,2014年,第335页。

④ [巴西]达席尔瓦、[巴西]德尔戈罗斯、[巴西]弗朗卡:《零饥饿计划:巴西的经验》,许世卫等译,中国农业科学技术出版社,2014年,第335页。

⑤ Alex Steffen, "Fome Zero," World Changing: Another World Is Here, December 4, 2003, http://www.worldchanging.com/archives/000168.ht.

个,由新成立的社会发展部(Ministry of Social Development)负责。该计划旨在从家庭层面加强人力资本的形成,根据家庭在子女就学、健康卡的使用及其他社会服务等方面的表现,有条件地给予现金救济。[①] 到 2012 年时,家庭救助金计划覆盖了大约 1400 万户家庭。[②]

可以说转基因技术的引入为"零饥饿计划"打下了一定的物质基础,而且在转基因引进与研发过程中也促进了"零饥饿计划"的实行。所以这一社会效益虽不是转基因引入的直接结果,却是在其影响下促成的。

2. 阿根廷——转基因技术引入的负面影响

阿根廷引入转基因技术本身就是困难重重中的无奈选择,进口替代工业化失败,又在经济危机之下负债累累,且又在他国的裹挟下进行新自由主义改革,这些都注定了阿根廷转基因技术引入的艰难;而且其各方面的政策制度尚不完善,致使其罹难于转基因技术引入的泥潭之中。

(1)跨国公司的技术垄断

为了偿还大量的外债,工业基础薄弱的阿根廷通过大量粮食出口来赚取资金。同时和大多数拉美国家一样,20 世纪后期阿根廷政府接受了新自由主义的理念,推广更大规模的新自由主义改革。阿根廷引入转基因作物即是在这样的条件下展开的。在时任总统梅内姆的支持下,与巴西相比,阿根廷进行了较为彻底的自由化、市场化、私有化的农业改革,减少政府干预,放任跨国公司收购兼并阿根廷的农业企业,并占领本国的种子市场,以此换取美国的转基因技术。阿政府将转基因大豆的出口收入看作还债的主要途径,并以此取消了对小农种植的保护,开始大规模单一种植大豆。技治主义者本希望通过这种方式扩大农业出口并消减农业贫困人口,但结果却恰恰

---

① Cathy Lindert, Bolsa Familia Program: Scaling Up Cash Transfers to the Poor, World Bank Report, 2005, p.67.

② [美]维尔纳·贝尔:《巴西经济:增长与发展》,罗飞飞译,石油工业出版社,2014 年,第498 页。

相反。大规模的种植单一作物挤压了其他粮食生产的发展空间,提高了阿根廷居民粮食消费的成本。另一方面,实行大规模的种植战略逼迫许多小农离开土地,而机械化的种植导致劳动力的需求减少,从而导致大量失业人口。

以孟山都为代表的跨国公司借助美国政府积极向阿根廷政府施压,而阿根廷由于技术依赖只好向美国屈服;且其进行新自由主义改革,政府难以进行有效干预。这些都致使其国内脆弱的转基因产业难以发展强大,且技术进步艰难。

跨国粮商垄断阿根廷种子市场的直接后果是跨国公司可以通过技术专利的名义向农民收取高额费用。由于转基因技术在阿根廷的应用被跨国公司垄断,一旦后者停止对阿根廷的技术支持,将会导致阿根廷的农业发展受到重创,所以跨国公司在这一问题上占据了主动权,并多次向阿根廷施压,迫使其在专利费和赔偿问题上就范。而技术专利费增加了农民的负担。

(2)利益集团捆绑国家

美国等发达国家对发展中国家的技术转移并未促进阿根廷农业技术的发展,相反,由于外资和跨国企业的涌入,外资逐渐取代了阿根廷本国的农业公司。不仅如此,美国的技术转移还导致阿根廷形成了买办阶层,这个阶层依附于外资,形成了奥尔森所称的"分利集团"。

就阿根廷国内的阶层而言,由于要集中发展转基因作物,积极进行土地集中,为此政府总是站在大农场主一边,尽管对于税制和法律也会有一些小争论存在,但是这样对于国内的大农场主具有很大的效益,而农民则成了被剥削的对象。阿根廷不像巴西那样积极让民众参与到对转基因政策的讨论之中,作为社会底层,阿根廷的农民要思考提升自身的地位的可能性都是不可能的,即使他们能够,他们也不可能投入太多时间来考虑这些看起来完全被排除在现实目标之外的可能性。而利益集团总是在游说政府,影响政策,谋取利益。所以,对阿根廷而言,技术引进不仅未带来技术进步,反而引发了技术的倒退。这样的格局更加强化了阿根廷对美国的依附地位和中心国家对外围边缘国家的掌控力,并且使阿根廷在与巴西的竞争中落于下风。

此外,在关于转基因监管方面,阿根廷没有制定专门的法案。并且阿根廷并未成立专门的监管机构,导致转基因的监管处于九龙治水、一盘散沙、低效运作的局面,政府各部门基于各自的局部利益和部门利益进行权力寻租。在阿根廷,人们更多的是关注经济形势、贫困、低工资、高失业率等民生问题,这也干扰了人们对转基因的注意。不像巴西那样,在引进转基因技术的同时,也在积极防范转基因技术带来的问题。阿根廷监管的混乱以及民众对于该问题重视程度不高的情况下,阿根廷在一定程度上沦为跨国公司转基因试验场和"种子殖民地"的角色。

(三)转基因技术引入结果不同的原因

1. 巴西政府的积极干预和对农业技术的大力支持

依赖于发达国家的技术,致使不发达国家不能主导自己的技术轨迹。一般而言,不发达国家人口众多,应该采用劳动密集型的技术。资本主义的渗透给不发达国家的农村带来了危机,导致大量农业人口流入城市。这样一来,不发达国家对劳动密集型技术的需求更加迫切。但是,由于不发达国家引进的是发达国家的技术,而这些技术大都是资本密集型技术,这使得不发达国家的技术发展和自身的需求严重脱节。在经济增长的过程中,不发达国家的技术引进带来的就业机会并不多。在这样的技术结构下,不发达国家面临严重的就业问题。城市剩余劳动力的持续增长消耗了经济发展带来的收益,也让社会的不平等问题长期难以得到有效解决。技术依附导致了不充分的工业化,不充分的工业化造成失业,造成了没有工业化的城市化。

在此过程中,政府的角色和作用就显得尤为重要。巴西政府的积极有为与阿根廷政府的消极作为形成强烈的对比,巴西政府的做法主要包括:

①作为后发展国家,其产品质量和价格都难以和先发展国家竞争,并且面临的产业进入壁垒更高,更加需要国家来帮助其克服进入的障碍,使本国

企业克服落后的差距。越是后发展国家,越需要政府的强组织力以促进产业变革和技术升级。巴西的农业科技创新离不开国家的支持。巴西政府通过引导融资、研发资助、政府推销、补贴等多种方式来推行国家的产业政策,调整国内产业结构,生产高附加值的产品。

②制定相关法律,为转基因技术的研究以及基因遗传资源的保护提供法律保障。2000 年,巴西联邦政府制定《生物科技和遗传资源计划》,旨在推动促进工农业生产、人类健康的基因研究。随后,巴西科技部和国家科研理事会联合公布"巴西基因项目"(PGB),建立了一个包括 25 个实验室的科研网络。2001 年,巴西通过第 10.332 号法令,成立生物技术部门基金。① 同时巴西也制定了针对基因资源的系列法规,以保护本国的遗传资源,为本土研发和粮食主权提供法律的保障。

③大力扶持以 EMBRAPA 为核心的技术研发体系,强调公私合作,并支持 EMATER 的科技推广和培训。2001 年,EMBRAPA 启动 EMBRAPA 基因项目和转基因产品的生物安全项目,经过与巴西其他研究机构的合作,EM-BRAPA 下属的遗传资源和生物技术中心在转基因农作物品种开发实验方面取得了突破。② 在 EMBRAPA 的引领下,联邦公共研究机构、州立研究机构、大学、基金会、私有企业等共同参与的研究体系得以建立并逐步完善。③ 尽管 EMBRAPA 目前仍是一个政府机构,但 2005 年巴西国会授权它成立合资公司并允许其保留这些商业活动的利润,这一举措旨在帮助 EMBRAPA 克服巴西的投资资本长期短缺的问题。④

④积极引入外资技术企业,支持外资技术企业与巴西科研机构和农业公司的合作研发,并鼓励外资技术企业与巴西企业以及外资技术企业相互

---

① 周志伟:《巴西崛起与世界格局》,社会科学文献出版社,2012 年,第 56 页。

② Maria Fernanda Diniz, Novas Aplicações para a Engenharia Genética, Revista Biotecnologia Ciência e Desenvolvimento, Edição No 30 – Janeiro/Junho 2003, pp. 1 – 6.

③ 周志伟:《巴西崛起与世界格局》,社会科学文献出版社,2012 年,第 57 页。

④ 罗伟林:《赤道之南:巴西的新兴与光芒》,郭存海译,中信出版社,2011 年,第 153 页。

之间的竞争。这样一方面可以为巴西企业的发展创造压力和动力,另一方面可以防范跨国技术企业在巴西构成技术垄断。例如,EMBRAPA 与德国的巴斯夫公司合作研发了新型转基因大豆品种。对比巴西和阿根廷,美国的孟山都公司对阿根廷政治经济形成了深刻影响,但巴西并未出现此种局面。

在上述努力下,巴西政府将本国的比较优势转化为竞争优势。发展中国家在经济发展中,利用比较优势实施资源型产品和劳动密集型产品的出口,虽然这种出口能够发挥自身的优势,也有利于增加就业机会。但比较优势不一定具有竞争优势。如何利用自身的比较优势,并在现有优势的基础上建立具有竞争力的产业结构,这是巴西和阿根廷面临的共同问题。因为国家的兴衰取决于竞争优势,而竞争优势的关键是产业的竞争力,并使企业具有较强的创新能力。

发展中国家要借助开放经济和全球化来提升自身的产业结构,提高技术密集型产业的竞争力。更要引进先进技术,通过高科技投入来重点培育技术含量高、出口前途好的产业部门,扩大高技术产品的出口,由比较优势转化为竞争优势,由进口替代转化为出口替代。巴西政府通过人力资源培训、技术创新等各种手段获得内生性比较优势,优化产业结构,并且鼓励企业实现产品创新。因此,对后发展国家而言,产业发展的时间和速度很重要,国家的介入可以加快民族产业成长的速度。

反观阿根廷,由于较为彻底的新自由主义改革,倡导比较优势,导致重新走上了以资源生产为主的发展道路,加上国有企业的私有化改革和大批企业的倒闭,引起产业结构的倒退。因此,阿根廷虽然经历了 100 年的工业化进程,但并未真正改变其产业结构。现在阿根廷的出口产品仍是初级产品,进口的是发达国家的技术知识密集型产品,陷入了"比较利益陷阱"。这种陷阱主要体现在:从需求方面看,初级产品的出口面临边际价格的下降和市场规模的缩小;从供给方面看,由于技术匮乏和开发过度,初级产品的生产面临开发的边际成本上升、收益率下降的困境。

在国际分工中,出售制成品的一方占了优势,而只能供应农产品的那一方则居于劣势地位。这样的经济等级会影响国家的政治等级。国际分工是构成国家权力的重要基础。并且,从事低级的分工难以有技术积累。技术发展是累积性的,是需要经验,需要连续进行的。一个组织吸收新技术的能力也是靠前期积累才能发展起来的。但是,阿根廷的新自由主义以及与之相关的比较优势使之放弃了技术积累,在"比较利益陷阱"中越陷越深。

总之,当阿根廷推行新自由主义改革、放任跨国公司兼并收购本国的农业企业和科研机构、以市场来获取美国的转基因技术时,巴西政府却审慎应对,在农业技术特别是转基因技术方面采取积极有为的干预,成为发展型国家的代表。

2. 阿根廷围绕转基因形成寡头垄断的精英集团,而巴西在转基因方面未出现类似的组织

按照马克思主义的理论,国际上的依附塑造了不发达国家国内的阶级结构。在世界资本主义渗透到不发达国家的过程中,宗主国的资本家重塑了不发达国家的阶级结构。他们把农村的社会结构转变为至今尚存的依附于资本主义的结构,而把旧时代的地主变成了世界资本主义的代理人。"国家统治集团不是作为经济阶层,而更像是作为政治统治阶级而同外国企业相联系。"①因此,不发达国家对发达国家的依附要持续下去,不仅需要外部环境,也需要内部支持。因为外部统治只有得到不发达国家内部的利益集团的支持才能够得以实现。

在阿根廷,由跨国的孟山都公司及其买办阶层、阿根廷政府和大农场主②为代表的上层精英形成利益共同体。他们形成的共识是出口收入有助于增加外汇收入,而外汇收入有助于偿还外债和刺激经济增长。特别是

---

① [德]安德烈·冈德·弗兰克:《依附性积累与不发达》,高戈译,译林出版社,1999年,第95页。
② 尽管阿根廷的大农场主向孟山都缴纳占其大豆销售额1%技术补偿基金,但基于成本——收益的比较,大农场主仍可以接受这种现实,而技术补偿基金对小农户而言是一笔不小的负担。

2001—2002 年阿根廷出现严重的金融危机导致债务违约后,转基因大豆的出口发挥了关键作用。一位阿根廷农业贸易商认为,国际货币基金组织(IMF)应该对阿根廷表示赞许,没有转基因大豆的出口和农业综合企业的贡献,阿根廷不可能还债。[①] 2004 年,转基因大豆的出口已占阿根廷出口总额的 20%,凸显了这种模式的路径依赖。该年,阿根廷政府制定农业生物科技战略计划,肯定了转基因作为主要技术模式在国家农业生产中发挥的关键作用,强调要为其发展提供一个有利的社会环境。[②] 为此,要避免一些围绕转基因技术及其产品的公开争议,以及关于单一作物种植利弊的辩论,将注意力集中在该技术作为一项助推经济和社会发展战略的优势方面。精英集团不仅要支配物质的生产方式,也能支配象征的生产方式——而这一象征性霸权使他们可以控制其统治被评价的标准。

为了建构转基因的话语霸权,他们主要从两个方面采取措施:其一,开动宣传机器,为转基因的传播创造有利的舆论环境。转基因的话语权与媒体运作和企业支持密切关联,主流媒体对转基因的宣传享有特权,并受到广泛关注,他们为政府和跨国公司的战略提供了信誉保障,并排除过滤掉批判性的信息,确保跨国公司乃至精英集团的话语权力。[③] 阿根廷发行量最大的两家报纸接受跨国公司的赞助,孟山都公司的广告充斥着报纸的版面,宣扬"超级大豆"的优势。同时,作为对广告商的回报,这两家报纸资助了农产品展览交易会,通过拍摄这些活动并刊登在报纸上的照片显示了政府官员、孟山都公司、媒体记者的密切互动,这种做法使媒体既能证明它接近权力中

---

① Jennifer Clapp, Doris Fuchs, *Corporate Power in Global Agrifood Governance*, Cambridge, MA: MIT Press, 2009, p. 258; Peter Newell, Bio – hegemony: The Political Economy of Agricultural Biotechnology in Argentina, *Journal of Latin American Studies*, Vol. 41, No. 1, 2009, p. 31.

② Peter Newell, Bio – hegemony: The Political Economy of Agricultural Biotechnology in Argentina, *Journal of Latin American Studies*, Vol. 41, No. 1, 2009, p. 32.

③ SAgGPA, Plan? Estratégico? para el Desarrollo de la Biotecnología Agropecuaria 2005 – 2015, Buenos Aires: Ministerio de Economía y Producción, 2004, pp. 5 – 7.

心,又能证明它支持农业部门,因为农业部门的利润维持着它的广告流。①

因此,在获得对转基因的支持方面,有影响力的大众媒体发挥了关键作用。媒体的议程设置强调转基因的益处。那些承诺能够增加农村收入的公司,在2001—2002年的金融危机后被视为阿根廷的救星,而非未经安全检验的风险技术的供应者。转基因的话语权代表着它是一种具有经济效益、社会效益、安全无害的技术,这一体系通过政府支持、公司的宣传、研讨会和新闻发布会的推介,以及大量的广告来予以维系。② 人们对这种公共话语的接受度很高。相形之下,阿根廷左翼的报纸对这种"共识"提出质疑,但他们的受众很少,影响力微弱。③ 如葛兰西所论证的,精英集团通过控制文化和传媒,可以操纵对他们统治的同意。④ 他们建立了一种象征环境,防止从属阶级自由地思考。事实上,下层阶级在观念层面的被奴役甚于其在行为层面的被奴役。

其二,分化农民运动,安抚农民的抗争。由于转基因技术的种种特征,规模化和机械化生产成为发展的趋势,这就迫使许多小农离开赖以生存的土地,进一步导致了小农的生存困境,使得阿根廷贫困率不减反增。并且,对于转基因带来的相关问题,尤其是滥用农药带来的环境问题,阿根廷农民进行了多次抗争。他们设置路障、挡住道路来阻止转基因作物的推广,⑤但阿根廷政府采取相关的措施使得这些社会运动"去抗争化",如收买社会运动的领导人,对社会组织施加压力,接纳部分农民代表讨论政策等。

---

① Jennifer Clapp, Doris Fuchs, *Corporate Power in Global Agrifood Governance*, Cambridge, MA: MIT Press, 2009, p. 276.

② Jennifer Clapp, Doris Fuchs, *Corporate Power in Global Agrifood Governance*, Cambridge, MA: MIT Press, 2009, p. 275.

③ Peter Newell, Bio-hegemony: The Political Economy of Agricultural Biotechnology in Argentina, *Journal of Latin American Studies*, Vol. 41, No. 1, 2009, p. 55.

④ Peter Newell, Bio-hegemony: The Political Economy of Agricultural Biotechnology in Argentina, *Journal of Latin American Studies*, Vol. 41, No. 1, 2009, p. 52.

⑤ Pablo Lapegna, *Soybeans and Power*, New York: Oxford University Press, 2016, p. 95.

此外,为分化瓦解农民运动,政府采取象征性举措,强调"体制认同",上调大豆出口税,组织"圆桌会议",让农民组织参与到政策制定中,[①]这些举措让农民感觉他们的诉求可以被政府听到并接纳,他们也可以据此获取体制内资源,而所谓的集体抗争方式就显得多余了。在缺乏组织带动的局面下,最终这些社会运动未能达成预定的效果。这也导致了农民抗争的失败。

阿根廷农民运动的失败说明农民保卫其自身利益的具体行动可能代表一种激进的意识,但在思想层面——即霸权起作用的层面——由精英集团决定的价值观念会销蚀这种激进的意识。因为支配性的霸权意识形态会通过不同途径让人们知晓自己的存在,让农民产生对本质上并不是服务于他们客观利益的农业秩序的同意和赞许。

因此,一个社会统治的体系往往看起来是不可避免的,而一旦它被认为是不可避免的,按照这一逻辑,即使是那些因这一体系而处于劣势的人也会倾向于承认这一体系的自然性,进而也会倾向于认为,凡是自然的就是正当或合理的。当农民感到无力应付他们所处情境中的主要问题时,当他们感到已经没有必要失望、绝望或怨恨时,当他们认为一切只是生活的现实时,他们就会在现实的阴影下采取得过且过的态度来面对他们所处的情境,即一种对更大的环境没有持续感和紧迫感的生活。这种态度将情境中的主要因素归结为既有的和现实的自然法则领域,这一领域是维持生计的几乎无可替代的物质资料来源。就其最消极的层次来说,诸如此类的态度是一种宿命论或简单的承受,他们通常都处于悲惨的境地,缺少可以征用的选择。

通过这两个方面的举措,转基因的话语霸权得以建构。建构这种霸权,确保在现有官僚和政治权力的框架之下把对转基因技术的挑战限制在最小范围内,[②]从这种意义上说,霸权并非要消除反对派,而是要把各种不同的声

---

① Pablo Lapegna,*Soybeans and Power*,New York:Oxford University Press,2016,p. 132.

② Peter Newell,Bio - hegemony:The Political Economy of Agricultural Biotechnology in Argentina,*Journal of Latin American Studies*,Vol. 41,No. 1,2009,p. 53.

音吸收和纳入统一的话语系统中。

反观巴西,尽管巴西也存在大型农业利益集团,但在转基因方面并未形成强势的垄断精英集团。巴西农业利益集团看到孟山都在其邻国阿根廷形成技术垄断带来的后果,也看到了阿根廷农户以专利费的形式向孟山都缴纳"技术补偿基金",为维护自身利益,避免重蹈阿根廷的覆辙,他们大力支持 EMBRAPA 在培育良种方面发挥中流砥柱的作用,支持自主技术的、高附加值的农产品的生产和出口,高度重视农作物品种的保护,并充当 EMBRA-PA 的技术及其产品的应用市场的角色。即作为发展中国家数一数二的培育热带农作物的高端研究机构,EMBRAPA 将其产品推向市场,为农业利益集团所利用,并接受市场的检验,进而改进其技术,形成了技术—市场的良性循环。

3. 在巴西转基因发展过程中,各种利益集团的制约和参与,避免了寡头垄断集团的出现

在巴西推行转基因商业化的初期,绿色和平组织和巴西消费者保护机构 IDEC 上诉巴西联邦法院,要求停止种植转基因大豆。但基于现实的压力和平衡各方利益的考虑,联邦法院借助临时法令的方式维护了当年转基因大豆种植的合法性。[①] 虽然绿色和平组织和消费者保护机构 IDEC 未能达到目的,但也可以看出民间组织在巴西转基因发展过程中扮演的不可或缺的角色。可见,民间力量也是推动巴西社会改革的重要动力。如巴西无地农民运动(MST)为代表的小农组织抵抗大公司的扩张。MST 发起人民食物主权运动(Via Campesina),小农和家庭农场是巴西粮食主权的关键力量,[②]他们认为农业出口模式从长期来看会导致经济 的不安全,增加了对外部市场

---

① 宋霞:《浅析巴西生命科学产业发展的历史和现状》,《拉丁美洲研究》,2011 年第 1 期。

② Cliff Welch, Globalization and the Transformation of Work in Rural Brazil: Agribusiness, Rural Labor Unions and Peasant Mobilization, International Labor and Working – class History, No. 70, Globalization and the Latin – American Workplace, 2006, pp. 52 – 53.

的依赖,而非加强了粮食主权。不管在政策制定方面还是在社会监督方面,社会参与都是巴西粮食及营养安全公共政策决策过程的重要特征,并通过联邦、州、市各级粮食及营养安全委员会在国家、州和市粮食及营养安全会议中的参与式民主的实施得到具体体现。① 同时受到相对较为宽松的新闻政策的影响,巴西媒体从诞生之初便体现出民营性和商业化的特点。不论是电视、广播、报纸等传统媒体,还是本国门户网站等新媒体,巴西的大众传媒主要由民营资本控制。例如,《环球报》《圣保罗页报》《圣保罗州报》皆由巴西本国人创建,这些媒体都有着全国性的影响力。相比之下,巴西国营媒体起步晚,份额小,主要为公益教育性质。② 这也为社会媒体监督提供了可能。大公司的媒体宣扬工业化农业生产模式,支持农业资本主义的发展,并诋毁农业改革的成就,作为回应,人民食物主权运动(Via Campesina)依靠互联网、杂志等方式来宣扬自己的观点,但其最主要的资源是农民的生产能力及对农民运动的归属感。公共政策制定、实施与监督中的社会参与,有助于克服传统技术官僚的做法,同时能够促进公民社会组织的能力建设,以满足特殊需求和计划的要求。

(四)巴西与阿根廷比较的启示与反思

1. 先进的科学技术是社会经济发展的重要条件,科学技术要实现独立自主

对于国内发展来讲,缺少独立的科学技术和知识产权的保护,先进的生产技术就容易受到他国制约,很大程度上会限制自身的经济和社会发展。在农业生产上,转基因技术作为一种先进的农业科技,对于改良品种、提高粮食产量,从而带动以粮食作物为主要出口类型的国家的经济发展水平有

---

① 〔巴西〕玛丽利亚·莱昂、〔巴西〕雷纳托·玛鲁夫:《有效的公共政策和活跃的公民权》,周志伟译,社会科学文献出版社,2013年,第28页。

② 陈力丹:《巴西:一部从零开始的新闻史》,《新闻与传播研究》,1999年第2期。

重要意义,也是一个粮食主权相关的问题。

巴西和阿根廷的转基因技术的引进都来自美国,但不同的是,巴西一直都较为注重农业科技的自主创新,而阿根廷的农业技术完全受制于跨国公司,这导致了两种不同的结局。巴西较早成立了农业科技的研发机构。除开发适应本国国情的农业技术之外,EMBRAPA 还加快了公司国际化步伐,其国际化战略主要体现在两个方面:其一,向发展中国家实施技术转让,出口巴西农业技术,抢占发展中国家农业市场;其二,通过开展农业技术研究的国际合作,实现与国际先进农业技术的接轨。①

巴西的转基因农作物品种许多来自美国的孟山都、德国的拜耳等跨国公司,但 EMBRAPA 在转基因技术方面同样占有较为重要的地位,且在某些方面已经处于世界领先地位。20 世纪 80 年代 EMBRAPA 就成立了首个基因工程实验室,并制订了全国生物科技规划,该规划明确指出,"鼓励在 EM-BRAPA 和国家农牧业研究体系的科研机构中发展和应用新一代品种的现代生物技术",并在诸如植物无性繁殖、基因转化等方面取得了重大进步,EM-BRAPA 的转基因技术领先整个拉美地区,经过多年的努力,再加上政府的积极支持和宽松的政策,这家公司在很多方面可以和跨国种业巨头平起平坐。例如,该公司与德国巴斯夫公司合作开发出一种新型的抗除草剂大豆品种。这种新型的品种可以防止出现所谓的"超级杂草",这种转基因大豆是第一种在巴西本土研制成功的转基因农作物,2009 年被巴西政府批准,取名 Cultivance。②

相较于巴西,阿根廷的转基因技术很大程度上受到跨国公司的制约,导致其农业政策和种植内容都受到国外的制约。

阿根廷引进转基因的重要原因是要通过出口农作物来偿还大量外债。

---

① 周志伟:《巴西崛起与世界格局》,社会科学文献出版社,2012 年,第 59 页。
② 袁越:《人造恐慌:转基因全球实地考察》,新世界出版社,2014 年,第 227 页。

同时阿根廷对农业进行了深刻的新自由主义改造,阿根廷的农业部门进行市场化和私有化,为转基因技术引入营造了环境。阿根廷引入转基因技术时间早,1996 年,孟山都便取得了转基因大豆许可证,获得在阿根廷独家销售转基因大豆种子的特权。为了推广转基因产品,孟山都公司尽可能让阿根廷农民尝到"甜头",以免费赠予方式进行推销,加之配套农药价格低廉,数年之后转基因作物已经占据了阿根廷农业生产的绝对优势,孟山都也借以基本实现了对阿根廷种子行业的技术和销售垄断,但由于阿根廷国内缺少对知识产权的保护以及国内种子黑市的盛行,一定程度上侵犯了孟山都的利益,造成了阿根廷与跨国公司之间的矛盾。2003 年,孟山都停止向阿根廷出售种子和停止在阿根廷的研发活动,向阿根廷政府施加压力要求其支付专利费和进行赔偿。无奈之下阿根廷农业部不得不向农民征收销售额 1% 的"技术补偿基金",严重损害了农民的利益,使农民的经济压力增大。虽然阿根廷想摆脱跨国公司的控制,却未取得成效,孟山都依然能够对阿根廷农业发展进行有力的操作。阿根廷的结果启示我们,掌握独立的先进技术,不仅是一个发展问题,更是一个发展领域的主权问题。

此外,阿根廷政府在支持本国科学家方面乏善可陈,也没有和巴西农牧业研究公司相比的机构存在。于是,阿根廷农民开始了自救。2001 年,23 个阿根廷农场主每人拿出一笔钱,成立了 Bioceres 公司。这家公司的宗旨就是和来自世界各地的科学家合作,研究适合阿根廷农民使用的新技术。他们知道自己没有能力在抗虫抗病方面与孟山都等跨国企业竞争,便主动放弃了这个领域,转向那些看似前途不够光明的项目,比如提高作物抗旱抗涝的能力,或者提高农产品营养价值,等等。这些性状对于提高产量的作用不够明显,大公司不愿投钱,但农民也很需要。不过这家公司并不是从头开始,而是想办法从全世界寻找合作者,将他们的研究成果整合到一起,希望通过这个方式培育出优势明显的新作物。[1]

在阿根廷,绝大部分生物技术行业的研发经费都来自民间而非政府。[2]这样,对发达国家的技术依赖损害了阿根廷自主掌握技术的能力。技术的发展有很强的累积性,阿根廷长期引进技术,导致其技术出现"引进"到"持续引进"的恶性循环,制约了自身的技术能力的发展和积累。

因此,对于任何国家,拥有核心科技是获得国际竞争主动权和获得利润的重要条件,所以推动国家创新能力极为重要。我国在农业科技创新方面,虽然有许多科研机构和高校,且近几年农业科技水平不断提高,但产学研的一体化仍存在许多藩篱,整体的创新体系还有待进一步完善。而巴西不仅有掌握核心科技即农业"芯片"的科研机构,也有接地气的农技推广机构。农业是巴西的特色优势产业,是国家的一张靓丽名片,我们要摒弃大而全的发展思路,要因地制宜,突出品牌农业,将品牌发展作为农业发展的统领,并集中优势资源开发具有比较优势和竞争优势的特色产业。

2. 科学技术并不能完全解决社会问题,科学技术作用的发挥需要在一定的社会条件下,因此必须不断进行符合时宜的社会改革

如前文所言,相比巴西,在时间维度上阿根廷更早地引入和批准了转基因作物,也成为继美国和巴西之后的第三大转基因粮食生产国。但是,即使拥有先进的转基因技术,相较于巴西取得的成就,阿根廷的贫困和饥饿问题并没有迎刃而解。转基因技术提供了高产、抗病的种子和种植方法,很大程度上提高了农业生产力的发展,但生产力增长的成果能否普惠到个体依然会受到生产关系的制约。科学技术作用的发挥受到社会环境的规制,为此,必要的社会改革才是真正使科学技术发挥作用、解决社会问题的根本之策。

巴西和阿根廷的社会都是以高度的社会不平等以及数量惊人的生活在

---

① 袁越:《人造恐慌:转基因全球实地考察》,新世界出版社,2014 年,第 228 页。

② Lucas Laursen, How Green Biotech Turned White and Blue, *Nature Biotechnology*, Vol. 28, No. 5, 2010, p. 395.

恶劣环境下的穷困人口为特征的,而其中数以百万计的人生活在赤贫线以下,没有足够的能力购买食物。这两个国家一方面是粮食生产和出口大国,而另一方面又存在大量面临饥饿和营养不良的穷人群体,解决贫困和饥饿问题是两个国家发展的主要任务。同时,自 20 世纪 90 年代中期以来,粮食主权的概念通过社会运动得到了广泛的传播,它体现了国际层面的社会协调在应对大企业和跨国公司掌控下的全球粮食体系方面所取得的进步。在此环境下,民族国家丧失了制定自身农业粮食政策的主权,更是对两个国家粮食问题的挑战。

对此,巴西政府较早地注意到了这一问题并采取了行动,制定和实行相关的公共政策,取得了一定程度的成效。早在 20 世纪 90 年代,巴西在开展新自由主义的同时,召开了第一届全国粮食及营养会议,这次会议的最终报告提出了制定国家粮食及营养安全政策以及成立全国粮食及营养安全委员会。在此次粮食及营养会议的报告中,"食物权利"已经成为参与式讨论的议题,也论及了"粮食及营养安全"的概念,并提议建立国家粮食及营养安全体系。① 对巴西人而言,粮食及营养安全的概念,是指在食品生产和销售的过程中实现获得食物的权利。

巴西联邦政府将饥饿和粮食及营养安全作为政府议程的优先目标之一,并向相应的公共规划提供预算和体制支持,而这种政治决心也得到了一些州政府和市政府的效仿跟随。②

巴西政府认识到,相较于食物供应的短缺,困扰部分巴西民众的饥饿问题与缺乏足够收入以获取食物存在着更直接的关系,因为当时巴西的食物产量已经远远高出人均所需的食物消费量。这使得巴西政府推出"零饥饿

---

① [巴西]玛丽利亚·莱昂、[巴西]雷纳托·玛鲁夫:《有效的公共政策和活跃的公民权》,周志伟译,社会科学文献出版社,2013 年,第 10 页。

② [巴西]玛丽利亚·莱昂、[巴西]雷纳托·玛鲁夫:《有效的公共政策和活跃的公民权》,周志伟译,社会科学文献出版社,2013 年,第 57 页。

计划"。

　　卢拉政府在 2003 年开始实施"零饥饿计划",明确了反饥饿和贫困将作为一项政治优先目标,并为相关法律铺平了道路,从而确保这些针对穷人的政策和计划能够得到延续。2006 年,《粮食及营养安全法》确立了"国家粮食及营养安全体系"(SISAN),旨在保障获取充足食物的人权。国家粮食及营养安全体系的宗旨是组织和强化巴西的国家机制,为社会参与创建正规的渠道,通过"全国粮食及营养安全委员会"对粮食及营养安全与权利领域的公共政策进行设计、影响和监管。值得注意的是,《粮食及营养安全法》有着很强的人权内涵,它将人的尊严和权利置于公共政策讨论的核心,并强调加强政府与公民社会的关系。该法也为食物权利的宪法化奠定了基础。2010 年,获得食物的权利被视为一种社会权利,并被纳入巴西宪法。这些法律是保障获得足够食物的人权的依据。

　　与"零饥饿计划"密切相关的,是巴西扶贫倡议的第二点——最低收入保障计划。该计划包括四个方面:①对贫困儿童一直资助至 15 岁,给收入等于或低于最低收入水平的家庭发放救济金;①②为来自低收入家庭的 16 岁至 25 岁的学生提供助学金;③面向 22 岁至 50 岁的失业工人,实施最低收入保障和专业培训计划;④推出"新机会"计划,为 51 岁至 66 岁的失业工人提供职业再培训。② 总的来说,这些举措旨在开启一个增长与公平同步发展的新时代。

　　此外,巴西采取了家庭农业支持计划和全新的科技创新体系以期进一步支持农业体制改革。因此,巴西在开展转基因技术合法化和发展之前,就已经开始了针对贫困和粮食的社会改革,虽然存在许多问题,但总体取得了一定程度的效果。反观阿根廷,虽很早地引入和推广了转基因作物,但却因

---

①　O Estado de São Paulo, October 21 ,2003.

②　[美]维尔纳·贝尔:《巴西经济:增长与发展》,罗飞飞译,石油工业出版社,2014 年,第 177 页。

为国内外诸多因素迟迟未能解决粮食和贫困问题。

基于此,转基因无法解决饥饿,社会改革才是根本出路。这一点恰如著名经济学家阿玛蒂亚·森的名言:饥荒问题并非由于粮食短缺和供给不足引起的,而是因为分配不公导致的。① 诚然,科学技术对于提高农业生产力的作用不可忽略,但是比单纯"做大"蛋糕更重要的是如何"分配"蛋糕。巴西和阿根廷具有相似的历史背景和现实诉求,都是转基因的重要国家。但通过对比可以发现,真正对减贫、反饥饿起到效用的,并非是转基因技术的应用,而是积极的社会改革。科学技术是推动社会经济发展的工具,但并非唯一途径,政府的积极的公共政策和有效的社会改革是不可或缺的。

鉴于粮食安全保障对于当今世界发展的重要意义,必须关注作为技术工具的转基因技术的根本目标,转基因技术的利用不能仅仅关注技术本身,技术不是转基因技术发展的最终目的,技术必须服务于某种特定的目标。对于农业方面的转基因技术而言,其最终的目标是什么?仅仅是提高粮食产量,生产更多的粮食?还是坚持技术领域的可持续性,从而确保本国的粮食安全?转基因的利用必须关注粮食安全问题,在提升农业生产能力的同时,应该更多的关注其经济影响和社会影响,诸如对环境、发展中国家的产业安全、发展中国家的农民生计,等等。

虽然转基因有风险,但我们不能因噎废食,完全禁止商业性使用转基因生物。对待转基因技术及其产品,科学的态度应该不是禁止,而应该是扬长避短,合理使用,并且要严格监管。

巴西的案例提醒我们,技术的成功在于要将其嵌入合适的政治和社会经济体制中,就其本身而言,技术永远都不可能是发展问题的根本解决办法。

———————————

① Amartya Sen, *Poverty and Famines: An Essay on Entitlement and Deprivation*, Oxford: Clarendon Press, 1981, pp. 49 – 50.

3.协调好各方利益之间的关系,打破技术垄断和利益垄断有助于技术成果更好地惠及社会

技术的发展并不能解决阿根廷国内的贫困和饥饿问题,技术作用的发挥受到种种社会条件的限制,而对于阿根廷来说,农民面临着国际和国内两大利益集团的双重剥削,自身的利益难以得到保障,处境也长期得不到改善。

阿根廷引入美国转基因技术,但由于缺乏自主研发和创新的能力,转基因技术长期被跨国公司垄断,由此形成了以孟山都公司为主要代表的国外利益集团。孟山都垄断利益的途径是依靠专利技术和种子销售。最初,为了推广转基因种子,孟山都直接与当地农民联系,以较低的成本向农民赠予或销售转基因作物以及配套设施,如农药等。同时也对本地的种子企业采取收购的方式以扩大自身在阿根廷的规模,从而更好地把握市场信息、拓宽销售渠道。而阿根廷的种子企业被兼并,意味着阿根廷本土的种质基因资源被孟山都窃取并收入囊中,从而为其研发新一代的转基因技术和适合当地的新品种提供了丰富的物质资源。随着阿根廷政府为扩大出口以增加外汇储备的需要积极推广转基因技术,跨国粮商在阿根廷的垄断最终形成。

美国对阿根廷的技术转移并未促进阿根廷农业技术的发展,相反,由于外资和跨国企业的涌入,外资逐渐取代了阿根廷本国的农业公司,不仅如此,美国的技术转移还导致在阿根廷形成了精英集团。阿根廷在转基因的推广过程中,形成了以跨国公司为代表的利益集团,同时农业发展亦受到国内大农场主的制约,从而形成对粮食生产环节的垄断,以至于最后加剧了国内的贫困。对于政府层面来讲,施政要妥善处理好与既得利益集团的关系,通过有效的手段促进国内资源的有效分配,这样才能真正使发展成果惠及弱势群体,促进社会整体发展。

当前我国国内针对转基因出现不同的声音是正常的,因为只有通过辩论和博弈,才能让公众达成共识,才能让转基因技术造福人类,避免出现安全隐患和其他风险,并将不确定性限制在最小范围内。最悲惨的是如阿根廷那样,形成了技治主义者的话语霸权,对转基因一味肯定,缺乏质疑和批判的能力,这是一个国家的悲剧。

综上所述,粮食主权包含科学技术的自主化和相应的社会改革,这是维护一国粮食安全的路径,也是每一个国家要追求的目标。但归根结底,科学技术的自主化是实现所有目标的前提条件,一个国家根本的竞争力也是科学技术的自主化。正是阿根廷对美国的技术依附,使得阿根廷对美国亦步亦趋,在转基因政策方面奉行与美国一样的"实质等同"原则,在转基因食品标识方面推行与美国同样的自愿标识原则,并联合美国在世界贸易组织起诉欧盟对转基因的严格限制政策。反观巴西,尽管跨国公司对巴西的转基因市场仍有很大的影响力,且巴西国内的贫富差距仍然较大,扶贫减贫之路仍很漫长,但正是因为巴西拥有和掌握了具有自主知识产权的转基因技术,才能积极主动地开展社会改革,并鼓励民间团体对转基因政策发表意见,发出不同的声音,对转基因食品采取强制标识的政策,同时通过立法的方式保护本国的基因遗传资源和珍稀物种,防止其被跨国公司剽窃。并且保留了非转基因大豆的种植,研发非转基因大豆增产的技术,[①]在传统作物与转基因作物之间的选择做到游刃有余。假设巴西无法实现技术自主,跨国公司的技术垄断必然会出现,精英集团会形成利益共同体打压不同的声音来建构话语霸权,社会改革将遥不可期,更遑论保护本国的种质资源。从这一层面而言,技术主权是实现一国粮食主权和粮食安全的根本保障。巴西和阿根廷的案例说明了这一点。

---

① 赵焱:《探访巴西转基因大豆研究所:仍保留20%非转,照顾中国市场》,2018年2月6日,https://finance.sina.com.cn/roll/2018-02-06/doc-ifyreuzn3772230.shtml.

第五章

转基因霸权体系下日韩的生物安全管理制度

近年来,日本和韩国从安全评价、标识管理、公众宣传等方面完善适应本国国情的转基因生物管理制度。对于转基因产品,日本的态度更加审慎和保守,韩国则管理相对宽松。其原因在于,与日本相比,韩国没有发生过大规模的食品安全事件,使得民众对转基因产品的潜在安全风险不敏感;同时,韩国的转基因检测技术相对落后,跨国粮商的市场地位不高,致使其在国际粮食市场中话语权不足,限制了韩国面对转基因产品时的战略空间。以此为鉴,我国应增强粮食安全和食品安全意识,提高跨国粮食企业的市场地位,加强转基因技术自主研发,通过社会改革营造理性、科学的社会舆论环境。

转基因在增强食品性状、提高抗除草剂能力、抗害虫能力等方面具有一定的优势,也因此受到了世界各国的重视,但随着转基因产品的逐步推广,与转基因技术相关的争论也在逐渐"升温",促使世界各国在转基因生物管理方面采取更加审慎的态度和更为严格的措施。日本和韩国同处东亚地区,同样面临较大的粮食供给压力,并且都是全球范围内转基因产品进口大国。面对这种局面,两国政府都力图建立并完善本国转基因产品管理制度,力图从安全评价、标识管理、公众宣传等方面为本国消费者构筑起"安全屏障"。但是,从对待转基因产品的态度上看,日韩两国又有着微妙的差异:在日本,政府对于转基因产品倾向于采取更为谨慎甚至严厉的管理制度;而在韩国,转基因生物管理制度相对而言更加宽松。在此,笔者将通过比较日韩两国转基因生物管理制度,分析造成这种差异的原因,并在此基础上总结两国转基因生物管理制度对中国的启示。

一、日韩在转基因方面的美国压力

日本和韩国对转基因问题有着诸多争议,这些争议对两国转基因农作物的发展产生了深远的影响。但同时,两国在转基因问题上也面临着来自国际特别是美国的压力——来源于美国等农作物出口大国的贸易政策,以及激烈的转基因技术的国际竞争。这些国际压力影响到两国国内转基因农作物的流通状况,影响到两国对转基因农作物的政策,也影响到转基因农作物在两国的发展。

(一)美国粮食倾销的压力

美国与日本、美国与韩国之间都互为重要的贸易伙伴,在农产品贸易领域,两国之间都有着长期的深度的贸易合作关系,但在这种贸易关系中两国却处于不对等的地位。日本和韩国处于弱势地位,对美国的农产品具有很强的依赖性,每年需要向美国进口大量的粮食作物,而美国则通过各种手段向日本和韩国大规模倾销包括转基因农作物在内的农产品。

美日韩粮食贸易中的这种不对等关系既有历史原因也有现实原因。早在二战结束初期,美国在占领日本之后就通过占领区政府救济基金援助、粮食强征等方式对日本国内的粮食问题进行了有力干预。随后美国又对日本进行了长期性的粮食援助,不断影响日本国内的农业生产。随着日本经济和农业生产力的恢复,美国为了扩大对日出口市场,又对日本的农业生产进行了深度的影响和干预,循序渐进地改变日本国内的农业生产结构、改变日本民众的饮食结构,使得日本对美国的粮食产品产生长期性的依赖。例如,美国通过美日农资合作项目使日本大量养殖美国品种的生猪,从而对美国的饲料作物产生依赖;通过健康饮食推广计划,使日本民众将主食由稻米转为面食,使日本对美国的小麦等粮食产生依赖。美国长期对韩国的粮食援助同样也加大了韩国对美国的粮食依赖。美国对日韩农业生产的干预产生了长期性的影响,使日韩一直需要从美国进口大量的农作物。同时,由于对美国在安全保障等方面的现实需求,日韩对美国的粮食倾销并没有进行过多反抗,而是选择了接受和顺从。在美日、美韩的贸易谈判中,日韩曾在农业领域向美国多次做出让步,其中很大一部分原因就是它们需要美国的安全保护和政治支持。

日韩作为美国重要的粮食倾销对象,长期以来都要从美国进口大量的粮食作物和其他农产品,而美国作为转基因农产品生产大国,出口的农产品中有很大一部分都是转基因产品。比如日本每年进口的玉米总量一度达到1489万吨,其中74.4%来自美国,而美国国内转基因玉米产量占其全部玉米总产量的88%,这样一来,日本进口的转基因玉米占到玉米进口总量的65%以上。[1] 在美国的倾销压力下,日本和韩国从美国进口了大量转基因农产品,使日韩国内转基因农产品的流通状况和管理形势更加复杂化,日韩国内对转基因农作物的争论也更加激烈。

---

① 蒋昕捷:《日本农林水产省:"目前没有任何转基因大米得到商业种植的许可"》,2014 - 03 - 13,http://www.infzm.com/content/98868.

（二）国际特别是美国转基因技术竞争的压力

日韩转基因技术的研发和推广受到了来自国际竞争方面的压力，这种外部的压力或威胁在日韩国内引起了忧虑和争论，也影响到日韩转基因农作物的发展。国际转基因技术竞争方面的压力主要表现在两个方面，一方面是外国公司对转基因技术的垄断和对转基因种子的控制，另一方面是国家之间在转基因技术的研发和应用方面的竞争。

大型跨国公司是推广转基因农作物的急先锋，这些公司掌握着先进的转基因技术，进行大量的转基因作物和种子的研发，并努力将自己的产品推广到各个国家，形成自身的垄断优势。在这方面比较著名的公司包括孟山都、拜耳、先锋、杜邦、陶氏、巴斯夫等。以美国的孟山都公司为例，该公司是一家大型的跨国农产品供应商以及全球最大的转基因种子供应商，全球约有90%的转基因农作物生产使用了该公司的专利或技术授权，[1]其在全球的转基因农作物生产中具有巨大的控制力和影响力。这些跨国垄断公司对日本转基因农作物的发展产生了很大的影响和压力，由于转基因作物无法自然繁殖，需要每年购买新种，且只能使用转基因种子公司指定的化肥农药，这就很容易对转基因公司的种子和技术形成依赖。如果这些跨国垄断公司被母国政府操控，用于政治目的，将会对本国国家安全造成不利影响。另外，转基因技术作为各国科技竞争的一个重要领域，日韩在转基因技术的研发方面不但与欧美之间存在着差距，而且也面临着中国、巴西等新兴国家的技术竞争，国家之间的技术竞争压力使日韩急需加快科研步伐，但日韩国内关于转基因技术的争论又妨碍了它们在这方面的投入。在激烈的国际竞争面前，日韩发展转基因技术的压力愈显沉重。

---

① 辛伟康：《全球最大转基因种子公司——孟山都》，2012 - 01 - 21，https://xueqiu.com/4043855103/210 05693.

二、日韩转基因生物安全管理制度的比较

(一)日本的转基因生物安全管理制度

作为危机意识极强的国家,日本为了提高农业生产效率、保障自身粮食安全,结合本国的实际情况,对转基因农作物进行了长期的有针对性的研究和开发。同时,作为农产品进口大国,日本进口的食品中也含有大量的转基因食品。由于转基因作物本身存在的风险和不确定性问题,其对食品安全以及对生态环境造成的影响亦不容小觑。基于此,日本政府十分重视转基因生物的生态环境安全和食用安全,建立了一套较为完善、实用的转基因生物安全管理体系,同时加大相关领域研究,为转基因生物安全管理提供技术保障。为引导转基因农作物的发展,解决安全性问题,日本制定了一系列完善的规章制度来规制转基因农作物的培植与流通。

1. 立法与法规

为了解决安全性问题,日本政府制定了一系列完善的法律规章制度。早在 1986 年,日本就出台了相关的规定,随后又颁布了《重组 DNA 实验准则》,针对转基因的研发进行了初步规制。① 2003 年,日本颁布了《关于使用转基因生物的条例》,旨在规范日本境内的转基因生物制售活动。同时,法案还赋予了政府对防止转基因生物利用引起的不良影响所应采取的必要措施。此后,日本又陆续颁布一些法规来完善转基因方面的立法。

日本进口的转基因农作物主要以家禽饲料及食品加工原材料为主,基于《食品卫生法》和《食品安全基本法》审查承认的如大豆、玉米等转基因食品共计 8 类 283 种品种,基于《饲料安全法》及《食品安全基本法》确认流通

---

① 《他山之石:生物安全国外立法概览》,http://lawv3.wkinfo.com.cn/topic/61000001065/11.HTML

的如玉米、油菜籽等饲料共计 6 类 72 种品种。此外，日本根据《分别生产流通管理》的规定，允许大豆等农作物中混入 5% 以下的非人为的转基因体比例。同时，日本严格限制未承认的转基因农作物的流入，通过收集海外转基因农作物的开发状况及流出事故，做出优先应对及风险评估。其中，如果有信息显示未承认的转基因农作物栽培用的种子有可能混入进口种子里，那么植物防疫所会在栽培种子进口时进行严格的检验检疫。一旦检疫出进口种子中含有 5% 以上的转基因体，因违反《卡塔赫纳生物安全议定书》的规定，日本将禁止此类产品进口。

2. 管理机构

日本有 4 个转基因生物管理机构：文部科学省、通产省、厚生劳动省、农林水产省。其中，文部科学省负责审查实验阶段的转基因研究工作。通产省负责推动生物技术在化工方面的应用，制定了针对将重组 DNA 技术成果应用于工业化活动的相关指南。厚生劳动省负责食品和药品的安全审查，颁布了《重组 DNA 工作准则》和转基因食品安全的相关指南，并依据这些规定对食品和药品开展安全评价。农林水产省负责转基因作物在环境释放阶段对环境安全性和作为饲料安全性的审查。这四个管理部门分工明确，各司其职，管理机构内部的相关管理规章及其相关安全审批程序构成了日本转基因管理的安全评价制度。

3. 安全评价制度

日本政府基于转基因作物生产过程开展其生物技术安全立法工作，日本关于转基因产品的立法主要是在"应用重组 DNA 生物体的框架"的基础上建立起来的。

按照相关的法律规定，转基因实验必须遵循文部科学省制定的相关指南，在封闭环境中开展。为了保护生物的多样性、确保转基因农作物作为食品和饲料的安全性，转基因农作物的栽培和流通必须通过以下流程进行确认。日本对转基因农作物的安全性评价流程如下图所示。

（1）对生物多样性影响的评价/（根本法）《卡塔赫纳生物安全议定书》

在进行商业栽培或进口时，研发者或者进口商等要提出对生物多样性影响的评价书进行申请。听取专家的建议后，由农林水产大臣批准

（2）食品安全性评价	（3）饲料安全性评价
（根本法）《食品卫生法》《食品安全基本法》	（根本法）《饲料安全法》《食品安全基本法》
研发者等提交有关安全性的资料进行申请。听取食品安全委员会的意见后，由厚生劳动大臣审查安全性	研发者等提交有关安全性的资料进行申请。听取农业材料审议会和食品安全委员的意见后，由农林水产大臣确认安全性

实现商品化（流通、销售）

图5-1 日本对转基因农作物的安全评价流程

（1）对生物多样性影响的评价

在国内栽培转基因农作物或从海外进口转基因食品以及饲料时,研发者或进口商需要提交附有对环境影响评价的结果资料申请批准。以《卡塔赫纳生物安全议定书》为基础,农林水产大臣在听取专家学者的建议后决定是否给予批准。衡量是否给予批准结果的基准包括:导入的遗传基因是否按照目标起作用;与原来的植物相比外形尺寸是否发生变化;是否生产出有害物质;野外的生存状态或者越冬性是否有变化;与原来的作物相比杂交性是否有变化。

（2）食品的安全性评价

当转基因农作物作为食品食用时,研发者等同样必须提交有关安全性的资料进行申请。厚生劳动大臣在《食品卫生法》和《食品安全基本法》的规

定下,听取内阁府的食品安全委员的意见后对转基因农作物进行审查。食品安全委员会的安全性评价审查是基于按照国内外的相关方针制定的基准进行的。① 其主要内容包括:原来的作物是否被食用;植入了何种遗传基因;新生产的蛋白质对人类是否有害或是否会引起过敏;是否会产生控制之外的有害物质;营养物质是否会发生巨大变化。此外,在此环节即便是普通的食品,食品安全委员会也会假设其存在风险,在确认其风险不超过传统食品时才可公布农作物通过申请。

(3)饲料的安全性评价

转基因农作物作为饲料使用时,研发者等同样要提交有关安全性的文件进行申请。农林水产大臣基于《饲料安全法》和《食品安全基本法》,考虑农林水产省的农业材料审议的同时听取食品安全委员会的意见,从而确认安全性。主要确认的内容有两个方面:新生成的蛋白质是否有害于家畜和新生成的蛋白质以及在家禽体内发生变化的蛋白质是否对人体有害。一旦申请通过立即公开发布。②

关于转基因农作物栽培的安全性评价,除了以上三大政策之外,日本各地还根据各个地区的发展情况制定了相应的条例。例如北海道、新潟等地便制定了当地独立的条例,该类规制的主要目的在于防止现有农作物同转基因农作物发生杂交以保护当地的品牌农产品,但是还有一个背景即考虑到当地居民担心转基因农作物会给当地环境造成影响。

4.转基因食品的标识制度

日本于1997年建立转基因食品标识委员会,鉴于日本民众强烈要求政府对转基因食品实行强制标识,通过广泛深入地探讨,1999年该委员会提出

---

① [日]大島正弘:『わが国における遺伝子組換え作物開発の現状と今後の課題』,2010－01,http://tokugikon. jp/gikonshi/256/256tokusyu01. pdf.

② [日]清水荣厚:『遺伝子組換え技術を取り巻く日本の現状』,『生物工学会誌』,2013年第12期,第692页。

了转基因标识食品目录,并制定了《农林产品标识与标准法》,随后于 2001年基于《食品卫生法》,开始实行转基因食品标识制度。[①] 2013 年日本又颁布了《新食品标识法》,对转基因食品的标识制度进行了进一步的强化。目前,共有大豆、玉米、马铃薯、棉籽、油菜籽、紫花苜蓿、甜菜、番木瓜 8 种农作物,以及包括豆腐、纳豆等在内的 33 种加工食品被纳入标识食品目录。

同时,日本对于需要进行标识的产品种类和标识内容等也都做出了细致严格的规定。日本的转基因食品标识制度与其国内转基因食品的流通状况紧密结合,具有很强的灵活性和适用性,既保护了消费者的知情权和选择权,又为转基因技术和产品的发展保留了充足的空间,还保证了政府对转基因食品的有效监管。

(二)韩国的转基因生物安全管理制度

韩国目前是仅次于日本的转基因食品第二大进口国。根据韩国生物安全信息中心的资料显示,近几年韩国对转基因产品的进口规模达到 888 万吨,价值达 28.6 亿美元。从结构来看,种类方面,在韩国进口的转基因产品中,玉米占 89.7%,豆类占 8.2%,棉籽油占 1.7%,菜油占 0.4%;用途方面,81% 的转基因进口产品被用于饲料,19% 被用于直接食用。韩国民众每年直接食用的转基因产品在 160 万吨以上。

韩国转基因产品进口规模的增加有着深层次原因。一方面,韩国国内农产品供给能力不足,促使韩国食品生产商寻求低价、稳定的粮食来源,特别是对转基因产品的需求日益增加;另一方面,以美国为代表的转基因大国也在借助 FTA 和 WTO 对韩国施压,要求韩国进口更多的转基因产品。而转基因产品进口规模的持续增加,促使韩国政府采取相关举措,对转基因产品

---

① 日本农林水产省:『「遺伝子組換え農作物」について』,2013 – 06,https://www. maff. go. jp/kanto/syo_ an/seikatsu/iken/pdf/h250919hamamatsusiryou. pdf.

实施管理。

1.国家立法及法规

韩国关于转基因的规制政策最早可以追溯到 1995 年。在对《生物技术促进法》(Biotechnology Support Act)进行修订的过程中,韩国特意增加了有关转基因使用、处理和传输的安全标准的条款。1999 年,《生物技术促进法》由韩国国会制定并颁布,标志着韩国开始支持转基因技术的开发和转基因产品的生产。此后,韩国陆续出台《转基因农产品和食品强制性标识》(2000年)、《转基因作物抽样和检测方法条例》(2001 年)、《转基因农产品环境风险评估指南》(2002 年)、《生物伦理和生物安全法案》(2005 年)、《活体转基因生物越境运输法案执行条例》(2008 年)等多部法律法规,①逐步完善转基因产品监管的法律框架。

近年来,韩国在转基因法律法规的制定过程中,更加注重对消费者知情权的保护。2015 年,韩国国会通过《食品卫生法》的修改草案。该草案扩大了食品与健康功能食品的转基因标识范围。根据草案规定,只要在食品生产过程中使用了转基因产品材料,全部需要标记,但制造加工后无转基因产品 DNA 或蛋白质残留的食用油或酱油等除外。② 没有标识转基因的食品不能出售。这为保障消费者的知情权提供了更加严格的法律保障。

2.管理机构

在韩国,有 6 个政府部门参与对转基因的管理,包括贸易、工业和能源部,农业、食品和农村事务部,环境部,卫生和福利部,科学技术部,海洋事务与渔业部。贸易、工业和能源部负责转基因生物进出口安全管理,管理转基因生物信息并运营生物安全信息中心,并对转基因生物相关的法律规章提

---

① 李悦、宋君、彭建华:《韩国转基因作物及产品的管理和启示》,《四川农业科技》,2020 年第 6 期。

② 《韩国将扩大食品、健康功能食品的转基因标示》,2016 - 01 - 06,http://www.cqn.com.cn/pp/content/ 2016 - 01/06/content_2626626.htm。

出修改建议;农业、食品和农村事务部负责农林牧产业转基因生物环境释放实验的批准、转基因作物栽培环境的审查与咨询以及农林牧产业转基因生物的进出口安全管理;环境部负责转基因生物的自然生态系统审查与协商、用于环境净化的转基因生物的进出口安全管理;卫生和福利部负责转基因生物的开发和实验、人类健康风险评估和咨询、用于医疗保健的转基因生物的进出口安全管理以及转基因研究设施的安装和操作的许可;科学技术部负责测试和研究转基因生物的开发、转基因生物进出口的安全管理以及转基因研究设施的安装、运营申报和许可;海洋事务与渔业部负责转基因生物海洋生态系统的审查与协商、海洋渔业转基因生物进出口的安全管理。① 在这六个部门中,虽然贸易、工业和能源部总体上负责转基因生物进出口安全管理,但农业、食品和农村事务部和环境部以及卫生和福利部、海洋事务与渔业部等部门基于各自的管辖范围也同样负责本部门的某一方面的转基因生物进出口安全管理,这体现了韩国政府各部门之间在转基因管理方面职责不清,其他部门希望分享贸易、工业和能源部的职责权限,而不希望该部门的权限过大。

3. 转基因产品安全评估

为了对含有转基因成分的食品或者食品添加剂进行安全评估,韩国食品药品监督管理局(Korea Food and Drug Administration,KFDA)制定了一整套安全评估准则(Notification 1999 – 46)。按照准则,韩国食品药品监督管理局将在 90 天内评估和检测申请者的产品。如果检测方需要进一步的科学数据,申请者应该配合并提供相关的信息。评估结果会在食品药品监督管理局的网站主页上公布,只有安全评估结果合格的产品才可以推向市场。

安全评估数据委员会是安全评估体系的核心组成部分。该委员会由 20 名科学家和学者组成,下设 5 个部门:一是宏观部门,负责检测和评估转基因

---

① 　농림축산검역본부,https://www. qia. go. kr/plant/lmo/plant_lmo_dom. jsp.

产品的综合信息;二是分子检测部门,主要在分子生物学、微观生物学、植物基因层面进行检测;三是毒性检测部分,主要在合成蛋白层面检测转基因产品的毒性;四是过敏反应检测部门,主要负责评估转基因过程中出现的蛋白过敏原;五是基因稳定表达的评估部门,负责分析基因转移过程中可能存在的安全性问题。此外,为了体现安全评估过程的透明性,消费者团体可推荐一名专家进入委员会,并全程参与该评估。①

4. 转基因产品标识

韩国转基因产品标识制度的基本理念是:通过披露转基因相关的风险和安全信息,为消费者提供自行选择的权利。

2001 年,韩国政府要求对包含转基因成分的食品进行标识,并规定了3% 的成分门槛,即食品中的转基因成分只要高于 3% ,就必须进行标识。此后,食品药品监督管理局在操作细则层面将转基因食品的标识范围逐步扩大,并要求如果最终加工成品中仍然含有转基因成分的外源蛋白或 DNA,就需要进行转基因标识。韩国现行的转基因标识方法包括转基因农产品标识办法(MAF)与转基因食品标识办法(KFOH)两种,覆盖了大豆、豆芽、玉米、马铃薯等多种主要农作物。只有被证实安全的转基因产品才可以被批准上市,未被批准的转基因产品会被重新检测,并视情况进行相应的处理。

进口的转基因玉米通常用于加工生产糖浆和玉米油等产品,由于转基因蛋白无法被检测到,因此,这些加工品不需要被标识。尽管来自非政府组织和消费者团体的压力不断增加,韩国加工企业仍继续进口和使用转基因玉米,因为它比传统玉米更便宜,且易于在国际市场上获得。②

---

① Hae - Yeong Kim, Jae - Hwan Kim, Mi - Hwa Oh, Regulation and Detection Methods for Genetically Modified Foods in Korea, *Pure and Applied Chemistry*, Vol. 82 , No. 1 ,2010, p. 132.

② Korea - Republic of Agricultural Biotechnology Annual 2018 Annual Report, December 26,2018, https://apps. fas. usda. gov/newgainapi/api/report/downloadreportbyfilename? filename = Agricultural% 20Biotechnology% 20 Annual_Seoul_Korea% 20 - % 20Republic% 20of_12 - 26 - 2018. pdf.

5. 难点与分歧

值得注意的是,韩国对转基因产品的监管仍面临诸多困难。监管标准的模糊和不统一、监管难度的上升,都对韩国转基因生物管理制度的有效性构成了挑战。

其一,监管部门过多导致监管效率低下。韩国转基因监管的问题在于监管的机构过于庞大和复杂,参与监管的机构过多。在韩国,有 6 个政府部门参与对转基因的管理。韩国对转基因的管理是按照政府机构的职责来分类,而不是根据转基因生物本身的特点。另一个突出的问题是,一个行政机构的部长将有关任务委托给一个其他的机构,该机构一旦介入,就增加了涉及的机构的数量。因此,有十多个与转基因监管相关的机构。有学者曾指出,韩国转基因的监管涉及的相关机构过多,韩国转基因监管体系的复杂性会导致各个机构之间的职责重叠和混淆,使得监管效率低下。

其二,检测能力存在局限。2000 年,韩国正式签署了《卡塔赫纳生物安全议定书》。根据该公约,转基因出口国必须向进口国证明其转基因产品的安全,且必须向进口国提交环境风险的评估报告,然后由进口国决定是否允许该转基因产品的进口。但是,该规定仅仅是针对被释放到环境中的转基因作物,转基因食品和转基因饲料则与该公约无关,它们主要依靠进口国的监管和批准程序。从韩国的情况来看,对进口的转基因作物的监管主要依靠转基因公司提交给韩国政府的健康和生态风险评估报告,并由政府监管委员会检测其实验误差、实验重复的可能性以及实验结果的有效性。但是,该委员会的检测仍然引起了一些疑虑。一些研究者认为,该委员会有时无法像欧盟国家那样,能够在田间和实验室进行精确的检测,来对转基因产品的安全性加以验证。[①]

---

① Eun – Sung Kim, Technocratic Precautionary Principle: Korean Risk Governance of Genetically Modified Organisms, *New Genetics and Society*, Vol. 33, No. 2, 2014, p. 214.

其三,检测标准的差异引起摩擦。以韩国的转基因标识制度为例,长期以来,韩国仅要求对转基因产品中排在前五位的转基因成分进行标识,且转基因成分的门槛是3%。而在日本,这一门槛值为5%。自1999年11月以来,包括农业部在内的政府部门试图将转基因成分标识门槛由3%提高到5%,并为此与日本政府磋商咨询。但最终,韩国政府仍然采纳3%的门槛值。其原因在于,一方面,韩国政府官员以"实质等同"为前提,认为如果采用更加严格的欧盟标准(0.9%),会产生巨大的执法成本,并且0.9%的标准难以得到科学的证实;而如果提升到5%的标准,则会招致民众反对。[1] 监管标准的不统一客观上为各国产品贸易和转基因技术国际合作带来了困难。

其四,民众对转基因管理制度缺乏信任。近年来,韩国的转基因管理制度特别是标识制度招致了不少批评。首先,转基因产品标识规则存在"漏洞"。按照标识规定,如果加工成品中的转基因成分占比低于3%,或者食品被加工成玉米面、食用油或者酱油等难以检测其转基因特征的食品,都可以免于标识,这种例外条款使得转基因食品标识的豁免范围非常广泛,韩国转基因的标识体系效率低下,监管效果并不理想,韩国实行强制性责任制度,但也为强制标识设置特定条件,由于这些例外条款,实际上在韩国很少发现转基因食品。这也使得民众质疑食品生产企业是否会如实报告转基因原料的使用情况。其次,转基因产品标识规则滞后于转基因技术的发展。根据KFDA的统计,在对869种粮食作物的检测结果中,22%的作物被检测出含有转基因成分。但韩国转基因标识制度很难完全覆盖这些转基因农产品,特别是"超过3%即需标识"的规定,一直只局限于大豆、玉米和马铃薯及其加工品等少数几种农作物。[2] 最后,转基因产品尚未实现可追溯。从全球各

---

① Eun – Sung Kim, Technocratic Precautionary Principle: Korean Risk Governance of Genetically Modified Organisms, *New Genetics and Society*, Vol. 33, No. 2, 2014, p. 217.

② J. – S. LEE, Seung – Hoon Yoo, Willingness to Pay for GMO Labeling Policies: the case of Korea, *Journal of Food Safety*, Vol. 31, No. 2, 2011, p. 167.

国转基因管理制度看,欧盟主要采用基于流程的原产地标识,该标识包含可追溯系统,即如果在产品加工过程中使用了转基因产品,无论最终产品是否包含转基因成分,都要进行标识。韩国实行的则是基于证明的检测标识体系,其中,由转基因玉米和豆类制成的食品必须进行标识,但食用油、酱油、淀粉不需要标识,因为这些产品在加工成最终产品的过程中已经去掉了转基因成分。① 即便如此,有研究者担心这可能构成转基因管理制度上的漏洞,至少消费者在消费上述产品时并不会知道这些产品使用了转基因原料。在韩国,要求对转基因进行标识改革的呼声很高,韩国政府需要建立一个完善的转基因标识体系来赋予消费者知情权和选择权,为顺应民意,文在寅在参选总统时曾主张改革和完善转基因标识体系,但迄今尚未实现。②

三、日韩两国转基因生物管理制度成因分析

通过对日韩两国转基因生物管理制度的对比,我们发现,日韩两国总体上保持了对转基因产品的审慎态度,并通过严格的立法,严密的检测、审批体系等加以监管。但是不同的是,日本对转基因产品的态度相对严厉,对于转基因产品的管理更加严格;而韩国似乎徘徊在对转基因技术的重视和对转基因产品安全性的疑虑之间,使得韩国的转基因产品管理制度更加松散。那么,造成两国面对转基因产品时的态度差异的原因有哪些?

(一)食品安全事件的影响

一些本国发生的重大食品安全事件会使公众对转基因食品的认知和态

① Eun – Sung Kim, Technocratic Precautionary Principle: Korean Risk Governance of Genetically Modified Organisms, *New Genetics and Society*, Vol. 33, No. 2, 2014, p. 217.

② 한국인이 몬산토와 GMO 를 반드시 알아야 하는 이유, 2020 – 07 – 13, https://n. news. naver. com/mnews /article/052/0001464149? sid = 104.

度产生深远的影响。日本过去曾经发生过一系列的食品安全事件。例如，1955 年 6 月，日本曾发生"森永砒霜奶粉"事件。当时，森永公司德岛工厂在生产奶粉的过程中使用了含砷的劣质工业添加剂来替代高价高纯度添加剂，导致食用问题奶粉的婴儿陆续出现腹泻、发烧等症状，并最终导致约 1.3 万名儿童中毒，130 名婴儿中毒身亡。① 此案震惊了当时的日本社会，堪称日本食品安全史上的"第一号事件"。② 此后又发生了雪印牛奶中毒、神户牛肉造假等食品安全事件。这样的历史背景使得日本民众对食品安全问题向来非常敏感，对于政府保障食品安全的能力也存在一定程度上的不信任。

食品安全问题的频发引起日本民众的心理恐慌，也使民众更为关注食品安全问题。转基因的"非天然"标签深受很多人诟病，人们认为一种转基因食品的人工干预越多，即越"非天然"，人们对该食品的接受度就越低。尽管日本政府对转基因农作物的栽培实行了严格的安全评价管理制度，但由于全球范围内转基因作物种植面积日益扩大以及随之而来的广泛争论，日本民众对转基因技术及其产品的安全性仍心存疑虑，并且，面对安全性尚存争议的转基因作物，日本民众倾向于表现出较强的反对和抵触情绪，很多民间团体甚至会通过集会、游行、示威等方式，要求地方政府出台规定，限制甚至禁止转基因作物在本辖区内的种植。

相比之下，尽管韩国在历史上也发生过食品安全事件，但在影响范围和影响力上并不如日本那样典型。这也使得韩国民众在生活中对于本国农产品的安全问题较为放心，对食品检测工作具有较高的信任度。再加上长期以来，韩国政府机构客观上围绕保障消费者知情权做出了大量努力，转基因食品在韩国的推行相对来说不会面临太大的阻碍。

---

① 森永ひ素ミルク中毒事件について，https://www. mhlw. go. jp/stf/seisakunitsuite/bunya/kenkou_ iryou/shokuhin/kenkoukiki/morinaga/index. html.

② 张可喜、华义：《日本的食品安全经》，2020 - 11 - 13，http://www. banyuetan. org/gj/detail/20201113 /10002000331362016052231639695755615_1. html.

然而,韩国民众对转基因产品的宽容并不意味着支持转基因的态度。与很多国家一样,韩国民众对转基因技术的疑虑仍广泛存在,甚至有所升高。据韩国《民族报》报道,韩国生物安全资讯中心(Korea Biosafety Clearing House,KBCH)进行的一项转基因民意调查显示,14.5%的受访者认为转基因技术的效果有限,其中,有51.7%的受访者对转基因产品的安全性表示担忧,比去年的38.6%提高了13.1个百分点。而认为转基因技术有好处的受访者比例为48.2%,与2012年水平相比有所下降。就转基因用途来看,高达85.3%的受访者认为转基因技术可用于医药,81.7%的受访者认为转基因技术可用于生物能源,只有40.8%的受访者认为转基因技术可用于食物和农业,认为转基因技术可用于畜牧业的受访者更是仅有31.3%。从整体的民调结果看,韩国民众对食品中的转基因成分仍然抱有抵触态度。[1]

(二)两国转基因检测技术的发展水平

转基因检测技术的发展水平无疑决定着一个国家是否有足够的实力对转基因食品的安全性和风险性作出全面、客观的评估。尽管目前关于各国转基因检测技术进展的资料相对较少。但日韩两国在转基因技术上的差距仍可以通过一些侧面资料加以佐证。目前,日本已基本具备对转基因作物自行检测的能力。对进口转基因食品的查验早在2001年就已经启动,由日本检疫所负责,主要查验对象覆盖在日本国内未通过安全性审查的转基因食品,以及大豆、玉米等在日本国内已经通过安全审查的转基因食品。[2] 韩国近年来也在加快完善转基因食品管理制度,但在客观上受到了本国技术水平的制约。例如韩国曾对用于转基因作物加工的糖浆、油脂给予转基因

---

① 《搞非 GMO 基改解密》,2015 – 01 – 29,https://zh – tw. facebook. com/noGM. tw/posts/914855951898524.

② 翟帅、朱强、杨笑玥:《日本转基因食品管理体系研究进展》,《食品工业》,2020 年第 6 期。

标识的豁免权,理由是从上述产品中无法检测到转基因成分。[①] 并且,由于孟山都公司等转基因产业巨头掌握了绝对的技术优势,韩国国内的部分食品检测甚至要委托孟山都等公司完成,降低了韩国监管部门在转基因生物安全问题上的话语权,也在很大程度上削弱了政府对本国转基因生物种植、加工、流通的控制力。

事实上,转基因检测技术的差距已经明显影响到韩国执法部门的工作效能。在韩国生物安全资讯中心(Korean Biosafety Clearing House,KBCH)进行的一项民意调查中,96%的受访者认为转基因食品应当进行标识,有超过半数(52%)的受访者发现了超市中存在的转基因食品。但当时,只有24%的受访者表示信任转基因公司,对韩国政府表示信任的受访者甚至只有29%。相比之下,选择相信科学家的受访者占比为72%,相信媒体报道的受访者占比为60%,政府公信力似乎远未达到民众的期待。[②] 韩国国会议员金美希则于2014年10月表示,在2011年,有5328个案例违反了标识的规定,但在2013年,仅有813个案例违反了标识的规定,令人怀疑转基因食品的标识并未被严格执行。

(三)两国大型跨国粮商的市场地位

现有文献在分析一国民众对待转基因的态度时,往往忽视该国跨国粮商的市场地位的潜在作用。如果一国跨国粮商具有较强的经营能力和市场影响力,那么该国将具有更广泛的粮食进口渠道,而不必仅在某几个进口渠道之间艰难抉择——这些进口渠道大多指向价格低廉的转基因产品。日本的跨国粮商市场地位普遍较强,特别是以三井、丸红、双日等为代表的粮食

---

① 李悦、宋君、彭建华:《韩国转基因作物及产品的管理和启示》,《四川农业科技》,2020年第6期。

② Kuei Tien Chou,Reflexive Risk Governance in Newly Industrialized Countries,*Development and Society*,Vol. 38,No. 1,2009,p. 78.

企业,不仅具有广泛的粮食进口来源,近年来还在南美、非洲等地开展海外订单农业业务,建立本国的"海外粮仓",具有较强的抗风险能力。如"丸红"公司发表声明,收购从事粮食化肥等经营业务的美国大型公司——卡比龙公司、俄罗斯东部粮食汇集公司——阿穆尔泽鲁诺公司和港湾物流公司——菲特库斯姆公司的一揽子协助、在巴西持有非转基因大豆农地的粮食汇集公司——阿曼吉公司的一揽子协助、为了展开与中国国内饲料生产一体化,与中国最大农牧业生产商——山东六和集团进行战略协助。再如"三井物产"在巴西以粮食为中心对农业事业与粮食汇集销售的马璐奇古雷因公司的收购;"丰田通商"为了扩大在巴西和阿根廷的粮食与油类种子的销售与保管设施的投资,与在南美洲运营的大型粮食公司——尼德拉公司进行相互协助。"双日食品"在阿根廷设立农业生产法人,在潘帕斯地带确保农地的持有,开始进行大豆和玉米的生产,并且"双日食品"促进与俄罗斯粮食协会在亚洲市场出售俄罗斯小麦,缔结战略伙伴关系协议。同时,"双日食品"在乌克兰培植销往日本的食用大豆时,对粮食、肉类事业的控股公司投入资本,进行大豆供给的协助,还成立筹集粮食与油类种子的子公司,与巴西大型食品加工公司一起进行大豆筹集的合作。

　　进一步而言,这些日本的跨国粮商通过参股并购、联合运营等方式实现了全产业链的控制和全球化的运作,其资金实力、技术实力、管理经验可以与美国的跨国粮商相媲美,它们在全球粮食贸易中占据一席之地,并在日本粮食进出口业务中占据主导地位。面对转基因农作物的大量进口给非转基因产品带来的巨大冲击,以及日本主要依赖进口的大豆中转基因生产的份额占到80%,日本大型商社如三井物产等在海外以高于转基因大豆价格25%—30%的资金投资种植非转基因大豆,来保障非转基因大豆的种植规模和种植面积。丸红商社也同巴西和中国的谷物生产公司合作,增加非转基因大豆的供应量,开拓新的大豆供应商的浪潮骤然兴起。因此,借助较强的竞争优势,日本的跨国粮商通过从全球建立贸易网络和组织粮源,使日本人有更多的选择空间。对于日本民众来说,转基因食品并不是"非消费不可",还有很多来自其他国家的非转基因食品可供选择。

然而,韩国本土粮商的实力相对较差,近年来始终鲜有在国际市场具有代表性的大型企业集团,其国际化经营能力与日本跨国粮商相比差距非常明显,许多进口业务甚至还是由美国粮商控制的。并且,韩国海外农业开发的问题集中于个别企业和民间团体进行的投资问题上,其中在法律、制度、自然条件等事项上的调查不足是导致投资效果不佳的重要原因。显然,对于韩国来说,消费转基因产品有时更多是一种"无奈之举"。

种质资源是十分重要的农业资源,但韩国在种质资源的利用和保护方面处于弱势地位。美国孟山都公司是目前全球最大的种子公司,也是韩国国内最大的种子公司,而孟山都在韩国扩大市场份额的途径之一就是兼并当地的种子公司。2005 年,韩国第一大种子公司兴农种苗和第三大种子公司中央种苗先后被孟山都公司收购。仅仅是在韩国,孟山都便拥有辣椒、胡椒、西红柿、菠菜等 70 种农作物的专利。孟山都公司在韩国市场的强势地位,使得韩国企业和消费者几乎很难对转基因产品说"不",而以孟山都公司为代表的转基因种子公司可以将韩国市场作为其重要收入来源加以利用,长此以往,韩国想要打造本土化的种子公司可谓难上加难。

1901 年在制药业界工作了 30 年的约翰·弗朗西斯·奎尼(John. F. Queeny)建立了孟山都。20 世纪 40 年代该公司生产合成纤维、聚苯乙烯等塑料制品。孟山都当时属于美国十大化学企业。1954 年与德国大型化工企业拜耳合作,在美国销售聚氨酯,并于 20 世纪 70 年代成为化学工业领域的领头羊。1971 年美国法律禁止使用"橙剂"后,孟山都推出了环保型"农达(Roundup)"除草剂。但是,未能去除对"农达(Roundup)"产生抗药性的超级杂草,引发了土壤污染以及生态污染。除农药业务之外,孟山都目前主要从事玉米、棉花、蔬菜种子的杂交、培育、生产和销售等业务。目前该公司拥有全球 90% 以上的转基因专利。

在韩国,1998 年亚洲金融危机蔓延到韩国,受危机的影响,韩国大量的企业倒闭,孟山都趁机收购韩国的种子公司,以扩大市场占有率。彩椒、青阳辣椒、菠菜、西红柿等 70 多个品种由孟山都拥有种子销售权。

在转基因方面,韩国大量进口来自孟山都的转基因生物。目前,韩国尚未批准引进和栽培转基因种子。然而,未来的情况很难预料,因为韩国法律并没有明确禁止种植转基因生物。如果转基因种子进口及栽培成为可能,韩国也会出现关于转基因的大量争论。为了宣传和推广转基因,孟山都向韩国各个大学的大学生提供奖学金,[①]该公司与对可持续发展的现代农业感兴趣的大学生直接沟通,共同探讨韩国农业的未来发展走向。通过该活动,孟山都以现代农业的科学技术信息为基础,制作年轻人熟悉的社交媒体内容和视频,并亲自策划和宣传可持续的现代农业的线上、线下活动。此外,孟山都利用韩国的报纸等媒体工具宣传转基因的优势,大力推广转基因。

在对转基因的监管方面,韩国对转基因的监管仍显滞后,对转基因的标识较为宽松,市场秩序较为混乱。2014 年出口到土耳其的韩国方便面全部被废弃并回收的原因也是因为较高的转基因成分。这从侧面印证了韩国对转基因的监管仍存在问题。并且,食用油、酱油、蒸馏酒、金枪鱼罐头等加工食品被排除在转基因标识对象之外,在全世界流通的 18 种转基因产品中,只有 7 种转基因产品(大豆、玉米、油菜等)作为标识对象,餐饮业和饲料行业没有标识的义务,消费者很难分辨转基因食品和非转基因食品。韩国现行的《食品卫生法》和负责食品安全的政府机构——食品药品监督管理局告示的"转基因食品等标识标准"中多数例外条款存在问题。《食品卫生法》中"不含转基因 DNA 或蛋白质的食品"和"转基因食品等标识标准"中规定,在农产品生产、进口、流通等处理过程中,如果转基因成分的混入量在 3% 以

---

① 한국 1,3 위 종자 회사도 결국 몬산토가 인수,2021 – 11 – 25, https://www. sisain. co. kr/news/articleView. html?idxno = 21888.

下,可免除转基因标识。也就是说,即使含有3%左右的转基因,也不需要标识,如果加工成食用油、酱油、糖类形态等使用,也可以不标识。

一些人对此的看法是,食品药品监督管理局可能是孟山都的代理人。①实际上,食品药品监督管理局与孟山都存在合作关系。基于转基因技术和监管技术的落后以及转基因监管方面的不规范,食品药品监督管理局会邀请孟山都参与转基因的监管。该监管机构认为严格的转基因标识会增加企业的经济负担,也不利于韩国转基因产业的发展。许多韩国人批评食品药品监督管理局以韩国的孟山都自居,其背后是否存在孟山都的身影令人怀疑。②

总的来看,由于历史上未发生过大规模食品安全事件,韩国社会对转基因食品的宽容度相对高于日本;而转基因检测技术的落后和本国跨国粮商话语权的不足,使得韩国在面对转基因产品时,并没有太多选择的余地。这就解释了为什么韩国只有不足日本一半的人口,但却成了全球仅次于日本的第二大转基因产品进口国。

四、对中国的启示

随着转基因技术的不断发展,技术和安全之间的潜在冲突似乎有所加剧,民众对于食品安全性的担忧不断上升,世界似乎正在进入德国社会学家乌尔里希·贝克(Ulrich Beck)所描述的"风险社会"。面对全球范围内转基因生物技术发展的浪潮,中国要从日本和韩国转基因生物管理制度中汲取经验教训,不断增强食品安全意识,聚焦发展生物科技,提升跨国粮商实力,

---

① 최영란(Young Ran Choi), 특허권 침해: 특허권 소진되지 않은 몬산토의 유전자재조합식품 주의, 과학기술법연구, Vol. 19, No. 3, 2013, pp. 169 – 192.
② 최영란(Young Ran Choi), 특허권 침해: 특허권 소진되지 않은 몬산토의 유전자재조합식품 주의, 과학기술법연구, Vol. 19, No. 3, 2013, pp. 169 – 192.

加快推动社会改革,在转基因产品监管领域不断取得先机,更好维护人民生存和发展利益。

(一)要增强粮食安全和食品安全意识

当前,国际关系日趋复杂,非传统安全日渐受到关注。粮食安全、食品安全作为国家安全的重要组成部分,一直牵动着社会舆论的神经。转基因作为一种重要的生物技术,其初衷之一便是通过基因工程改变作物的某些性状,达到增加粮食产量、缓解粮食短缺的目的。但目前围绕转基因技术所产生的不同争端,也都是集中在其对于人体健康以及国家安全方面的潜在影响。尽管转基因的效果如何仍有待科学证实,但对于食品安全问题的重视是须臾不可松懈的。粮食安全、食品安全即国家安全,特别是对粮食安全的重视,要从以往以重视数量为主向数量和质量并重转变,也就是要强调更具有普遍意义的"食品安全"概念。

近年来,我国粮食生产情况总体稳定,主要粮食作物连续取得丰收。但要清醒地看到,我国粮食供需矛盾问题依然严峻,大豆等农作物严重依赖进口,要想更好实现习近平总书记所强调的"把中国人的饭碗牢牢端在自己手中",还需要进一步增强忧患意识。一方面,要注重农业科学技术研发,积极选育优良高产、抗病、抗旱农作物品种,重点提高我国主粮的亩产量水平,提高玉米、大豆等具有战略意义的农作物的总产量。另一方面,要加强食品安全质量提升工程,对于以转基因产品为代表的农作物加强管理和审核,围绕其对人体和生态环境的影响进行全面、细致的评估,严厉打击转基因违规种植行为;重视食品安全检验检疫,特别是要重点对来自国外的农产品进行安全检测,努力为人民群众提供质优价廉的安全农产品。

(二)要提高我国粮食企业的市场地位

粮食企业的地位象征着本国农业竞争力和粮食话语权的高低。从日本等国的海外农业开发经验看,跨国粮食企业的粮食贸易和粮食投资,对于激活农产品交易市场、稳定农产品市场价格、保护本国农业生产者利益具有重要作用。近年来,以中粮为代表的中国粮食企业正在日益走上国际舞台。但总体来看,我国粮食企业的国际化经营水平与国外大型跨国粮食企业相比仍然存在差距,与农产品交易相关的金融市场和金融工具还不够完善。未来,我们要继续坚持推动本国粮食企业的国际化步伐,通过"一带一路"等重要合作框架,发挥国有粮食企业的"探路者"作用,为包括民营企业在内的粮食企业海外经营创造稳定、开放的贸易、投资环境。要加快建设大连、郑州农产品期货市场等金融市场,利用更加灵活的金融工具,不断争取国际农产品的定价权,提高我国跨国粮食企业的整体市场竞争力。

(三)要推动转基因领域自主研发

自转基因技术诞生以来,各国都在竞相争夺转基因技术发展的"制高点",即便是日本、韩国等态度相对保守的国家,也将转基因技术研发作为增强科技竞争力的重要任务。从公众的角度来看,社会舆论普遍关心的问题是,在尚未全面了解转基因技术的利弊的情况下,至少应该给予消费者足够的知情权,使他们有能力区分转基因产品制品和非转基因产品制品,进而做出消费选择。而是否具有先进的转基因检测技术,就成了一国能否充分维护本国消费者合法权益的关键。众多转基因研究成果已经指出,准确检测转基因产品的前提是知晓这种转基因产品的生成过程,这就如同拿着一把"钥匙"去开不同的"锁",如果"钥匙"足够多、足够精确,就能保证在遇到与之对应的"锁"时,能够成功"开锁",也就是检测出该产品是否为转基因产品。但如果没有足够多的"钥匙",居于转基因技术优势地位的国家就可以利用这一点,采用更加隐蔽的方式制造转基因产品,也就是新的"锁";而处于技术劣势地位的国家无法成功"开锁",很可能就会将这种产品误认为非转基因产品,使其流入市场,其中潜在的食品安全风险不可低估。

我国的转基因技术起步较早,早在 20 世纪 80 年代即开始相关研究,①并已具有比较充足的技术积累。当前,面对以美国孟山都公司等为首的转基因技术商品化、产业化巨头,我国要在保障本国粮食安全的基础上,加快推动转基因领域自主研发,攻克转基因领域的"卡脖子"难题。要针对当前PCR 技术、等温核酸扩增技术等检测技术的前沿方向,加快转基因检测技术的标准化研究,②不断提高转基因检测的准确率,降低检测成本。同时,要审慎、稳妥地推进转基因技术的产业化进程,确保技术完全成熟后再行推广和应用。

因此,中国应该制定长期的转基因技术发展战略。要结合本国的实际需求,对转基因技术以及转基因农作物的发展做出科学的战略规划,做好科学统筹,注重人才的培养和储备,改善科研设施和环境,进行高效的组织管理。同时,积极参与国际交流与合作,积极参加转基因技术领域的交流对话,推进相关的国际合作项目,借鉴先进的技术和标准,在国际竞争与国际合作中提升中国的转基因技术发展水平。

(四)要同步深化社会领域改革

尽管转基因技术已经具有较长的发展历程,但转基因技术的产业化仍处于探索过程中,这也使得转基因产品对于公众而言,在某种程度上还算是一种"新事物"。面对这样一种新事物,社会改革的作用很容易凸显出来,那就是通过社会制度和社会风气的变革,形成一种理性、科学的舆论环境,让社会公众能够客观地认识、评估这种新事物的利弊。当前,在关于转基因的讨论中,一些"阴谋论"的论调不绝于耳,各种缺乏科学依据的媒体文章大行

---

① 侯军岐、黄珊珊:《全球转基因作物发展趋势与中国产业化风险管理》,《西北农林科技大学学报(社会科学版)》,2020 年第 6 期。

② 张晓磊、章秋艳、熊炜、沈平:《转基因植物检测方法及标准化概述》,《中国农业大学学报》,2020 年第 9 期。

其道,而民众在讨论转基因技术的利弊时,很容易陷入一种情绪化的互相指责乃至人身攻击之中,这事实上都不利于增进对转基因技术的认知。为此,要重点加强转基因相关的科普知识宣传,引导民众深入了解转基因的科学原理和作用机理,做到相信科学,不偏听偏信。对于自媒体时代下的新闻媒体,除了法律法规之外,还应该重视行业自律和社会道德规范的作用,抵制一些利用转基因技术争议刻意炒作和"博眼球"的做法。只有全民科学文化素质提升,我们才可能在充分抓住科技发展机遇的同时理性认识其潜在风险,采取相应的应对措施,更好地让科技服务于经济社会发展。

作为农产品进口大国,日本和韩国进口的食品中含有大量转基因食品。由于转基因作物本身存在的风险和不确定性,其对食品安全以及对生态环境造成的影响备受关注。这两个国家根据自身国情,选择有别于美国与欧盟的政策道路,其对待转基因态度长期游荡于"预防原则"与"可靠科学原则"之间,试图在这两种原则的指导下形成恰当的平衡点。同时,日本和韩国转基因农作物的发展有其自身特色,在研发、种植、流通、管理等方面都取得了自身独特的经验,但同时也面临着来自各方面的争论和压力。

中国作为人口最多的国家,粮食安全是国家发展的首要问题,中国为应对粮食危机,积极开发和引进先进转基因技术,并大力种植转基因作物。因此,转基因技术对于中国粮食安全和经济发展而言至关重要。然而,中国作为转基因技术研发和转基因产品消费的大国,目前转基因作物市场上仍存在不少问题,从管理制度到执行力度,从顶层设计到公众参与,各个环节都存在疏漏与不足。相比之下,同为亚太粮食自给率低的日韩在转基因生物安全管理方面有许多经验教训,在分析总结日韩在转基因监管领域正反两方面的经验基础上,中国应进一步细化部门分工,加强相关立法,完善标识制度,通过宣传和制度设计提高公众参与意识,加大执法力度与检测技术研发力度,从管理模式上为进一步发展转基因技术产业化提供安全保障。

第三部分

有关霸权体系的理论探讨

第六章

转基因技术专利垄断及其霸权

在现代法律中,专利指在一定期间内对发明的商业使用独占的权利。[①] 专利的概念实际上来源于版权的概念。专利的出现标志着人类进入了"智慧财富"的时代,各种商品的生产者不再只专注于对于成本、原料、受雇者生产的熟练技术的竞争,而是转向对产品的技术含量和独创性的竞争,并且这种竞争在全世界范围内正在变得越发激烈。技术对于企业的意义越发重要,对于经济的促进作用也更加明显。正是由于科学技术在企业经营和社会经济两个层面的重要作用,技术的创造和交易保护体系也越来越成熟,于是保护技术的创造人和拥有者的制度即专利制度应运而生,这种制度以国家强制力保护个人的创造能够转化为个人财富并不受侵犯。在转基因技术方面,现今世界上大多数生物技术巨头都来自美国,比如孟山都、杜邦、基因泰克等,这些公司

[①] 黄海峰:《知识产权的话语与现实:版权、专利与商标史论》,华中科技大学出版社,2011年,第125页。

占据了世界上绝大多数的转基因产品的销售。这些公司之所以出自美国，除了与转基因来自美国的这个关系以外，还与美国完备的专利体系有关。美国很早就建立了完备的专利保护体系，并且保护个人和企业的独立创造，经济利益的推动让转基因技术快速产业化，也让基因技术一日千里，最终形成了在世界上的转基因美国"一家独大"的现状。

一、技术专利保护导致的技术垄断对于创新的阻碍作用

专利制度是一种使用经济手段鼓励发明创新的政策，它能提高科研工作者的积极性，极大优化社会智力资源的配置，可以在很大程度上推动科技的应用和再创造，总体来讲其产生与发展对于全社会创新具有重要的推动作用，这一点不言而喻。但是从另一个角度来讲，专利制度实际上也在创新方面起到了一定的阻碍作用，比如加速形成垄断，拉大企业间差距等，这些都会在社会创新方面起到消极作用。对专利权的授予与保护在某种意义上是对竞争和创新的限制，而反垄断法的核心则是禁止经营者对市场的独占和限制竞争的行为。从立法本意而言，知识产权法对专利权的保护是对权利人独占权的私法保护，而反垄断法则是从公法的角度介入和调整竞争关系。专利制度的目的在于鼓励竞争，反垄断法的目的在于排除限制竞争、创新的行为，二者本质上是殊途同归、互相补充的。而问题的关键则是厘清专利保护和技术垄断的界限，排除其对创新的阻碍作用。

（一）专利保护与技术垄断的矛盾

各个国家都在努力研究，完善专利制度，但是无论如何完善，如何努力，如果设计的制度不能被严格准确执行都只是一纸空文，毫无意义可言。各个国家虽然设计了不同的，尽可能完备、平衡的专利制度，但是无论如何，专

利制度都有一样根本性质不能变,那就是要在一段时间内尽可能地阻止非专利拥有人的不正当得利,①对非专利拥有人使用的排除可能会构成技术垄断,进而对技术创新形成障碍。专利制度在执行上遇到了重重困难,一方面是专利制度无法被严格执行,专利制度不能够很好地保护专利,这在我国尤为突出,全社会专利意识和技术创新意识不强;②另一方面是因为专利制度和体系日趋完善,能够很好地保护专利获得者的利益,获益者再次利用这些利益循环投资,研发出新一代的技术,形成了一种循环的"技术垄断",以孟山都为代表的大公司、大企业利用并购、资助等方式集结了大批有前景、有价值的专利,形成了超高技术优势,专利体系事实上成了这些大公司构建严密的"专利网"的一个重要部分。

垄断的形成背离了专利制度的设计初衷,大量专利的垄断意味着大量收入都会流入大公司,也意味着科研资源等等的一系列资源都会向大公司倾斜,社会上缺乏科研资源,也就会阻碍社会上更加普遍的科研创新。孟山都公司依靠糖精和各种化学工业制剂获得第一桶金,但是也因为环境问题而麻烦缠身。③ 由于其在转基因大豆和配套的农药"草甘膦"的研发上快人一步,④从而奠定了其在转基因产业,在种子行业的"龙头老大"的地位。"草甘膦"是一种光谱除草剂,可以杀死很多杂草,一般的作物大豆也不能幸免,但是孟山都公司研发了配套的转基因大豆,可以抵抗草甘膦,这样农民只需要向整个农田喷洒草甘膦就可以实现除草的目的,简化了耕种流程,不必进行其他活动,转入的这种基因甚至也成了孟山都公司的专利。转基因大豆和草甘膦的生产与畅销为孟山都公司的发展壮大带来了黄金机遇。孟山都尝到了技术专利的甜头,继续加大在技术研发的投入力度,依靠原来的优势

---

① 王常静:《知识产权中不当得利制度研究》,《法制与经济》,2015 年第 2 期,第 75～77 页。

② 张勇、宋明顺:《企业家专利意识对企业经济的影响——基于浙江的调研》,《科研管理》,2013 年第 1 期。

③ 林姓:《孟山都公司转基因种子专利战略初探》,《中国发明与专利》,2013 年第 9 期。

④ 王晓薇:《孟山都的前世今生》,《华夏时报》,2013 年 6 月 27 日。

和资金积累,不断扩充着自己的规模,一个"种子帝国"悄然形成。转基因也在世界上快速普及,在美国、加拿大,转基因油菜甚至可以占到全部油菜的95%。

现如今转基因的认知和公众接受出现了一些问题,公众尤其是欧洲民众对于转基因的接受度普遍偏低,孟山都的负面丑闻也屡屡曝光,这在一定程度上抑制了孟山都公司的扩张,但是也没能阻止孟山都公司技术垄断的形成。孟山都公司的专利申请范围非常广泛,对于技术的趋势和专利的潜力也十分敏感。孟山都公司在1996年申请的一项专利甚至覆盖了全世界90%的转基因大豆,并且为了防止自己的专利体系遭到侵犯,一方面孟山都和专利使用者即广大农民展开了一场"专利争夺战",不允许农民私自留下作物的种子,只能每次从该公司重新购买种植,甚至不惜将私自保留种子的农民告上法庭。另一方面,孟山都积极参与构建更加完备的专利保护体系,他们通过与政府的合作,敦促设置更加严格的专利侵权惩罚机制,使得自己的专利技术在国家法律的保护下进一步巩固,从而使得该公司的这项专利技术披着合法性的外衣在世界上形成垄断。美国对孟山都技术专利的无限许可构成了技术霸权,已经成为一条深刻的利益链条,他们独占如此之多的社会资源,垄断了如此多的科研通路,形成基因技术"一家独大"的局面,这事实上是降低了社会整体创新活力的,人们对于基因技术的了解相对于孟山都来讲实在是微不足道,更不用说产生很好的创新创意想法了。对于科学知识和技术的双重垄断,使得专利技术成了全社会创新的壁垒。

笔者分析了孟山都公司技术霸权形成的原因,将其总结为如下三点:第一,专利体系设计给了孟山都公司形成垄断的可能。专利体系中不可逆转的保护专利申请者的性质是孟山都公司产生技术垄断的必要条件和关键导因。第二,孟山都公司针对专利体系,制定了合适的发展战略,利用专利制度构建起保护自身利益的全方面垄断体系,再利用这种体系带来的巨大经济利益再次加强自己的优势地位。先在法律体系之内发展,待发展壮大之后再反过来影响体系的形成。第三，生物行业的客观特点也决定了其容易形成行业垄断。一直以来生物技术的进步很大程度上依靠其他学科的进步，比如物理学的进步，这种进步体现在电子显微镜的发明，这为微生物的研究带来了极大的方便，也为一些重大成果的突破提供了可能，这些贵重的科研仪器和科研设备是生物技术进步必不可少的。而且生物从业人员学历普遍较高，雇佣这些人才也要花费一定的金钱，如果没有资金的投入，生物技术等于一纸空文，所以要想取得生物技术的突破，必须要有强大的资金支持，这一点是普通民间资本所不能做到的。而当一家公司具有了一定的科研实力并且将原有科研成果转化为资金后，就很可能在原有技术上实现再次突破，一次一次的突破最终就可能形成垄断。

（二）目标实现的技术路径有限性

技术创新是一个长期的过程，甚至在某种程度上具有偶然性，技术并不是以一个平缓的速度持续前进，前进一段时间就会再次突破，技术的进步时快时慢。比如第二次工业革命时期产生了大量的新技术，很快将人类带入了工业时代。但是技术也可能在很长一段时间内进步微乎其微，技术进步是存在瓶颈的。当现有技术遇到瓶颈的时候，就必须要有新的理论、新的想法来突破，从而再度推动其进步，这种突破虽然在长期来看是必然的，但是从时间和空间上来说却具有极大的偶然性。比如爱因斯坦发现相对论，是一种极其天才的发现，而爱因斯坦的智力和素质都是远远超过常人的，如果其所处的环境和社会因素不适合其生长研究，也随时有可能扼杀这个天才，技术的大幅进步需要很多巧合的因素和偶然的个体的集合才能实现。所以在一段时间内，实现目标的技术路径实际上是有限的，技术不能在短时间内无限创新无限突破，但是同时专利保护的制度却是有着一定的年限和时长的，在这个时长内，可能或者多数情况下并不会出现非常大的技术突破，这也就意味着在大多数情况下其实技术的路径是有限的。

我们确定了技术路径的有限性,专利制度的出现就会让当下这些技术"申请一种少一种",而且新的产品如果和原有产品过于相似,专利是不会予以保护的,这无形中提高了再次创新的难度,也让全社会的创新动机和创新成本加大,降低创新可能性。这一情况比孟山都公司的技术垄断更为普遍,如果说垄断问题还可以通过反垄断解决的话,那么这个问题事实上不太可能通过完善专利体系等方式来解决。专利制度在这一层面上的的确确阻碍了技术的进一步创新。生物技术更是如此,前文说过,生物技术的进步很大程度上要依靠资金的投入和设备的提高,生物技术虽然方兴未艾,但毕竟是新兴产业,基础研究的突破未必等于产品的进步,更不能等同于盈利的实现。现代生物学的研究现在还处于一个较为初步的阶段,很多领域还是一片空白,人们对于基因、分子及其相互作用的关系尚未完全清楚,更不能完全按照自己的意愿进行改造。以生物技术新药研制为例,科学家花费了大量时间、精力、金钱研究了某种代谢途径的过程,并且要就此研制一种新药,新药的成分可以改变代谢途径中的某一部分的某种化学物质产生的剂量,也许在原理上非常讲得通,在使用单独培养的细胞实验时非常顺利,在小鼠等啮齿动物实验有着非常好的效果,在灵长类黑猩猩猴子身上的实验也有着超出预期的效果,但是在临床试验时却可能折戟沉沙、前功尽弃,因为我们现今没有对于整体代谢的一个了解,代谢途径可能会受到各种因素的影响,药物在人体内发挥功效的机能远比我们想象的复杂得多。生物技术的创新还是有一定难度的,相比于其他学科,其密封性更强。生物体更像是一个"黑箱",人们不知道它内部整体的结构和链接,只能盲人摸象一样进行探索,并且这种探索现今仍然处于初级阶段,也为创新带来了一定的困难,专利制度对于创新的阻碍作用在生物技术转基因产业表现得较为突出。

二、美国转基因技术专利垄断霸权

(一)反对转基因技术专利垄断霸权的原因

转基因技术涉及生产生活的诸多方面,如生命、健康以及粮食安全等。原则上,专利保护为人们投入转基因技术的研究开发提供了有效的市场激励,同时也为研发者利用其转基因技术研发新产品获得发明收益提供了法律保障。但在实践中也有可能产生制度风险。各个企业在经济利益的驱使下,转基因技术可能会成为其增强市场竞争力、取得垄断地位的工具,从而使专利保护制度的立法目的和结果背道而驰,架空了专利制度的保护,反而阻碍技术的创新。学理上将其归纳为以技术片面独占为表现形式的"反公有地"(Anti – commons)悲剧和以大量专利层叠为表现形式的"专利丛林"(Patent Thickets)困境。如前文所提到的孟山都公司通过专利无效削弱对手市场控制力、专利诉讼限制市场终端的侵权行为、基础基因争夺开拓新市场以及已有专利守护已有市场来实现对该项转基因技术的垄断。如果其他创新者想要使用这项专利技术将支付高昂的专利使用费,否则就构成侵权,这势必会使一些潜在的发明创造者知难而退。

(二)美国转基因技术专利垄断霸权的形成

美国对转基因知识产权的过度保护,进一步加剧了美国转基因霸权的形成。美国转基因产业的快速发展需要更多的国内以及国际法律法规予以规制和保护。现如今,美国的转基因农作物种植面积占世界总量的三分之二,绝大部分的美国农民采用了转基因技术。伴随着世贸组织的成立和发展,在国际贸易当中的知识产权问题自然而然的被提上世贸组织的会议日程。在美国的推动下,《与贸易有关的知识产权协定》(即 TRIPS 协定)签署,该协议的签署也标志着知识产权制度的国际化。与此同时,一方面在转基因农业的国际贸易方面,美国贸易代表负责相关知识产权贸易谈判,这使得美国本就强大的转基因农业产业可以顺畅的进入国际市场,同时也可以有效的阻止外国相关产品进入,保证了美国在专利贸易当中获得稳定的发展。另一方面,"特别301条款"的通过也为美国的专利贸易提供了便利,该条款对推动其他国家加强美国转基因生物产品的知识产权保护发挥了重要作用。

对于在我国已经取得专利的外国技术和我国的本土发明创造的技术即受我国专利法保护,但对于转基因这样的技术而言,适用相同的技术保护规则是不利于其保护的。

以上可以看出,以美国为代表的发达国家以技术的快速发展为先天优势,配合后期的制度建设和制度保护,使得其转基因产业迅猛发展,知识产权制度的架构也日益完善,专利体系的完善使得这些国家成为转基因技术产业发展的沃土。在1986年乌拉圭回合谈判中,跨国公司借助美国政府,在国际贸易中引进知识产权协定。而这种扩张性处理知识产权的方式被巴西和印度为首的发展中国家所反对,但这种反对被发达国家以软硬兼施的方式所压制,最终发展中国家接受了TRIPS协定。在菲律宾,美国国际开发署游说菲律宾政府重新起草植物品种保护法规以使其符合国际标准的《国际植物新品种保护公约》(UPOV公约),帮助菲律宾政府制定规则和法规,并开展幕后工作以避免公开辩论,敦促受援国接受和遵守《国际植物新品种保护公约》(UPOV公约),以此来保障植物品种保护的育种者权利。

由于占领了政治与技术上的优势,发达国家借助国际组织和国际条约等形式,在知识产权改革方面对发展中国家施加压力,以引进他们所认可的知识产权规则。而国际植物新品种保护公约为植物品种保护设置了被认可的标准,而且别无选择,这使得大多数其他国家都因太弱小而没有回旋的余地。从20世纪60年代起,经历半个多世纪的时间,国际植物新品种保护条约得以在成员国内通过。同时公约也成立了国际植物新品种保护联盟的组织,与世界知识产权组织密切合作。条约详细规定了有关可受到保护的植物新品种的条件、期限、权利救济、育种者及农民权等。但是值得注意的是,国际植物新品种保护联盟在制定之时主要参考的是发达国家的植物品种保护体系,并且在该条约成型后欧美国家以各种方式在向发展中国家施加压力使其接受并引进欧美化的知识产权规则。

对于获取转基因技术而言,非洲肯尼亚学者穆卢瓦(Richard Mulwa)认为,虽然消费者对转基因生物的担忧可能是没有根据的,但是转基因技术巨头的经营方法确有可批评之处,应把转基因技术与本地农业战略结合起来。他说:"我当然支持转基因。从科学角度看,转基因技术可以给农民带来许多好处。但作为科学家,我遵从道德标准,而非公司利益。我去田间和农民交谈。我想运用生物技术解决问题。"因此,非洲能否采用转基因技术,也许关键要看科技企业是否会一味追求利润,而不顾非洲的粮食安全。他认为转基因的发展不应再受大公司掌控。"和世界上大多数事物一样,转基因生物可以被用来行善,也可以被用来做恶。"若将转基因技术把控在少数发达国家手中必然会导致霸权,从而对世界的其他地区造成威胁。全球化是不可避免的趋势,转基因技术的国际传播和合作也是不可避免的。少数国家通过对科技、金融、互联网行业的专利操控,通过非常规范式达到以知识产权保护为名衍生其它影响发展的目的。转基因技术本应该是造福全人类的科技,却被少数国家以霸权的形式呈现,在一些特殊的生物科技领域掌握话语权,从而提高其他国家的准入标准,实现对核心科技的垄断而满足其一些经济或政治目的。

第七章 转基因霸权体系的伦理问题

随着转基因科技应用越来越广泛,对于转基因技术的讨论趋于热烈,关于其引发的伦理争论也逐渐增多。伦理问题突出表现在社会公平、风险与利益分配等各个方面,并且对人们的生活习惯和思维方式构成了严峻挑战。通过分析转基因伦理问题产生的原因、表现、影响来探究可行的解决方式,可以为我们研制更加安全的转基因技术提供方向,为转基因技术和社会伦理的协调寻找可能的途径。

转基因科技在研究和应用过程中实际上会涉及各种伦理问题,因此也一直受到国内外学界的广泛关注。比如,在国外学者格雷戈罗维乌斯等人看来,与转基因技术道德伦理评价相关的主题有三类:第一类是对转基因技术作物利用后果的道德评价,包括一般性的生态和风险关注,如风险评价、风险管理与风险感知,科学不确定性,可持续发展等;第二类是对转基因行为中的道德评价,涉及转基因技术的操作过程本身,包括多个方面,如对自然价值的关注,对生物自身价值的关注,与自然的秩序、自主性,以及生物个体、物种、生态系统和群落等的内在价值、目的、尊严、完整性等有关;第三类是对行为实施者(与转基因技术研究或应用相关的人物)的道德评价,包括与风险处理的道德以及与基因修饰作物应用相关的道德,涉及信任、责任、正义、人性、智慧、关怀等。①

笔者以"转基因伦理"为关键词,在中国知网期刊数据库中的"伦理学"和"生物学"等学科领域进行搜索,其中,关于前述第一类伦理主题的文献主要集中在转基因食品风险、转基因技术生态环境风险等问题上;关于第三类伦理主题的文献涉及转基因食品"人体试验"的伦理、科学的道德责任和相关的利益分配等问题,以及公平、公正、知情等议题;相关文献中较少涉及第二类伦理主题。从相关主题的文献数量上来看,国内涉及第一类伦理主题的研究较多,涉及第二类伦理主题的研究几乎未见,对第三类伦理主题的研究较少。美国通过利用转基因技术维持霸权体系所涉及的伦理问题,主要依据就在于第三类伦理主题所包含的内容。

此外,特别需要注意的是,国内对于转基因伦理问题的研究主要集中于转基因食品风险上,以及由此涉及的安全性问题、利益分配问题和标识问题等,基于我国人口大国、农业大国的特殊国情,这些问题都得到了较多的研究和讨论。

就目前而言,我国学界的转基因伦理问题研究仍然较为薄弱,缺少深入研究,与国外相比存在很大的差距。我国对于转基因技术伦理问题的关注大多在于提出问题,而缺乏相关的专业伦理学理论(生态伦理、道义论、后果论)等的思考以及对于转基因伦理问题的系统化和全面细致的分析。同时,在跨专业和多视角研究方面,国内研究也存在一定的欠缺,对于转基因伦理问题涉及的政治、经济、科技等诸多领域没有做到全面的考察。

---

① D. Gregorowius, M. Huppenbauer, Ethical Discourse on the Use of Genetically Modified Crops: A Review of Academic Publications in the Fields of Ecology and Environmental Ethics, *Journal of Agricultural & Environmental Ethics*, 2012, Vol. 25, No. 3, pp. 265 – 293.

综合国内外学界主要观点,可以发现,对转基因科技持支持态度的学者主要从转基因技术在医学研究与疾病治疗上的良好前景、转基因食品缓解世界粮食问题的重要作用,以及转基因产品带来的巨大经济利益入手进行论证。相应地,对于转基因科技的反驳观点主要集中在转基因企业垄断带来的相关政治经济问题等,例如下文将要谈及的美国通过转基因企业威胁他国粮食。

一、转基因霸权伦理问题产生的原因

(一)社会环境的转变与价值观的碰撞

中国自近代以来经历了十分剧烈的变化,西方向中国输入的不仅仅是技术和科学,更有价值观和理念。在全球化的背景下,东西方价值观在中国这个快速成长的国家里激烈碰撞。受传统教育的影响,持原有伦理观念的人仍然较多受西方影响,不接受传统观念的"叛逆者"也不在少数。

这些年我国粮食总产量连续增加,就业状况相对良好。这些情况表明我国是一个总体趋势向好的经济体,并且稳中有进。但是在经济快速发展的背后,则是文化和价值观的激烈碰撞。

党中央明确提出建设社会主义文化强国,精神文明和物质文明全面发展,让一切文化创造源泉充分涌流等一系列建设多元文化的措施。这些措施无疑促进了我国文化和文化产业的发展,但是多元文化的碰撞也产生了多元的价值观,这固然是社会进步的结果和经济发展的必然,然而这些却给转基因的伦理争论带来了极大的争论空间。

(二)转基因技术进步与成熟

与多元文化一样,转基因技术也传入我国,并且在我国得到快速发展。

转基因技术本是美国科学家发明的技术,1983 年,世界上第一株转基因植物——含有抗生素的转基因烟草在美国问世,这标志着转基因技术的诞生。当时便有人惊叹道:"人类开始拥有了一双创造新生物的'上帝之手'。"①这双手有着神奇的力量,而关于谁应该指挥这双手的争论也从未停止过。这项技术在我国这个人口大国、农业大国得到了政府的大力扶植。2015 年 2 月 3 日,国务院新闻办公室在国务院新闻办新闻发布厅举行发布会,负责的官员解读了《关于加大改革创新力度加快农业现代化建设的若干意见》,其中包括转基因解释说"转基因可以说是大有发展前途的新技术和新产业"、"鼓励支持中国科学家抢占转基因生物技术的制高点",②同时,2015 年中央一号文件中也提到了转基因并说"要加强转基因生物的研究安全管理和科学普及,加强农业转基因生物技术的研究"。③ 这是转基因第六次写入中央一号文件。生物技术在我国得到了大量的政策支持,成为我国建设"创新型国家"的重要组成部分。以生物医药为例,2007 年,美国在这一领域的开支占全球的51%,到2012 年,这一比例下降到45%,而中国由1.66% 上升到了4.94%。④ 在我国科学家的不断努力下,我国转基因技术在国际上已经有了一席之地,我国科学家自主研制的转基因抗虫棉、转基因水稻、转基因玉米,已经走在世界前列。在我国市场上,转基因大豆油、转基因细菌生产的胰岛素等转基因食品、药品也屡见不鲜。

我国对于转基因的支持和转基因技术的不断进步,以及转基因的迅速应用使得人们感到,转基因技术离自己的生活越来越近。但是从另一个角

---

① 魏薇:《转基因历史与现状》,人民网,2003 - 07 - 30,http://www. people. com. cn/GB/paper53/9790/900391. html.

② 韩俊:《支持科学家抢占农业转基因生物技术制高点》,新华网,2015 - 02 - 03,http://news. xinhuanet. com/fortune/2015 - 02/03/c_127452753. htm.

③ 《2015 年中央一号文件发布(全文)》,网易财经,2015 - 02 - 01,http://money. 163. com/15/0201/19/AHD3KP 9Q002510B6. html.

④ 尹力行:《生物科技获政策支持,提升空间巨大》,《证券日报》,2014 年 2 月 8 日。

度讲,社会观念的变化总是会滞后于技术的发展,技术的发展可能是突破性的、突飞猛进式的,可是社会观念和风气的改变却需要一代又一代人的积累,是一种缓慢的、渐变的过程。这二者的矛盾,是转基因技术的阻力之一,也是转基因伦理问题产生的根源之一。

二、转基因霸权伦理问题的表现

转基因问题不仅仅是科学问题,而且是转基因投放至社会后的反馈问题。转基因通过社会观念,影响到政权稳定,进而影响到当权者的政策和态度。转基因的伦理问题,是转基因应用过程中不得不考虑的关键问题。

(一)贫富差距问题与人际伦理

一般来讲,转基因主打的优势牌是高产、抗病、省时省力,以抗虫棉为例,我国自主研发的转基因棉快育 66 相比其他棉花品种增产 7.7% 和 10.5%,[①]并且其各种性状比如抗病性、整齐度等也都有了较大提高。如果如其所说,转基因带来的就是高产、省时省力,那么根据经济学原理,商品中所包含的人类劳动就会减少,价值就会降低,价格也自然会降低,价格降低自然会吸引一些人来购买。这是直观的经济学过程。但是转基因食品与此不同,转基因产品在当下的语境带有一种"风险"的意味。比如某品牌大豆油广告宣称自己是"非转基因"大豆压榨,这种宣传出现的原因不是商家对于转基因的态度,而是代表了公众的一种对于转基因风险的担忧,也是对于转基因的一种怀疑,商家则是利用了这种心理大做文章。这种心理其实较为普遍,甚至有一些商家的花生油也要贴上"非转基因"的标签,但其实市场上

---

① 徐显、杨帆、谷良志:《高产、稳产、高效:广适快育 66 的选育》,《河北农业科学》,2012 年第 6 期,第 36 页。

从来没有出现过转基因花生这种东西，更不要说转基因花生油了，花生从来都不是转基因研究的热点。这一闹剧的出现，说明了公众对于转基因及其相关产品的焦虑，加之一些商家的不当宣传和网络流言，更增加了公众的不安情绪。那么在购买的时候，公众就会适度地考虑到转基因的安全性问题，就会降低其因为低价而产生的购买欲望。这样一来，就会出现价格和风险的博弈，消费者必须在财富损失（购买高价非转基因产品）和健康风险（购买转基因产品）中做出选择。我们假设每个消费者都是理性的，会在二者中选择损失更小的那一个。损失受到如下三个因素影响：

A：对于转基因产生风险的认知程度，用在当下社会环境情况下，在消费者眼中食用转基因产品危害后果的期望值，用百分数表示。比如一位消费者认为转基因是绝对危险的，食用后危险后果一定会发生，那么该值为100%，如果一位消费者认为转基因的风险根本不存在甚至比原本的食品更安全，那么该值为0或负值。

B：购买转基因可能损失的财富值。这取决于转基因食品价格和非转基因产品价格的差异和消费者的购买量的乘积。比如某调查发现转基因原料加工的油料产品基本都是该品牌的最廉价产品，基本可以比非转基因产品便宜一半左右（当然排除其他因素比如加工工艺等）。① 比如水稻、油类等这些日常必不可少、刚需较大的产品，其购买量也自然较大。而像转基因木瓜这样的水果食用量较少且可以有其他的替代品，消费量自然也就较少。

C：消费者本身具有的财富值，即富裕程度，影响对于消费者来讲，多花一些钱的受损程度。

于是在这三个因素的影响下，就会有如下博弈模型：

消费者受到的经济损失 D = B/C

---

① 张晗：《漳转基因食用油便宜却不可靠，买或不买引发讨论》，东南网，2013 - 02 - 26，http://news.hexun.com/ 2013 - 02 - 26/151463415.html.

消费者受到的健康损失 = A

如果 A 大于 D,那么消费者将会选择非转基因产品,如果 D 大于 A,那么消费者将会选择转基因产品。在相同社会环境下,对于转基因的风险认知虽然会有不同,但是往往具有趋同性,即对于一个地区来讲,对于转基因的安全性会有一个普遍情况,且与消费者已有财富值即 C 因素无明显关联。对于 B 因素,消费者的购买量和食用食物的比例和习惯是很难改变的,故可以将其视为定值。至于转基因食品究竟比非转基因食品价格能够低廉多少,取决于科学的进步情况能在何种程度上降低生产成本。这些与消费者自身因素无关。

由前文论述可知,A 因素较为随机,B 因素较难改变,那么消费者的个人富裕程度,才是是否购买转基因产品的决定性因素。消费者如果较为富裕,即 C 值较大,那么对于他来说,D 值就会非常小,他也就会有较大概率购买非转基因产品。对于不太富裕的人来讲,C 值较小增大了 D 值,无论在心理愿不愿意接受转基因(即无论 B 值大小),都会增加他选择转基因产品的概率。这样一来就会造成一种现象,就是购买转基因的数量与财富程度呈负相关。这里就涉及了社会公正原则,即如何平衡相互冲突的各方利益,并确保不同利益主体的合理利益要求得到满足。简而言之,由于转基因产品价格便宜,转基因食品的消费者将主要是穷人,相应地,与转基因食品有关的风险也将主要由穷人来承担。那么,人与人之间的伦理关系就变成了"用钱可以买到健康","科学家用穷人做实验"。这样的关系很有可能践踏社会公平,违背了伦理学中的社会公正原则,①从而激起民众对于人际关系的怀疑进而产生对社会的愤怒情绪。

---

① 毛新志:《转基因作物产业化的伦理学研究》,《武汉理工大学学报(社会科学版)》,2011 年第 4 期。

（二）转基因的利益与风险分配问题

能够有实力研发并销售转基因的公司,往往是孟山都、先正达、杜邦这样的大公司,这样的公司都有同一个特点,就是公司不仅仅充当着转基因的研发者和销售者,同时又与政府部门、审批部门有着千丝万缕的联系,在一些国家,几乎垄断了其全部的转基因应用,比如阿根廷的转基因大豆,几乎全部是孟山都公司生产销售的转基因大豆。[①] 并且这种垄断极有可能导致国家的粮食安全受到严重威胁,因为这些公司已经构建出了一套完整的知识产权保护体系,如果种植的农民不向其缴纳"专利使用费",那么就将会被告上法庭,并且极有可能败诉,被判决侵犯孟山都公司的专利权,美国已经有这样的判例,并且不止一例。[②] 严密的专利保护体系为其带来大量的收益,孟山都公司60%的收入来自技术专利。[③] 显然,基因专利会引起严重的利益分配不公,拥有大量基因专利的发达国家对发展中国家拥有很大的控制权,能够垄断转基因产品的市场并从中牟取暴利。

自笔者上段陈述来看,美国的做法在政治伦理学的角度明显是站不住脚的,我们可以从必然论、契约论等角度来解释。首先,从必然论的角度来看,美国在转基因技术以及经济条件方面的实力超过其他国家,因此使用科技领先的方法及上文所说的"生物国防"是一种政治手段。然而,这种行为可能会导致全球社会的不平等和不稳定,造成其他国家和人民的利益受损,特别是发展中国家可能完全无法与其匹敌。这种不公正的行为违背了公平和正义的伦理原则。从契约论的角度来看,利用转基因技术谋求霸权是一种违反国际契约和协议的行为。各国之间签署了许多国际协议和法规,以

---

① 陈琳莉:《孟山都是如何俘获阿根廷的》,《北京农业》,2009 年第 11 期。

② Lillian Joensen and Stella Semino, Argentina's Torrid Love Affair with the Soybean, Seedling, October 2004, pp. 5 – 10.

③ 余欣荣:《把种子紧紧握在自己手中》,《人民日报》,2013 年 3 月 28 日。

确保转基因技术的使用安全和贸易公平性。而利用转基因技术谋求霸权的行为可能会违反这些协议和法规的要求。如上文所说之"这种垄断极有可能造成国家的粮食安全受到严重威胁",此类可能侵犯他国粮食安全而导致国家安全受威胁的行为明显与《联合国粮食和农业组织协定》《世界贸易组织协定》等国际条约相悖。如果一个国家不遵守国际协议和法规,那么很难在全球社会中获得其他国家和国际组织的信任和支持,也会导致该国的国际形象受损。

经营转基因种子的公司如果想获利,那么就必须一方面增加转基因种子的种植面积,另一方面增加消费者对于转基因产品的接受度。所以,孟山都公司一方面与政府相互联系,向其游说转基因的种种好处,或者贿赂政府官员,甚至以欺诈的手段,使其对于转基因种子大开方便之门。在美国,很多农业部的官员在孟山都挂职并且拿着高额薪金甚至干脆就是孟山都的董事。可是与此同时,农业部又是转基因生产销售许可证的审批部门之一、转基因上市后安全性的监察部门之一。这样的组合不得不让人存疑,一个公司既作为转基因的生产销售者(自然也是受益者),又将手伸向监管体系,就好比一场比赛一个人既是上场队员又是裁判,不得不让人对于比赛的公平性产生质疑。还有不得不提的就是孟山都收买的一些所谓"科学权威",他们为孟山都公司摇旗呐喊,呼吁公众"接受转基因"、"转基因是绝对安全的"。但实质上只是为了让孟山都的产品畅销以获得利益。这样一来,种植转基因的风险由农民承担,粮食安全的风险由国家政府承担,食用转基因的风险由消费者承担,孟山都公司成为了最终的受益者和幕后的操作人。而孟山都公司,我们几乎可以将其视为美国转基因霸权的代言人。

这样的利益和风险分配是明显违反社会伦理的,其实无论是转基因实验还是转基因产品的销售,都应该遵守社会伦理基本原则,即个人知情同意原则、不伤害原则、公平分配利益与承担风险原则。① 可是大公司利用其优质的社会资源和经济实力占据了太多的利益而转嫁了太多风险,这样明显违背了公平原则。同时,垄断企业向消费者隐瞒转基因食品潜在的风险,也是对自主性原则的违背,即消费者无法依据自己的独立判断对事关自己重大利益的问题做出自主的、自由的选择的伦理原则,而这一原则恰恰是人之为人的一个重要特征,也是得到应用伦理学普遍认可的重要原则之一。除此以外,垄断企业在转基因行为过程中的诸多行为也违背了商业伦理学中的部分内容。如上文所说,孟山都公司利用贿赂和欺诈等手段获得相关利益,这从德性论的角度来看,明显是有违其诚信原则的。

　　另一方面,大公司或其"御用科学家"鼓吹转基因"绝对安全"的行为,是否是一种"强制改变社会观念"的行为? 社会观念实际上某种程度代表着社会道德,是人类社会生活中所特有的,它依靠人们的内心信念和特殊社会手段维系,并以善恶进行评价的原则规范、心理意识和行为活动的总和。② 可是从孟山都的做法来看,是不是告诉我们,只要一个人、一个公司、一个国家占有足够的社会资源,拥有强大的经济实力,就可以通过各种看得见看不见的手段,任意把自己的观念加入到这个社会的"总和"中去并且强迫他人接受? 无论这个"观念"是否违背公众利益,是否会造成风险,推行它是否为了一己私利? 这明显是一种霸权主义,不符合社会伦理中的公平原则。不仅如此,从国际政治和政治伦理学的角度来看,这也是难以立足的,按照道义论的原则,这种以经济科技实力对他国进行"渗透"甚至是以强迫的手段使他国接受的行为是一种违反公平、损害道德原则的行为。这种做法缺乏对其他国家与社会的尊重,难以体现人类文明中的团结和合作精神。而从德性论的角度,其出于自私和利己主义,将转基因所带来的利益"收入囊中",

---

① 朱俊林:《转基因大米人体试验的伦理审视》,《伦理学研究》,2013 年第 2 期,第 112 页。
② 罗国杰:《马克思主义伦理学》,北京:人民出版社,1982 年,第 416~417 页。

而将转基因应承受之风险"转嫁"给其他国家,在利益与风险的分配环节中,美国展现了其赤裸裸的霸权主义思想。

　　除此以外,我们也可以通过以下的几个例子来进一步说明美国在转基因霸权体系中涉及的相关伦理问题。如 2006 年,美国的杜邦公司向肯尼亚提供了自己开发的一种高产、抗旱、抗虫害的转基因玉米种子,名为"Pioneer"。这种种子售价比普通种子高出许多,并且必须使用特殊的肥料和农药。当时的美国驻肯尼亚大使在肯尼亚政府和民间组织中广泛传播该种子的优点,并表示如果肯尼亚政府不允许该种子进入肯尼亚市场,他们将无法获得美国的援助和贸易。此后,杜邦公司又在肯尼亚进行了广告宣传,并与当地政府和农民组织合作,在全国各地开展培训,以帮助当地农民更好地种植转基因玉米。尽管转基因玉米能够增加产量,但由于使用专用化肥和农药的原因,产生了更多的费用,导致最终成本变得更高。此外,这种转基因玉米只适合特定的地区和气候条件,无法适应所有的种植区域。在这一事例中美国通过"援助和贸易"的方式对肯尼亚进行威逼利诱,以达到控制肯尼亚粮食命脉的结果,这类霸权主义的行为,从道义论的角度来看,其通过经济层面的绝对优势来控制肯尼亚的农业发展方向,明显是不尊重他国的权利和选择自由的行为,并且从结果来看,可能造成当地环境和生态系统的严重破坏。这是与道义论的相关原则背道而驰的。除了肯尼亚以外,美国也在非洲其他国家推行其转基因霸权政策,如坦桑尼亚、莫桑比克、乌干达等。这在本书第二章有过相关论述,这里便不再赘述。除去对非洲与拉丁美洲(如阿根廷)的霸权主义以外,美国在向欧洲国家推广转基因产品方面也采取了类似的做法。美国认为,欧洲国家对转基因产品标签要求过于严格,限制了美国转基因产品进入欧洲市场的机会。因此,美国政府通过外交手段和各种渠道向欧洲国家施加压力,要求它们放松转基因产品的标签要求。尤其是在美国与欧盟之间进行自由贸易协商时,美国政府强烈要求欧盟放松对转基因产品的管制和标识要求,以便更多的美国转基因产品能够进入欧洲市场。然而,这种做法引起了欧洲国家和民众的不满和反对,他们认为转基因产品可能对人类健康和环境造成潜在的威胁,必须加强管制和标识。欧洲也制定了比美国更为严格的转基因产品管制措施,防止非法销售和食用。因此,美国和欧洲之间在转基因产品管制和标识上的分歧一直存在,并成为双方之间经贸关系的一个重要议题。从这个例子我们不难看出,美国的霸权绝不仅仅是针对发展中国家的,对欧洲这所谓的"盟友",美国在维系自己的霸权体系也是"绝不含糊",从德性论的角度来说,美国的转基因霸权主义并不会因为"盟友"关系而发生改变,其出于的是利己主义的动机和霸权主义的思想,而无对"盟国"的义务感和责任感,这与德性论的相关原则是背道而驰的。

自以上论述来看,美国以转基因公司为桥梁,向其他国家,尤其是发展中国家输出转基因农业产品以达到控制其国家粮食安全从而维系其霸权体系的行为,从伦理学的角度,是具有非常大的争议的。

三、转基因霸权伦理问题的警示

转基因霸权伦理问题的核心在于转基因风险与利益的公平分配问题。社会主义经济的优越性其实部分表现在不会出现一些像西方垄断的大公司剥削底层人民利益的现象,从而在某种程度上实现社会公平。转基因的利益和风险的分配在某些西方国家显然不合理,在技术持续扩张的今天,我们要小心一些跨国公司打着技术的幌子对我国财富进行掠夺。因为转基因技术主要掌握在发达国家的跨国公司手中,所以转基因作物的全面推广一定程度上会加剧发展中国家尤其是人口大国在粮食供应方面对发达国家的依赖。

其中最有代表性的事件就是黄金大米事件。2012 年 8 月发表在著名学术期刊《临床营养学》上的一篇文章《"黄金大米"中的 β – 胡萝卜素与油胶

囊中的 β – 胡萝卜素对儿童补充维生素 A 同样有效》中称,2008 年美国塔夫茨大学曾经在湖南衡阳进行过黄金大米人体试验,并且论文的第三、第四作者为中国人。① 此事一出,舆论哗然。为什么在美国研制的稻米要使用中国的儿童进行试验? 这些儿童及其家长又是否知情? 国家疾控中心立刻介入调查,调查结果更是令公众愤怒。其一,黄金大米系该文章的第四作者在美国烹制并带回中国,其从未按规定向有关部门申报,更未经过任何审批程序。其二,进行转基因人体实验的 80 名儿童并不知情,虽然课题组召开了学生家长或监护人知情同意会,但发放的知情同意书仅仅是全部知情同意书的最后一页,学生家长或监护人在该页上签了字,但是该页上并未提及"黄金大米",更未告知他们吃的是"转基因水稻"。在用词上,使用"富含胡萝卜素"来代替"转基因稻米",刻意隐瞒该水稻系转基因黄金大米的事实。其三,有关部门在实验前对其实验进行询问时,实验者刻意隐瞒实验进度,谎称"该实验尚未进行"。最终,对于这位欺上瞒下,不顾人民生命健康,不顾国家法规,有损学术道德的实验者,相关单位给予其停职调查的处理。②

　　这个案例实际上可以被看作生命伦理学中工具理性③的典型体现。其实在任何一个生命伦理学的案例中无不存在着工具理性与价值理性的冲突,但在转基因食品领域中,两者的冲突是尤为激烈的。按照最初给出工具理性定义的马克斯·韦伯的看法,支持转基因食品以及转基因食品"人体试验"是理性对目的、手段和附带的后果的衡量,而这种衡量意味着没有把生

---

① Guangwen Tang, Yuming Hu, Shi – an Yin, Yin Wang, Gerard E. Dallal, Michael A. Grusak, Robert M. Russell, β – Carotene in Golden Rice is As Good As β – Carotene in Oil At Providing Vitamin A to Children, *American Journal of Clinical Nutrition*, 2012, Vol. 96, No. 3, pp. 658 – 664.

② 中国疾病预防控制中心:《关于〈"黄金大米"中的 β – 胡萝卜素与油胶囊中的 β – 胡萝卜素对儿童补充维生素 A 同样有效〉论文的调查情况通报》,2012 – 12 – 06, http://www. chinacdc. cn/zx-dt/201212/t20121206 _72794. htm.

③ 马克斯·韦伯把人的行动分为工具理性行动和价值理性行动。工具理性行动指以能够计算和预测后果为条件来实现目的的行动;价值理性行动指主观相信行动具有无条件的、排他的价值,而不顾后果如何,条件怎样都要完成的行动。前一种理性主要归结为手段和程序的可计算性;后一种理性关注的是属于目的和后果的价值。

命伦理学中最为根本的伦理道德置于最高的位置。面对转基因技术带来的巨大利益，科研人员以及转基因食品生产者往往选择忽视转基因食品潜在的安全性问题，这就使得从研发到生产的各个环节都是以经济利益和各种私利为主。这次事件中，美国学者正是从自己的利益出发，将中国儿童的身体健康置于不顾，将道德风险完全转移。这种以私利为首的转基因食品研发就是典型的工具理性在作怪，使得生命伦理学中关注人的生命健康的价值理性被彻底抛弃。

黄金大米事件给中国的转基因发展敲响了警钟，如果没有强有力的监管审查机制，这样欺上瞒下、用我国民众做实验的事情还是会发生。综观整个事件，论文第一作者来自美国塔夫茨大学，自然也是此篇论文的直接受益者，把大米千里迢迢偷偷带到中国，分发给中国孩子食用，道德风险、法律风险由我国科学家承担，健康风险由中国的受试者承担。这样的风险和收益分配方式显然是不公平的，而我国人民的生命健康权和知情权则受到严重侵害。就目前而言，转基因食品对人类健康的短期的、直接的影响尚不明显，但长期食用转基因食品是否会危害健康还很难下定论，如果相关研究不能得到及时的管制，可能引起意想不到的后果。

为了应对美国从转基因技术领域延伸的霸权主义，我国必须加强科技创新，逐渐增加研究和开发投入，积极寻求突破；制定相关法规和标准，对转基因作物的安全性进行评估，保证生产和销售将有明确的法律依据；加强对转基因技术的监管，确保转基因产品安全可靠；建立相应的衡量指标和评估体系，对转基因食品实行强制性标签制度；①提高农民自主选择权；给予作为转基因生产者和消费者的主体的农民充分的自主选择权，让他们了解转基因技术的优缺点，并认真考虑是否接受转基因技术；保护我国人民对于转基

---

①　对转基因食品要明确进行标识，说明该食品是转基因食品或含有转基因成分，以便与传统食品区分开来，提供给消费者自主选择。

因食品和实验的知情权,禁止大公司垄断转基因技术。自此来看,平衡风险与利益分配以对抗美国转基因霸权主义是当下转基因伦理问题的重要任务之一。

而风险和利益的分配一旦失衡,带来的后果则是难以估计的,本书第四章中阿根廷的"悲剧"则是对其他国家巨大的警示,不仅生态环境方面遭到毁灭性的打击——环境的污染、作物疾病的传播、农业的减产,国家安全更是受到严重影响——造成社会动荡、贫富差距扩大、粮食命脉被掌控等不良后果。这个残酷的案例应该对我国以及所有对美国抱有幻想的国家与人民敲响了警钟,从伦理学必然论的角度,美国坚持利己主义与霸权思想的现实是必然不会改变的。各国以及各国人民不能因为某些蝇头小利而忽视了其中蕴含的风险和利益严重分配不均的问题,也不应因惧怕美国的霸权主义而委曲求全、任由其摆布,而是应联合起来,完善相关国际法规,合理进行风险和利益的分配,共同抵制这种违反伦理的、不尊重国际条例与协议的转基因霸权行为。

第八章

转基因霸权体系的特征

结合前文的分析，综合来看，美国的转基因霸权体系具有以下三个鲜明的特征。

一、跨国公司的技术垄断

如果说第一代绿色革命是由公共部门引领和作为主力而完成的，那么目前以转基因技术革命为代表的第二代绿色革命则是由私人部门特别是跨国生物技术公司为主力开展的。转基因作为一项前沿性的技术，在技术的研发过程中需要大量的资金和人力物力投入。转基因产品在上市前需要大量的验证和评估工作，这些工作持续的时间长达数年乃至数十年，在产品上市后还面临各种诉讼和赔偿，而这些工作需要大量的经费，这也是为什么转基因的研发门槛高、只有少数大公司在做的原因——只有少数大公司能够承担转基因商业化带来的风险和费用。跨国公司基于对转基因技术研发的大量投入，希望收回研发的成本，寻求保护其投资收益，为此要借助专利政策来维护知识产权。专利政策旨在为其开发的每个新产品提供在全球范围的有效的保护、专利和经营许可,保护其产品免受未经授权的不正当竞争。

在美国国内,以孟山都为代表的生物技术公司和农业利益集团对美国政治拥有强大的影响力。它们通过游说、政治献金和竞选资助等各种方式来影响美国政府的政策制定,维持与美国政府的密切关系,能够有效阻止围绕转基因技术的风险开展广泛的公众辩论,农业生物技术领域的垄断集中度日益提高。并且在美国,转基因产业的强势存在、专注于价格竞争和农产品出口创汇的农业部门,以及并不关注食品安全问题的公众,使得转基因技术仍然是一个主要由对该行业友好的政府部门监管的技术问题,而并未上升到政治议题。

在全球范围内,跨国公司在全球转基因发展的过程中扮演着关键性角色,它们所拥有的专业知识、经济实力和有影响力的政策网络,使得它们在转基因政策的制定中发挥了关键作用。转基因技术的研究、试验和技术监管都受到跨国公司活动的巨大影响。[①] 跨国公司基于对转基因技术研发的大量投入,希望收回研发的成本并追求较高的回报,寻求保护其投资收益,为此要借助专利政策来维护知识产权,专利政策旨在为其开发的每个新产品提供在全球范围的有效的保护、专利和经营许可,保护其产品免受未经授权的不正当竞争。[②] 并且这意味着它们开发的作物必须尽早进行商业化生产,寻求其产品的市场化。同时,这些公司试图对转基因的研究进行垄断,而且这种研究被用来证明转基因技术在全球的推广是正当的。

美国的许多对外援助项目的目的都是在全球各地建立一个由私人部门

[①] Robert Falkner, *The International Politics of Genetically Modified Food:Diplomacy,Trade and Law*, New York:Palgrave Macmillan,2007,p.71.

[②] Robert Falkner, *The International Politics of Genetically Modified Food:Diplomacy,Trade and Law*, New York:Palgrave Macmillan,2007,p.73.

特别是跨国公司驱动的种子产业,并推广杂交品种和转基因品种的采用。目前,杂交种子和转基因品种正在快速占领全球市场。跨国公司通过技术转让和公私合作伙伴关系来支持当地的合作伙伴。而公私合作伙伴关系便利了跨国公司进入发展中国家的市场,并轻易获得基因遗传资源。拥有丰富的种质资源和先进的研究机构使得跨国公司能够进一步研发更为先进的生物技术,并强化其垄断地位。

所以,现代生物技术由私人部门主导,转基因服务于商业利益而非人道主义考虑,并且通过专利和知识产权,农民的育种权利被剥夺。美国政府希望通过扩大其粮食系统关键领域公司的垄断控制,来维护其在全球粮食系统中的主导地位,从而确保专利费等垄断利润继续流向美国。因此,转基因技术不仅是美国农业的一项新技术,也在美国的全球战略中占据重要地位。

二、公私合作伙伴关系（Public – Private Partnership）

公私合作伙伴关系是指公共和私营实体联合规划和开展活动,以实现双方商定的目标,同时分担风险、成本以及收益,它代表了一种在全球范围内推广农业生物技术和转基因作物研发的新路径。美国向全球推广转基因的最有效框架就是公私合作伙伴关系,美国政府、美国的跨国公司和私人基金会、当地的研究机构共同合作来促成转基因技术转让。

公私合作伙伴关系依赖于知识共享、资源共享、成本最小化、规模经济和联合研发的过程,以便于在新技术研发、商业化应用和推广、部署新产品方面产生协同效应。它通过整合公共部门和私人部门的资源,避免了各部门势单力孤、各自为战的局面,并且降低了交易成本,从这个意义上来讲,美国的转基因技术援助和技术输出是一项"举国工程"。

这项"举国工程"至少包含三个主要的部门:以美国国际开发署为代表的政府部门、生物技术公司、私人基金会。在公私合作伙伴关系中,美国国际开发署扮演关键角色。作为美国对外援助的联邦政府机构,美国国际开发署开展顶层设计工作和系统部署,领导美国生物技术公司开发的转基因的推广工作,并不惜投入大量资金来推销。公私合作伙伴关系也使公共部门的人员能够从私人部门获得财政资源和技术方法。通过各种对外援助项目,美国国际开发署的目的是让目标对象国建立监管框架和美国公司建立其转基因作物全球市场所需的技术能力,并将转基因引入目标对象国的农业生产中。

对于美国的生物技术公司而言,特别是对以孟山都为代表的跨国技术公司而言,推广转基因和将转基因引入目标对象国的粮食系统是孟山都一贯的追求。尽管孟山都与美国国际开发署的合作要面临各种麻烦,诸如年度融资的不确定性、政府机构的繁文缛节以及为取悦不同的政治派别而做出的自相矛盾的努力。但是,为降低成本,减少各种反对转基因的声音,孟山都需要来自美国政府部门的支持,需要政府提供各种"技术转让"的机会。① 为此,孟山都为美国国际开发署提供财政支持和技术支持。对于美国的私人基金会而言,尽管它们打着慈善和人道主义的旗号,但还是有自己的利益追求的。由于它们的身份并不敏感,它们可以采取灵活的方式来开展工作,发挥自己"柔性"的力量,帮助美国政府分担责任,并且代替政府行使部分对外职责,增强美国的国际形象和软实力。同时,美国生物技术公司的业务拓展也符合私人基金会的利益。

美国国际开发署往往与美国非政府组织和跨国公司相互协调,步调一致,三者共同服务于美国的全球战略。美国国际开发署作为政府组织代表政府的立场,政府为私人基金会与跨国公司在全球的活动提供政策支持。在转基因生物的推广活动中,美国非政府组织与跨国公司往往因存在共同

---

① USAID:Making the World Hungry for GM Crops, April 25, 2005, https://grain. org/article/entries/ 21 – usaid – making – the – world – hungry – for – gm – crops.

利益而总是以合作伙伴的关系协同参与。通过这种公私合作伙伴关系,参与的各方形成了利益共同体,一荣俱荣,一损俱损。在非洲,公私合作伙伴关系包括抗虫玉米、节水玉米、抗虫豇豆、抗病香蕉的研究项目,牲畜疫苗开发方面的公私合作伙伴关系也在使生物技术对非洲发展产生影响方面发挥了作用。[①] 可以预见的是,不仅在非洲,而且在全球的其它地区,美国继续会通过公私合作伙伴关系来开展技术援助,向全球输出和推广转基因。

三、不平等的合作关系

对外援助作为实现美国转基因霸权的工具,单方面符合美国的利益,本质上是一种不平等的合作。

长期以来美国是一个农产品的出口国,出口收入在美国农业收入中占据重要份额。随着来自世界其他国家的竞争,为了增强国际竞争力,降低成本,美国不得不依赖大规模的现代技术,包括生物技术和转基因技术。美国目前是世界上最大的转基因作物生产国,农业部门变得越来越集中和产业化。作为转基因玉米、大豆和棉花的生产商,孟山都公司在全球范围内积极推销转基因产品,美国政府也大力支持孟山都公司的市场开拓。

为了争夺话语权,输出美国的监管模式,美国通过各种对外援助项目来建构自己的规范,制定符合美国利益的规则。美国人向发展中国家提供技术,进行培训和指导,为生物技术和转基因技术的研究提供资金,鼓励发展中国家采取更为宽松的监管措施,要求受援国加快生物技术开发的申请程序,以避免不必要的延误。

在援助过程中,美国一方面引导受援国认可美国模式,该模式被描绘为

---

① José Falck - Zepeda, Guillaume Gruère, Idah Sithole - Niang, Genetically Modified Crops in Africa, International Food Policy Research Institute(IFPRI),2013,p. 189.

落后国家在转基因监管方面唯一实用的方法。按照美国人的说法,欧盟过于复杂的监管模式对发展中国家建立生物安全系统是不适合的,发展中国家的政策制定者必须了解"政策选择的后果"和"监管复杂化的成本"。① 为此,美国人建议受援国在监管方面权衡利弊,取消全面的风险评估,以尽快获得转基因的"红利"。例如,在转基因作物的田间试验中,美国人提倡一种类似于美国模式的"有利环境",在这种环境中,监管问题是风险管理问题,不需要全面的风险评估,预先防范的理念和规范不利于转基因的传播,应该被取代。正如美国国际开发署的报告所说:"非洲对转基因商业化应用的动力将取决于监管程序的成本,与美国类似的监管结构和程序会降低监管的成本。"②

另一方面,美国人帮助受援国开展"能力建设",协助建立监管机构,提供政策建议,协助起草新法律或法规。在对外援助项目中,美国国际开发署指导受援国实施植物知识产权制度,帮助起草植物品种保护立法,并组织举办研讨会来培训当地官员如何开展植物保护工作。在菲律宾,美国国际开发署游说菲律宾政府重新起草植物品种保护法规以使其符合国际标准的《国际植物新品种保护公约》(UPOV 公约),并帮助菲律宾政府制定规则和法规,以此来保障植物品种保护的育种者权利。③ 在推动受援国开展植物品种保护立法时,美国国际开发署通过各种援助项目对当地政府施加影响,并开展幕后工作以避免公开辩论,敦促受援国接受和遵守《国际植物新品种保护公约》(UPOV 公约)。

综上所述,美国模式就是宽松的监管和可以申请专利的种子,通过这两

---

① USAID:Making the World Hungry for GM Crops, April 25, 2005, https://grain. org/article/entries/21 – usaid – making – the – world – hungry – for – gm – crops.

② USAID:Making the World Hungry for GM Crops, April 25, 2005, https://grain. org/article/entries/21 – usaid – making – the – world – hungry – for – gm – crops.

③ USAID:Making the World Hungry for GM Crops, April 25, 2005, https://grain. org/article/entries/21 – usaid – making – the – world – hungry – for – gm – crops.

种方式,推行一项开放农产品和转基因市场的战略。

美国作为世界上最大的粮食出口国之一,其控制世界粮食市场的野心从不掩饰,而转基因无疑是其手段之一。美国作为许多转基因专利的拥有者而且本身就是全球最大的转基因作物种植国家,在转基因的相关问题上拥有极大的话语权,在向其他国家推销转基因时显得理直气壮。而在某些亟待发展农业科技或者解决粮食安全问题的国家看来,转基因似乎也颇具诱惑。但有些欧洲国家未必这么看,他们认为这是美国对别国的生物入侵,是美国对全球种植业市场的攫取。如果转基因技术是危险的,那么就是美国人试图通过转基因技术本身危害全球民众的身体健康,达到"弱其国民"的目的;即使转基因技术是安全的,美国的技术垄断也有可能使本国粮食安全暴露于美国的控制之下。因此,转基因的推广本身,就是美国霸权主义的体现。而美国的转基因"入侵"也的确对一些国家造成了困扰。中国的黑龙江省是中国最大的大豆产业基地,许多豆农以此为生,在过去一直发展良好。但进口转基因大豆的冲击,导致许多本土的非转基因大豆滞销,无数豆农叫苦不迭。同样的例子在印度等地一样常见。

因此,美国建构的转基因霸权是单方面符合美国利益的霸权,本质上是一种不平等的合作,这种不平等是要构建一种依附与被依附的关系,以保证美国的技术垄断优势,进而获得高额的垄断利润。阿根廷的案例也同样证明了这一点。同样,在 2002 年美国对非洲南部国家提供转基因粮食援助时,赞比亚对美国转基因的拒绝实际上也是对美国转基因霸权的担忧,对这项技术被引入的方式和具体情境的质疑,以及对如何掌握该技术的关切。因此,广大的发展中国家应该奋起直追,缩小与美国的技术差距,否则最终会沦为美国的"种子殖民地"的境地。目前在转基因的研发投资和支出方面,许多发展中国家紧随其后。中国和巴西是发展中国家中领先的生物技术国家。它们在转基因的某项具体领域占据了一席之地。只有不断努力实现技术自主,才能有效捍卫本国的粮食主权和粮食安全。

第四部分

中国的应对

第九章

国际社会对转基因问题的争论及中国的对策

转基因发展已成大势所趋。在美国政府的积极推动下,以孟山都公司为代表的跨国生物技术巨头将转基因技术不断向全球推广。在全球化的背景下,基于试错权作为母权论和相互赋权论的视角,美国通过对别国的转基因技术渗透,其在转基因方面的试错权已经穿透了许多国家的主权壁垒,从而危及别国民众的生命权、自由权和财产权等权利。有鉴于此,中国应该联合其他国家,要求美国进行赋权,比如监督权、知情权等权利。同时,中国应担当理念的传播者与规则的制定者,在转基因方面争夺话语权,来维护自身的权益。

一、国际社会的争论

自 1996 年世界第一例转基因西红柿在美国上市以来,转基因技术及其产品的应用不断发展。不管是发达国家,还是发展中国家,许多国家的政府都将转基因技术视为未来科技的制高点和解决粮食安全问题的有效途径并加以支持。转基因已成为 21 世纪影响最深远的名词之一。

转基因生物（Genetically Modified Organism，GMO）是指通过基因工程技术改变基因组构成的生物。转基因生物还被称为遗传改良生物体、遗传工程生物体、具有新性状的生物体等。简单说来，转基因生物是指利用现代生物技术，按照人类的期望改造的生物新品种。这些生物新品种在提高营养品质、改善加工特性、耐受除草剂、抗病虫等方面日益发挥出重要的作用。其中，与我们日常生活密切相关的，也是老百姓所最关心的，就是舆论所聚焦的转基因食品。所谓的转基因食品，是指利用生物技术将某些生物的基因转移到别的物种中，来改造该物种的遗传特征，使其在消费品质、性状、营养方面符合人类的需要。[1] 它包括转基因生物直接食用的食品和转基因生物作为加工原料生产的食品。

目前世界各国转基因技术迅速发展，转基因农作物种植面积不断扩大。国际农业生物技术应用服务组织（The International Service for the Acquisition of Agri‐biotech Applications，ISAAA）的统计数据显示，2013 年全世界转基因作物的种植面积和种植规模比转基因作物商业化之初的 1996 年增长了近 94 倍。从种植主体来讲，种植转基因的农民中 90%（即 1650 万）是发展中国家的资源匮乏的小农户。从种植面积来讲，2013 年 27 个种植转基因作物的国家中，19 个为发展中国家，种植面积前十的国家中，8 个为发展中国家。[2]

其中，中国转基因作物种植面积达 5550 万亩，位于全球第六位，是"转基因"大国。虽然目前我国转基因农作物面积广大，但我国除了抗虫棉和转基因番木瓜之外从未允许转基因商业化。现在，我国市场上的转基因食品，

---

① 曹华明：《转基因作物的食品安全与生态风险》，《天津农业科学》，2013 年第 11 期。
② Clive James：《2013 年全球生物技术/转基因作物商业化发展态势》，《中国生物工程杂志》，2014 年第 1 期。

主要是进口的转基因大豆油、油菜籽油这种以转基因生物作为加工原料生产的产品,除转基因番木瓜之外并没有转基因生物直接食用的食品,并且这些转基因食品均进行了转基因标识。

同其他国家一样,我国自转基因作物面世以来,随着转基因技术的发展,各种争论层出不穷。中国国内的争论也反映了国际社会对待转基因的不同立场和看法。

目前,国际社会对转基因的态度和观点主要有三种:一种观点认为,随着全球人口的急剧膨胀和耕地、水资源的日益短缺以及极端气候的频繁出现,转基因技术会避免"马尔萨斯幽灵"的出现,会提高粮食产量,满足人类的消费需要,因为转基因作物产量高、易管理、生产成本低。第二种以新左派为代表的观点认为,转基因从一开始就被"神话",这种神话的缔造者是美国政府和以孟山都为代表的转基因巨头,这些掌握转基因话语权的少数人以基因工程研究为手段,来实现对农作物的控制。转基因生物是一种人工制造的东西:创造它的是科学,推动它的是利益,纵容它的是市场,承受它的是人民和地球表面的生态系统。摆在全人类面前的所谓转基因问题,在总体上既不是科学问题,也不是技术问题,或者说,主要不是科学技术问题,更多的是政治问题,特别是国际政治和美国霸权的问题。第三种观点综合了前两种观点,即一方面承认转基因是大势所趋,随着人口增加、气候变化,转基因技术和其他生物技术能有更大的发展空间,来解决未来人类的吃饭问题;另一方面又主张在正确看待转基因具有积极性的一面的同时,应该看到其消极性的一面。比如,长期食用转基因食品对人体健康的影响,转基因作物对生态环境和生物多样性的破坏,转基因所涉及的知识产权和专利费的问题,这些潜在的风险应是全人类要直面正视和加以重视的,所以应该谨慎对待转基因技术,尤其是慎重对待粮食转基因技术的商业化运用。虽然第三种观点较为全面,但其毕竟尚未系统地阐述发达国家的权利与义务,以及发展中国家如何保护自身的权利。

　　笔者以中国改革开放法制实践中出现的新权利"试错权"为切入点,建构了新的权利理论"试错权作为母权论与相互赋权论",认为自由主义与社群主义均是基于生命权、自由权等子权层面建构的理论,进而说明美国通过对别国的转基因技术渗透,其在转基因方面的试错权已经穿透了许多国家的主权壁垒,从而危及这些国家民众的生命权、自由权和财产权等一些基本的人权。基于此,以中国为代表的发展中国家应该联合起来,捍卫自身的权益。

二、新权利范式:试错权作为母权论与相互赋权论

　　自改革开放以来,中国共产党坚持实事求是的思想路线,根据这条思想路线来探索中国怎样建设社会主义。"但什么叫社会主义,怎样建设社会主义,还在摸索之中。"①社会主义的优越性,归根到底体现在生产力比资本主义发展更快、更高一些,不断改善人民的物质生活水平。所以说,"经济工作是中国当前最大的政治,经济问题是压倒一切的政治问题"②。在经济领域,邓小平、陈云同志共同倡导"摸着石头过河"渐进试错原则,而且与科学方法试错法是内在一致的。此后,胡锦涛同志、习近平总书记分别在深圳市(2006年7月)、上海市(2013年4月)和广东顺德(2013年5月),提出建立容错机制"试错条例",将"摸着石头过河"渐进试错"法制化"。其中广东顺德首次将"试错权"法制化。③2016年3月5日,李克强总理在第十二届全国人民代表大会第四次会议上作《政府工作报告》时强调:"健全激励机制和容错纠错机制,给改革创新者撑腰鼓劲,让广大干部愿干事、敢干事、能干成

---

① 邓小平:《邓小平文选》(第三卷),人民出版社,1993年,第227页。
② 邓小平:《邓小平文选》(第三卷),人民出版社,1993年,第63页。
③ 李刚:《广东顺德给干部"试错权"》,《人民日报》,2013年5月8日。

事。中国改革开放 30 多年的辉煌成就，就是广大干部群众干出来的。"①到
2016 年 6 月底,全国 31 个省市自治区直辖市(不包括港澳台)均推行容错机
制。容错机制与中国现代化道路之间是什么关系？西方理论对此缺乏解释
力,其关键的问题在于"试错权与生命权、自由权等权利之间是什么关系?"

西方自由主义理论体系中的核心概念是"自由",而非试错权。但试错
权的重要性却不断被认识,而且通常都是和自由联系起来。1917 年,哈利·
温伯格(Harry Weinberger)指出,"世界上最伟大的权利当属试错权(the
Right to Be Wrong)"②。1947 年,美国新闻委员会指出,"自由权利包括试错
权(the Right to be in Error)"③。1964 年,美国最高法院针对《纽约时报》诉
沙利文案提出诽谤的标准:"实际恶意"(Actual Malice),即被告明知他们的
陈述是错误的,或者他们鲁莽地漠视其陈述是否错误。这一判决意味着最
高法院授予新闻媒体试错权。④ 同样,加拿大第十三任总理约翰·迪芬贝克
(John Diefenbaker)认为,自由意味着个人拥有试错权而不是做坏事的权利。
美国教育家罗伯特·罗塞尔(Robert A. Roessel Jr.)认为,自由的含义包含
"试错权和做对权"(the Right to be Right),而且美国梦就是试错权之梦。⑤
凯文·哈山(Kevin Seamus Hasson)针对美国宗教之间的文化"战争",提出
每一个人都要尊重别人的自由,即使当我们认为他们是错的。这实际上承
认对方在宗教领域有试错权。⑥ 英国著名科学治理学者史蒂夫·富勒(Steve

---

① 《两会授权发布:政府工作报告(全文)》,http://www.china.com.cn/lianghui/news/2016 -
03/17/conte nt_38052034_7.htm.

② Harry Weinberger,The First Casualties in War,*The Evening Post*,1917 - 04 - 10.

③ Robert D Leigh,*A Free and Responsible Press*,Chicago:The University of Chicago Press,1974,pp.
121 - 122.

④ Carl Stern,The Right to Be Wrong—Heretical Thoughts of An Ex - Newscaster,*The Responsive
Community*,No.2,1998,pp.24 - 31.

⑤ Robert A. Roessel,The Right to Be Wrong and The Right to Be Right,http://files. eric. ed. gov/
fulltext/ED017382. pdf.

⑥ Kevin Searmus Hasson,*The Right to Be Wrong*:*Ending the Culture War Over Religion in America*,
San Francisco:Encounter Books,2005,p. 23.

Fuller）认为，科学治理所依赖的意识形态是开放的共和主义，其尊重每一个人的试错权。①

西方学者认识到自由权、财产权概念的界定是通过试错活动完成的，"如果没有从亚里士多德到托克维尔一直进行着的、形成政治词汇的这种试错探索，我们今天就无家可归……"②但总体而言，他们并没有系统地阐述试错权与生命权、自由权等权利之间的关系，更未曾界定试错权这一概念。究竟是什么原因导致洛克、卢梭和罗尔斯等在发展自由主义之时，忽视试错权的重要性呢？从中国改革开放的视角来看，试错权是一种实践权利，不是天赋人权，而洛克等自由主义思想家理论的起点"自然状态"，与实践较远。为此，我们将试错法融入"自然状态"，使之从虚构的状态转变到真实的状态，提出了与西方自由主义截然不同的权利理论：唯有掌握试错权的个人，才能有机会确立生命权、自由权和财产权的内涵。或者说，生命权、自由权和财产权等观点是在试错实践中形成的，并在以后的试错权实践中不断得到修正，包括数量和内涵。由此我们提出新权利范式"试错权作为母权论和相互赋权论"③。在古希腊城邦，奴隶主掌握了母权试错权，就掌握了正确与错误的标准，其结果是丧失母权试错权的奴隶成了别人的财产。类似的，参与撰写美国《独立宣言》的托马斯·杰斐逊（Thomas Jefferson）虽然认同"人人生而平等"，但他当时拥有 175 位奴隶。从中可见，杰斐逊的理念与实践之间的巨大差距。④ 新权利范式认为，杰斐逊等人掌握了试错权，而非洲黑奴却没有，所以他们所说的"人人生而平等"并不包括奴隶。黑奴直到南北战争时期，他们才有机会去争夺试错权，改变自己作为别人财产的命运。

---

① Steve Fuller, *The Governance of Science: Ideology and the Future of the Open Society*, Philadelphia: Open University Press, 2000, p. 7.

② ［美］乔·萨托利：《民主新论》，上海人民出版社，2009 年，第 11 页。

③ 周志发：《罗尔斯"正义论"的批判与重建》，《学术界》，2015 年第 1 期。

④ Kevin Searmus Hasson, *The Right to Be Wrong: Ending the Culture War Over Religion in America*, San Francisco: Encounter Books, 2005, p. 84.

试错权作为母权主要有两层含义：第一，人类所有其他权利——内涵和数量——均是在试错实践中形成的，并在以后的试错活动中得到修正。在人类社会中，失去试错权的个体将无法有效保护自身的子权。从这个意义上讲，人类历史是争夺试错权的进程。第二，一个社会人人拥有平等的试错权，但每一个个体试错能力不同，出于对效率的考虑，个体可能愿意把试错权让渡给他者，从而获得相应的权利与利益。那么个体该如何让渡试错权以及让渡了试错权的个体该获得哪些权利和利益？其结果是，让渡试错的个体应获得一系列权利，比如批评权、监督权、受教育权等。这是一种相互赋权的思想：以权利换权利。其中，试错权让渡之后，个人得换回诸多权利，由此我们认为试错权是一种母权，并随着情境的变化而导致子权的数量和内涵都会发生变化。① 此外，从逻辑的角度来讲，既然任何人都不可能生而知之，那么权利概念的内涵均需要通过试错实践加以探索。于是，谁掌握了试错实践，谁就有机会决定生命权、自由权等权利的内涵，由此可见，试错权优先于其他权利。

三、"试错权作为母权论与相互赋权论"视野下的转基因问题

今天人类赖以生存的粮食，是大自然在经过数百万年的"试错"过程中形成。这些农作物对人类有害与否是经过漫长时间检验的。而转基因技术将大自然数百万年的"试错"进程在极短的时间内完成，并且这些粮食产品的可靠性没有经过数代人的检验，就匆匆地投入市场，这是极其不负责任的。我们要充分认识到，利用转基因技术培育出来的新品种，进入人类食品的过程，是对人类健康一次全新的"试错"过程，这种试错的结果有的可能是

---

① 周志发：《重建西方民主概念——基于犯错权的视角》，《学术界》，2009 年第 4 期。

漫长的,有的则是短时间之内就会显现。例如,2009 年美国科学院环境医学研究院的实验表明,食用转基因食品有严重损害健康的风险,包括免疫问题、不育、主要脏腑及胃肠系统的改变、胰岛素的调节、加速老化等问题。报告强烈建议:转基因食品对病人有潜在的威胁,号召医生为了安全考虑,不要让他们的病人食用转基因食品,并教育所在社区的民众尽可能避免食用转基因食品。① 可以看到,有的转基因食品会严重影响人的生命权、自由权等权利。然而颇为关注人权至上的西方国家,他们是否利用人权理论,保护人类的基本权利呢? 答案是没有。美国等西方国家还在纠缠于所谓的"知识产权",殊不知他们的知识产权,对于人类可能是一场巨大的灾难。我们可以从"试错权作为母权论与相互赋权论"的视角,清楚地看到西方国家贪婪的本性,对人类基本权利的践踏和虚伪性。

首先,笔者认为转基因技术是可以尝试的,但要充分认识到新的粮食产品对人类而言,是一次全新的试错过程,是极其危险的。所以,这种关系到人类健康的创新,需要数代人的尝试,不能轻易地进行推广。其次,对于广大发展中国家而言,当其接受转基因食品之时,就意味着将粮食领域的试错权让渡给了发达国家。这种试错权本来属于该国的民众,但被西方国家悄悄地"偷走"了。要知道,试错权是母权,一旦被让渡之后,如果没有得到相应的权利,其子权比如生命权、自由权和财产权将受到全面的威胁。美国科学院曾经指出:"插入到转基因大豆里的基因可能会转移到生活在我们肠道里的细菌的 DNA 里面去,并继续发挥作用。这意味着吃了之后,在我们体内可能仍然会不断产生有潜在危害的基因蛋白质。"②

那么在当前转基因食品生产与销售的过程中,美国等发达国家的行为

---

① 《美国科学研究院正式宣布:转基因食品严重危害人体健康》,http://www. xhkqyy. com/News _View. asp? NewsID = 1618.

② 《美国科学院公布转基因严重危害健康》,http://grass. chinaiiss. com/html/201311/10/wa113f7. html.

是否认识到其拥有了试错权以及对让渡试错权的人民进行赋权呢？答案显然是否定的。美国等发达国家，正利用未被合法让渡的试错权赚钱，而无须对世界人民进行赋权。在美国国内，由于专利的缘故，美国农场主每次播种都必须重新向育种公司购买种子，而不能播种上一次所收获的种子，否则会被孟山都等公司以侵权为名起诉。同时，孟山都雇佣黑水公司等机构充当"种子警察"，以保证其高额垄断利润。[①] 在国际上，美国政府与转基因生物巨头密切合作，强化美国的粮食霸权和"粮食武器"，积极推广转基因产品和转基因技术的商业化应用，通过显性或隐性途径侵蚀别国的粮食主权。阿根廷即为典型的一例。

在美国的转基因种子未进入阿根廷之前，阿根廷以其丰富的农业资源而闻名于世，其传统农业领先世界。在广袤的潘帕斯草原，畜牧业和种植业实行轮作，牲畜的排泄物增加了土壤的养分，双方相得益彰，形成了良性循环，也使得该草原出产的产品广受欢迎。但阿根廷政府在 20 世纪 90 年代推行新自由主义改革，并对孟山都公司开放其种子市场后，阿根廷传统农业的优势逐步丧失，其粮食主权和粮食安全遭到侵蚀。面对巨额的外债，阿根廷政府的解决途径是采用美国的转基因大豆种子在阿根廷的土地上种植，然后通过大量的出口来赚取外汇和偿还外债。为此，大量的森林被砍伐来为转基因大豆的种植让路，本来用于种植水果、小麦、玉米、向日葵、甜菜、棉花以及放牧的土地也都种植了大豆。在 10 年的时间内，大豆的种植面积增加了 126%。并且，孟山都公司在初步踏进阿根廷市场时，为吸引当地农民推广市场，采取无偿馈赠的方式并宣传转基因种子的高产优势，但随着转基因种子在阿根廷市场的占有率不断提升，该公司改变其最初的营销策略，开始向阿根廷农民征收专利费用。2003 年 12 月，孟山都停止向阿根廷出售种

---

① Carolanne Wright, Monsanto Hires Infamous Mercenary Firm Blackwater to Track Activists Around the World, http://www.naturalnews.com/040492_gmo_activists_monsanto_blackwater.html.

子,紧接着,停止在阿根廷的大豆种子研发和销售业务,以促使阿根廷政府上缴专利费。[1]

表9-1　1991—2010年阿根廷转基因大豆种植面积的情况

年份	面积（10^6 公顷）	时间段	时间段内总增加量（10^6 公顷）	年均增加量（10^6 公顷）	时间段内增加的百分比
1991	5.00	1991—1995	1.00	0.20	20.00
1995	6.00	1995—2000	4.66	0.78	77.67
2000	10.66	2000—2005	4.73	0.79	44.37
2005	15.39	2005—2010	3.61	0.60	23.46
2010	19.00	1991—2010	14.00	0.70	280.00

资料来源:Georgina Catacora - Vargas, Soybean Production in the Southern Cone of the Americas, Swedish Society for Nature Conservation, January 2012, p. 5.

2004年初,孟山都紧锣密鼓地对阿根廷施压。孟山都宣布,如果阿根廷拒绝承认"技术许可费",它将在进口大豆的地点(如美国和西班牙)强制收取专利费。因为在这两个地方,孟山都的专利都是得到承认的。这一措施意味着,阿根廷商业化农业的出口市场将受到毁灭性打击。为此,阿根廷农业部成立了一个由其管理的"技术补偿基金"。尽管农民们提出强烈抗议,但他们最终不得不向粮食储运加工商或嘉吉公司等出口商支付几乎高达转基因大豆销售额1%的专利使用费,这种使用费在加工场所收取。然后,这笔使用费再由政府返还给孟山都公司和其他转基因种子供应商。[2] 同时,阿根廷在播种美国孟山都公司的转基因大豆后,只能用该公司生产的与之配套的除草剂。这种除草剂是专门针对该公司的转基因作物研制的,喷洒后,只有孟山都公司的大豆种子对其具有抗药性,而阿根廷的本土农作物全部

---

① Peter Newell, Bio - hegemony: The Political Economy of Agricultural Biotechnology in Argentina, *Journal of Latin American Studies*, No. 1, 2009, p. 47.

② 柴卫东:《生化超限战》,中国发展出版社,2011年,第30页。

成为异类,和杂草一起被杀死。随着时间的推移,在潘帕斯草原,与转基因大豆种子相配套的除草剂的喷洒导致了具有抗药性的超级杂草的出现。为了消除这些杂草,需要不断加大农药的使用量。这导致除草剂的用量剧增,从最初的100万升增加到2004年的1.6亿升。[①] 并且,农民为了增加大豆产量,尽可能消除掉所有的杂草,将草甘膦与其他除草剂的农药混合在一起,来强化喷洒的效果。农药的毒性是之前的5倍,转基因大豆种植面积的扩大,剧毒农药的喷洒带来了环境破坏。再加上转基因粮食不像传统农作物那样可以从收成中留种,几年后,阿根廷的本土种子绝种、生物多样化消失,造成种植作物单一化。孟山都公司利用自身的技术优势,以及转基因商业化推广的经验,将技术垄断与市场垄断相结合,为自己赚取了源源不断的巨额商业利润。

在这个案例之中,美国从阿根廷人民手中获得试错权,而对其相互赋权的过程完全处于缺失状态。本该阿根廷人民拥有的各项权利——让渡试错权之后获得的权利,在"酷爱"人权的美国人面前消失了。阿根廷原本是一个环境优美、丰衣足食的国家,在大规模推广转基因种植之后,大量的森林被砍伐来为大豆生产开路,农药的广泛使用也破坏了生态环境,在阿根廷,有关儿童先天畸形发病率增加的报道不断增加,与转基因种子相配套的除草剂的喷洒对生态环境和人体健康构成了威胁。伴随大农场的单一种植所带来的问题是土地的集中度越来越高,小农的土地被兼并而沦落为社会的底层。[②] 贫富差距的扩大、贫困率的增加、食物种类的减少、单一种植的推广竟使以出产粮食闻名的阿根廷国内出现了饥饿与营养不良问题。[③] 因此,转

---

① Rosa Binimelis, Walter Pengue, Iliana Monterroso, Transgenic Treadmill: Responses to the Emergence and Spread of Glyphosate – resistant Johnsongrass in Argentina, *Geoforum*, No. 4, 2009, p. 627.

② Peter Newell, Bio – hegemony: The Political Economy of Agricultural Biotechnology in Argentina, *Journal of Latin American Studies*, No. 1, 2009, p. 34.

③ Lillian Joensen, Stella Semino, Argentina's Torrid Love Affair With the Soybean, http://www.grain.org/system/old/seedling_files/seed – 04 – 10 – 2. pdf.

基因大豆的种植给阿根廷带来了深刻的社会影响,诸如人口的迁移、土地的集中、大公司的垄断、粮食主权的丧失,在环境方面的影响是土质下降、土壤结构退化、生物多样性的减少。事实上,转基因食品同样危及美国人民的利益。为此,有一个美国家庭农业团体联盟发布一份详尽的清单,其中提出,取缔一切生命形式的所有权,暂停销售和进一步批准任何一种转基因作物和产品,等待一项对社会、环境、健康和经济影响的独立而全面的评估完成;并让那些公司对所有的转基因作物和产品对牲畜、人类和环境所产生的损害承担赔偿责任。他们要求暂停一切企业兼并收购,要求暂停执行农场破产关闭,要求停止执行那些符合大农业综合企业利益却损害家庭农场、纳税人利益和环境利益的各项政策。他们对孟山都和其他9个公司提起了诉讼,反对他们的垄断行为,反对他们在没有获得足够的安全和环境影响评估之前,就把转基因作物强加给农民。[①] 上述观点,用自由主义理论的自然权利学说和社会契约论是无法解释的,唯有用容错主义的"试错权作为母权论和相互赋权论",才能得到更好的回答。

此外,我们还需要在全球化的背景下来看待转基因技术。全球化的实质是以美国为首的西方国家将经济和技术领域的"试错权"延伸至别的国家,即穿透主权壁垒,且不需要负责,"试错能力越强,但美国责任却越小(因为没有对别国人民进行赋权)"。全球化的实质是增加了美国在全球的"试错"能力。当前,随着世界高粮价的到来,发展中国家粮食供需的矛盾逐渐加剧,使得发展中国家政府在转基因问题上越来越持开放的立场,放松对转基因食品的管制力度,使得美国对发展中国家粮食市场的"试错"能力,无论是广度还是深度方面影响越来越大。这种"试错权"的好处是,美国可以在别国试错,出现错误由别国承担责任。在全球化背景下,美国拥有转基因技术创新领域的"试错权",并将该权波及全球,但该过程中未被各国"识别",

---

① 顾秀林:《转基因战争》,知识产权出版社,2011年,第263页。

否则全球化过程中广大发展中国家对美国的转基因渗透不会如此宽松,甚至美国政府在"实质等同"的原则下对转基因大开绿灯。最终,美国的转基因巨头"不稼不啬",不仅侵犯了别国民众的生命权、财产权和自由权,而且把自己的老百姓也搭进去了,导致美国农民及普通消费者抵制转基因技术和食品、抗议孟山都的活动一浪高过一浪。

在技术创新领域,美国拥有的"试错权"已经跨越国界。那么该如何规范全球化背景下美国在转基因技术中的"试错权"? 谁授予美国"试错权"? 原则上世界各国均有权进行监督,而不是单单由美国进行自我监督,因为美国很大一部分"试错权"来自别国的"授予",不论是正式还是非正式的授权。美国在获得"试错权"的同时,要对别的国家进行赋权,比如监督权、批评权等,否则美国获得跨越国界的"试错权"就是"非法"的,严重的话,将永久性地丧失转基因技术创新领域的"试错权"。如果在转基因方面推行容错主义实践,世界各国在将"试错权"授予美国的过程中,就应从美国那获得监督权、批评权,而不是等到出现严重的后果之时,才考虑事后的监管。对美国的监管权大小,取决于该国将转基因技术领域的"试错权"授予美国的广度和深度。如果美国恶意地使用"试错权",美国就将永久性退出转基因技术创新领域的舞台。在全球化过程中,那些多次试错的领域,并且得到纠正的制度理应优先得到尊重,而那些看似美好但实际上没能真正出现错误的领域,才是值得警惕的。所以说,充分试错过的技术比看起来完全没有错误的技术,前者更具合法性,后者合法性非常低。

四、中国的对策:担当理念的传播者与规则的制定者

相比美国,中国与广大发展中国家在转基因食品领域已经大大落后了。其中,中国的大豆产业遭遇了灭顶之灾,外来进口的转基因大豆因其产量高、榨油率高、价格低廉等优势逐渐取代了中国本土的国产大豆,现在中国

的大豆市场以及与之相联系的食用油市场基本被进口大豆所控制,国内的大豆价格几乎听命于芝加哥期货交易所的大豆价格。而黑龙江的国产大豆由于价格过高,竞争力不足,逐渐退出舞台。总体而言,转基因的核心技术掌握在美国手里,这使中国粮食安全存在巨大隐患。据绿色和平组织的调查指出:中国正在申请商业化种植以及正在研发的 8 个转基因水稻品系中,没有任何一种拥有独立的自主知识产权。相反,这些转基因品系至少涉及了二十多项国外专利,分别属于孟山都、杜邦等几家跨国生物技术公司。①孟山都在转基因农作物方面申请了 533 项专利技术,几乎涵盖了粮食生产的所有环节,这意味着中国如果要大面积推广转基因粮食,很可能会陷入与跨国公司的知识产权纠纷,并且每年要向孟山都等公司支付购买粮种费和专利费。退一步来讲,即使中国科学家获得了拥有知识产权的转基因种子,也难以与美国等转基因大国相抗衡。但中国仍旧可以从理念和规则两方面引领转基因食品开发的健康发展。

第一,中国需要从理念方面超越西方。自由主义是西方的核心价值观,其两根支柱是"自然权利学说与社会契约论"。而容错主义从人类的基本方法试错法出发,提出更为普适的根基"试错权作为母权论与相互赋权论",充分认识到创新领域存在的威胁性。这就要求美国等西方国家在转基因食品领域对广大发展中国家进行赋权。如果他们拒绝,中国需要联合发展中国家,以及发达国家的人民,要求其进行赋权,比如监督权、知情权(深入了解其改造过程)等权利。如果美国有两个或两个以上的转基因食品对人类造成巨大的危害,那么美国已经获得的转基因专利权将永久性地失效,这是从"狼来了"的故事中得到的启示。

第二,中国在发展转基因食品的过程中,要对自己的人民以及购买中国

---

① 《谁是中国转基因水稻的主人引发粮种安全争论》,http://www. tech - food. com/news/2009 - 4 - 6/n0246428. htm.

转基因种子或食品的国家的人民进行赋权。中国不能学美国等发达国家，无视对生命的尊重。中国要在转基因食品领域，做负责任的大国。为此，我们应该建立更为合理和公开的检测机制，使转基因食品更加安全地进入市场。民以食为天，食以安为先。因为食品安全问题与每个人的生命和健康息息相关，因此食品安全事件易导致群体性的恐慌，引发较大的社会和心理冲击，也极易被犯罪分子和恐怖主义所利用，食品安全问题的发生不仅仅在经济上遭受极大的损失，而且还影响到广大消费者对政府的信任，威胁到社会的稳定和国家的安全。因此，如何确保"舌尖上的安全"已经成为21世纪社会性、国际性的重大课题，并且越来越受到政府和全社会的关注。普通消费者对转基因食品不赞同的主要原因就是考虑到了敏感的食品安全问题。因而，政府有必要建立更为合理和公开的检测机制，使转基因食品更加安全地进入市场，使消费者更为放心。

第三，中国应该注意保护自己的生物基因资源，防止其流失，以避免对本国农业利益造成损失，对国家粮食安全造成威胁。人类通过转基因技术改造粮食作物，虽然在短时间内获得了巨大的发展，但其负面因素却没有得到充分的重视。我们需要认识到，人类转基因技术带来的试错，是无法跟大自然数百万年的试错相媲美的。

第四，发展本国技术可以与别国开展合作和交流，但在关键核心技术领域应避免和减少对别国的依赖。因为在现代，国际知识产权制度在西方知识产权大国的操纵下已经几乎偏离了其鼓励发明创造、促进技术进步、造福于社会的立法初衷。攫取高额利润和财富才是现在其主要的目的。发展中国家想改变被发达国家压榨和剥削的状况，那么促进本国教育和科技的进步，鼓励社会的创新才是真正可以用来对抗既得利益者知识产权大棒的利器。

伴随转基因技术的不断发展和成熟,转基因在农业中的应用越来越广泛,高产、抗虫、抗除草剂的作物新品种不断涌现。在新一轮农业科技革命的引领下,转基因产业化的发展势在必行。一方面是基于转基因技术的发展和各国科技的竞争要求我们不断推动转基因的产业化,另一方面是基于转基因的风险和不确定性来适度限制转基因的产业化,如何选择以及平衡这二者之间的关系是政府监管面临的困境,而转基因作物的滥种无疑是这种困境的体现。从科学角度来看,农业转基因技术的安全性主要包括两个方面,即生态安全和食用安全。基于安全考虑,中国政府迄今未批准任何一种转基因粮食作物的种子在中国境内种植。[1] 只有通过大量科学研究实验和安全评价,[2]充分证明了安全性以后,转基因

①　喻京英:《进口转基因大豆放心吃》,《人民日报海外版》,2013 年 6 月 21 日;《农业部:我国未批准转基因粮食作物种植》,《中国食品学报》,2014 年第 7 期。
②　转基因作物的安全评价包括实验研究、中间试验、环境释放、生产性试验和申请生产应用安全证书五个阶段。

植物才能获得批准进入商业化种植和推广。但基于利益等各种因素,政府部门对转基因的监管尚不完善,各地违法种植转基因作物的情况时有发生。2015 年的辽宁转基因玉米滥种事件、2016 年的新疆转基因玉米滥种事件以及陕西榆林的转基因玉米滥种事件为我们敲响了警钟,这对政府的监管提出了更高的要求。未来在确保生物安全评价的前提下,顺应转基因技术发展的潮流,有序推进转基因的产业化,解决转基因作物滥种的问题,仍是政府监管的核心命题所在。

一、转基因滥种的原因分析

(一)转基因背后的经济利益

转基因滥种行为之所以屡禁不止,其背后巨大的经济效益是难以忽视的根本原因。对于我国来说,我国人口众多,而人均资源占有量少,耕地面积更是稀缺。对于如何充分利用土地这一稀缺资源,一直是备受争议的焦点。转基因技术的出现,无疑是解决这一问题的有效办法之一。以我国还未批准商业化种植而在一些地方滥种的转基因水稻为例,根据现有的研究,相对于传统水稻,转基因水稻的经济优势非常明显,农民种植转基因水稻平均施用农药 0.6 次,比非转基因水稻少用 3.1 次。从成本来看,转基因水稻每公顷平均农药费用为 45 元,比非转基因水稻少 230 元。劳动力的节省情况也类似:转基因水稻田每公顷平均施农药的劳动力为 1.4 个工,比非转基因水稻每公顷少了 8.7 个工。由于转基因水稻能够很好地控制病虫害造成的产量损失,其在产量上也有优势。根据黄季焜和胡瑞法的调查研究,种植转基因水稻,每公顷平均产量达到 6688 公斤,比非转基因水稻的 6457 公斤增加了 3.6%。① 由此可见,在巨大的经济利益面前,转基因滥种屡禁不止已经成了不争的事实。

(二)转基因监管不到位

近年来这些曝光的转基因滥种和非法种植的事件引起了人们的关注,一些公众人物在公开场合质疑政府监管的缺失,农业部门对违法销售转基因种子和违法种植转基因作物的问题缺乏深入了解,虽然一再表态"发现一起查处一起"②,但这种话语显然难以服众。基于地方利益和部门利益的因素,转基因监管部门甚至与制种企业形成"共谋"。此外,在对转基因监管方面,公众质疑主管监督部门存在的问题还有很多。例如,转基因菜籽油非法流入中储粮所属的国家储备粮库,③主管部门对这种违法收储事件的处理并非让人满意。可见,正因为这些监管中存在的巨大漏洞,那些转基因滥种者才有了可乘之机。

(三)关于转基因认识不足

转基因是社会公众关心的热门话题,但公众在此议题上莫衷一是。媒体网络上关于转基因的信息鱼龙混杂,谣言与"阴谋论"盛行。在科普工作缺失的情况下,社会公众处于无所适从的状态。同时,民众对政府审批和监管部门的工作缺乏信任,导致对转基因安全性的争论已从单纯的科学问题演变为一个社会问题。④ 同样,也正是因为对转基因技术的不了解,转基因

---

① 黄季焜、胡瑞法:《转基因水稻生产对稻农的影响研究》,《中国农业科技导报》,2007 年第 3 期。

② 《韩长赋:违法转基因种植发现一起查处一起》,2016 年 3 月 7 日,http://news. sohu. com/20160307/n43961 1607. shtml? c_xcp3z。

③ 《中储粮承认 1400 多吨转基因菜油流入国储库》,2013 年 10 月 29 日,人民网,http://politics. people. com. cn/n/2013/1029/c1001 − 23358485. html.

④ 周羽、张梦琴、马书语等:《你身边那些转基因和"被转基因"的农产品》,《科学咨询》,2017 年第 1 期。

滥种的行为才有了生存的空间。甚至有些人打着转基因无害的旗号,为转基因滥种行为寻找借口和说辞。

可见,要想彻底解决转基因滥种问题,就不得不重视民众的认知,只有让民众对待转基因的态度越来越正确,转基因滥种行为才能够得到有效的遏制。

二、转基因滥种的风险

根据现行的《农业转基因生物安全管理条例》,水稻、玉米、小麦等主要农作物的转基因品种要进入市场,必须拿到安全性证书并通过农业主管部门的品种审定。如果转基因品种没有经过批准,即便安全性没有问题,也不能种植,更不能进入市场。也就是说,经过安全性评估和通过品种审定是转基因农作物品种进入市场的两个必备条件,缺少其中任何一个都是违规种植。

违规种植即滥种的危害很大,主要有以下风险:

一是扰乱市场秩序的风险。将国外的转基因品种拿来种植和销售,势必会把国内转基因发展的计划搞乱。试想,如果合法渠道还没有推出研发成果,市场上已经充斥着相关的产品,正规企业的研发投入就相当于前功尽弃,因此打击非法种植对于维护正常有序的市场秩序是必要的。

二是知识产权风险。从转基因技术角度看,以孟山都为代表的跨国公司是转基因技术的主要开发者,广大发展中国家一般是转基因技术的利用者,而跨国粮食企业采取各种手段促进这些发展中国家对这些转基因技术的依赖。[1] 他们不仅持有大量的专利,还拥有许多著名的育种公司,所有专

---

[1]　曹阳:《国际法视野下的粮食安全问题研究》,中国政法大学出版社,2016 年,第 144 页。

利中的全部内容都是国际种子市场进行垄断和集中进程的重要推动力。[①]
中国在转基因水稻等研究中的大多数材料和技术含有外国机构或跨国公司
所持有的专利,转基因水稻一旦开始商业化运营,就易招致来自国外的法律
诉讼。[②] 尽管在中国国内滥种被发现后销毁的转基因材料来自何方、属于哪
个品种尚未公布,但目前商业化种植的转基因品种基本上被少数几家跨国
公司所拥有。跨国企业没有追究侵权问题,不等于没有知识产权侵权风险,
因为即使所用转基因已经过时,但对于受保护的转化时间和品种而言,繁殖
也是侵权。对此,我们应警惕跨国公司利用转基因技术强化农民对其技术
与种子的依赖,以及通过这些技术控制种子与粮食的流通市场。在此方面,
日本的案例值得我们参考。日本人认为尽管美国是日本的盟友,但如果美
国通过转基因种子对日本市场进行渗透甚至形成垄断,日本的粮食生产特
别是水稻的生产必将岌岌可危,日本人的饭碗无疑端在了美国手中。在事
关粮食安全乃至国家安全的重大问题上,日本不可能向美国让步,也不可能
容忍本国市场为美国的跨国公司所操控。[③] 因此,日本采取种种手段,限制
外国企业在日本推销转基因农作物种子,以及进行商业化种植。

三是农业生产的风险。转基因玉米抗虫、抗除草剂,但种植不当也会引
发抗性问题。从植物保护综合防治的角度来说,必须要考虑采取措施防止
产生抗性,这就意味着不管是抗虫品种还是抗除草剂品种,在推广的过程中
都需要采取相应措施,比如设立"庇护所"等,从而实现转基因作物的可持续
发展。并且,由于物种在其近缘种之间都存在有性繁殖的相容性,转基因中
人工组合的基因经过花粉等途径传播,将转化基因通过有性繁殖过程扩展

---

① 薛达元:《转基因生物风险评估与安全管理》,中国环境科学出版社,2009 年,第 125 页。

② 薛达元:《转基因生物风险评估与安全管理》,中国环境科学出版社,2009 年,第 142 页;刘旭霞、李洁瑜:《转基因水稻产业化中的专利问题分析》,《华中农业大学学报(社会科学版)》,2011 年第 1 期。

③ 巴忠倓、糜振玉:《中国粮食安全》,时事出版社,2015 年,第 247 页。

到其他自然界物种,就会造成物种和群种的基因混乱,①这称为转基因逃逸或基因污染。如果滥种的情况出现,转基因作物作为外来品种进入自然生态系统,可能通过基因漂移使外来基因在栽培品种或野生种中固定,引起栽培品种多样性降低或野生资源退化;如果外来基因具有竞争优势,则可能因产生超级杂草,从而加速其他野生资源的消亡,进而影响植物基因库的遗传结构,使物种呈单一化趋势,最终导致生物多样性的丧失。

三、转基因技术产业化的选择

在当今世界,人工智能技术、生物技术等新技术快速发展,并在农业领域广泛应用,特别是以全基因组分子育种技术、双单倍体技术、智能不育技术已经大规模商业化研发,促进种业科技进入全新时代。世界主要国家都在致力于抢占制高点,赢得先机。在转基因技术产业化方面,美国是全球最大的转基因作物商业化国家,种植面积占全球转基因作物的39%。在美国,转基因玉米普及率达到93%,大豆达到94%,棉花则达到96%。② 棉花、大豆、玉米等多种转基因作物的商业化种植和推广为美国带来了巨大的社会效益与经济效益。同时,美国是转基因技术应用最广泛的国家,从技术到产品再到市场,从原料生产到食品加工的每个环节,美国在转基因产业化方面形成了良性循环,从蔬菜、水果到牛乳、奶酪中都含有转基因成分。③ 美国生物技术企业赢利使美国政府通过税收增加了财政收入,美国农民通过大规模种植转基因农作物提高产量、降低生产成本带来经济利益的同时,也减轻了美国政府因农业不景气而实施巨额补贴的财政压力。④ 粮食是重要的战

---

① 王关林、方宏筠:《植物基因工程》,科学出版社,2009 年,第 422 页。
② 朱水芳:《转基因检测最新技术应用进展》,中国农业出版社,2017 年,第 3 页。
③ 孙秀兰、张银志、汤坚:《转基因食品的研究进展》,《食品科技》,2002 年第 11 期。
④ 杨雄年:《转基因政策》,中国农业科学技术出版社,2018 年,第 116 页。

略物资,美国以转基因这一国际前沿的技术为先导,辅之以基因编辑技术、计算机网络技术和通信技术,借助美国的跨国公司在全球建构的粮食贸易网络、粮食加工和物流网络,向全球输出转基因技术及其产品,力图主导农业科技的领先地位,强化美国农业的国际竞争力,进而构建全球粮食霸权。但即便如此,涉及美国人的主粮——小麦,美国政府严格禁止转基因小麦的商业化种植和推广。

对中国而言,我国农业取得了举世瞩目的成绩,粮食产量连续 12 年实现增长。根据预测,2030 年中国人口将达到 14.6 亿左右的峰值,因此我国粮食总产量虽然经历了一段供过于求的时期,但粮食生产形势依然严峻。在全球变暖、病虫害加重、逆境频发的情况下,生物技术的发展使转基因作物可以减轻靶标逆境的危害,减少农药和人力的投入,减少生产损失,确保经济效益。并且,对中国这样的大国而言,转基因技术的产业化具有重要意义。首先,它是粮食安全战略的必然选择。作为世界第一人口大国,粮食安全始终是中国国家安全的基础和战略保障,但是近二十年来,各种农作物产量均出现徘徊不前的局面,新选育品种在产量潜力上没有大的突破。① 如果任由这种情况发展,人们的生存问题必将受到威胁。而土地资源和水资源有限,过度开发会造成水土流失,破坏自然资源和生态环境,进而阻碍农业的可持续发展。因此,研发耐酸碱、抗高温、抗逆性的农作物,对充分拓展和开发土地资源、水资源等自然资源具有十分重要的意义。其次,转基因技术的产业化有利于提高农业生产的竞争力。我国主要的农作物品质不高,既无法适应人民生活水平提高的要求,又因为粮价偏低影响农民的收入,因此,农作物的品质亟待提升和改良。并且,提高作物品种的抗病能力,减少农药化肥的使用量也是一个十分紧迫的命题,我国大部分地区作物种植生产的施肥量已经超过了土地的承受能力,土壤退化,土质下降,江河湖海的

---

① 何光源:《植物基因工程》,清华大学出版社,2007 年,第 263 页。

富营养化成为农业和环境可持续发展的严重障碍。① 基于此,培育高效利用肥料的农作物新品种,在保障高产、稳产的前提下,降低肥料使用量对提高农业生产的竞争力同样十分重要。

面对世界各国的竞争,我们不能在这场种业科技创新的大赛中落伍,必须迎头赶上。种子是粮食生产的基础,种业生产占据农业生产的上端环节,作为农业科技的"芯片",种业科技的重要性不言而喻。从当前和未来的发展趋势看,农业的竞争力愈益表现为种业科技的竞争力。我们应该在全球种业科技的前沿创新领域争夺话语权并占据一席之地,②力图在更多的农业"芯片"方面掌握核心技术。我国农业部曾表态,要以核心技术为主抢占科技制高点,克隆具有自主知识产权和育种价值的新基因。③ 因此,转基因技术,尤其是能够实现品种精准化改良的新一代基因编辑技术,将在未来迎来一个快速发展的时期。我国"十三五"重点研发计划"七大农作物育种"重点专项,在"主要粮食作物分子设计育种"等两个项目中进行了专门部署,设立了基因编辑项目组。这些项目将推进我国基因编辑技术的发展及其在粮食作物育种中的应用。但基于转基因的风险和一些不可控的因素,我国目前还没有促进主粮转基因技术产业化的紧迫性和必要性。政府应坚持严谨、审慎的态度,加大研发力度和评价体系建设。与此同时,把转基因主粮商品化作为保障粮食供给的最后一道屏障。④

---

① 何光源:《植物基因工程》,清华大学出版社,2007 年,第 263 页。

② 《农业部:中国必须在转基因技术上占有一席之地》,2016 年 4 月 14 日,中国科技网,http://www.sohu.com/a/69286564_160309.

③ 《农业部:十三五将推进转基因经济作物产业化》,2016 年 4 月 13 日,人民网,http://news.cctv.com/2016/04/13/ARTIJvAUb3cY9cvS3K8LQHwA160413.shtml.

④ 姚万军、吴晗:《我国应否将主粮转基因技术产业化?》,《南开学报(哲学社会科学版)》,2014 年第 5 期。

四、有效杜绝转基因滥种的出路

一方面是转基因滥种的风险,另一方面是转基因产业化的势在必行,那么该如何在这两者之间取得平衡呢? 笔者认为解决思路主要包括以下三个方面:

(一)完善相关法规,严格依法管理

1996 年,农业部发布《农业生物基因工程安全管理实施办法》①。2001年,为应对转基因的生态风险和食用风险,加强农业转基因生物安全管理,同时推动转基因生物技术的研究,国务院颁布《农业转基因生物安全管理条例》,对在中国境内从事的农业转基因生物的试验研究、生产、加工和消费等环节开展全方位的安全管理。②

除上述转基因法律规范性文件外,我国制定的其他法律法规也包含有转基因生物安全的相关条款,如 1993 年施行的《基因工程安全管理办法》、2006 年 4 月通过的《中华人民共和国农产品质量安全法》、2015 年 1 月施行的《中华人民共和国环境保护法》以及 2015 年修订的《种子法》等。③ 这些法律条款从不同领域和部门对转基因问题进行规范,为我国转基因农产品的行业监管和部门监管提供了法律依据。按照这些法律法规的规定,转基因农作物获得安全证书后,还要开展区域试验、生产试验和品种审定,在获得

---

① 杨雄年:《转基因政策》,中国农业科学技术出版社,2018 年,第 4 页。
② 农业部农业转基因生物安全管理办公室:《百名专家谈转基因》,中国农业出版社,2011 年,第 332 页;李运楼:《粮食通识教育读本》,江西人民出版社,2014 年,第 44 页。
③ 杨雄年:《转基因政策》,中国农业科学技术出版社,2018 年,第 34 ~ 35 页。

种子生产许可证和经营许可证之后,方可进入商业化生产的阶段。[①]

目前我国虽然已经制定了若干有关转基因及生物安全的法律法规,但总的看来,与其他国家相比,我国的转基因立法的法规级别不高,相关的立法体系还存在不少的漏洞。并且,随着转基因技术的飞速发展以及转基因在跨国间频繁流动的推广,我国有关转基因的立法显得滞后,这与我国面临的日益严峻的生物安全威胁极不相称。为了避免生物安全问题的发生,避免转基因滥种的蔓延,未来的立法应该着眼于转基因安全标准的管理办法、转基因技术成果越境转移和引进外来物种的管理办法、风险评价的管理办法、新技术新产品的研发审查办法,等等。

当前我国对转基因的安全评价体系还不成熟和完善,缺乏严格的实施标准和技术监督措施。[②] 并且,中国幅员辽阔,各地区技术水平差距较大,各种检测技术还存有漏洞,因此将法律规定真正落实到位还需要一个过程。随着转基因技术的快速发展,必然会出现更多的法律、规范的需求。[③] 基于此,加快构建起转基因安全性评价的法律框架体系,完善我国的法律及管理制度,解决区域之间技术发展的不平衡,是需要我们去关注的事情。

(二)加强政府监管,建立健全科学的管理体制

近几年来我国针对转基因滥种的监管力度不断加大。例如,湖北省农业部门对已种植的上万亩转基因水稻进行铲除销毁,海南省农业部门2014年在开展转基因执法监查中,查处并销毁了违反《农业转基因生物安全管理条例》的转基因玉米和棉花的试验作物。尽管我国《农业转基因生物安全管理条例》对违法生产加工转基因产品等行为规定责令停产、没收违法所得、

---

① 余翔、李娜:《中国转基因粮食作物安全认证的法律与公信力争议初探》,《科技与经济》,2016 年第 4 期;农业部:《农业转基因生物安全评价管理办法》,中华人民共和国农业部令第 8 号,http://www.moa.gov.cn/zwllm/tzgg/bl/200310/t20031009_123826.htm.

② 李运楼:《粮食通识教育读本》,江西人民出版社,2014 年,第 18 页。

③ 李运楼:《粮食通识教育读本》,江西人民出版社,2014 年,第 18 页。

罚款等,但是在实践中,由于存在地方利益和部门利益,针对转基因产品的违法行为的行政执法效果不佳。鉴于此,应从软法和硬法的角度来强化执法:一方面,要发挥社会公众的监督作用,实现政府监督管理与公众参与相结合。通过授权社会公众对转基因违规种植和生产进行监督和举报;对于违法企业和个人要建立约谈、问责和报告制度,并在农业部门建立转基因作物产业化的监管和风险防控工作成效的年度考核制度;对于转基因产品的重大违法案件,要加强曝光力度和分阶段通报案件查处进展情况等。另一方面,要落实转基因作物产业化的属地管理责任,明确转基因作物研发和生产经营者的责任,对转基因作物违规种植和销售行为要进行强制执法。在全面监管转基因产品安全的过程中,要遵循软法、硬法结合的方式,最大限度地揭露转基因作物产业化过程中的违法违规行为,实现风险控制与技术发展的平衡。

转基因的滥种不仅涉及农业部门的监管,还关乎生态环境部、科学技术部、国家安全部等部门。这些职能部门应该充分发挥农业转基因生物安全管理部际联席会议的作用,在《农业转基因生物安全管理条例》的法律框架下,实行统一监督管理与部门分工负责相互结合、中央监督管理与地方监督管理相互协调,形成一个部门行使统一监督管理权、统一协调各相关部门及各级政府的职责、多部门分工协作、齐抓共管的管理和监督体系,提高我国转基因生物安全监管工作水平。同时,组建由非生物技术专业的伦理学、社会学专家、媒体工作人员以及公众代表组成的社区协商专业委员会或咨询组织,征求社会意见,开展社会交流,消除公众和社会对于转基因的误解和不必要的担忧,提高社会科学认知的整体水平,创造良好的舆论氛围。

(三)对主粮转基因水稻的商业化采取审慎态度

有研究表明,一项转基因水稻的整个研发过程,从目的基因的筛选开始，直至最终得到植株，可能涉及的专利有数十项之多。① 尽管中国在转基因作物的研发领域取得了很多成就，转基因棉花的种植与推广使中国在此领域的话语权得到加强，但我们现阶段所研制成功的转基因水稻，大多数材料用的是外国机构所持有的专利，因为外国机构在转基因技术发展的初期就率先布局，申请了大量专利，占得了先机，他们拥有的专利涉及转基因作物研究的各个方面。② 如果中国贸然将现阶段研究成功的转基因水稻推向市场，开展商业化种植和商业运营，持有专利的外国机构或跨国公司就可以行使专利人权利，要求正当利益或直接提起法律诉讼。如此，国外专利权就会给农民的生计、大米加工贸易以及中国的粮食安全带来深远的消极影响。一方面，基于知识产权和专利权的原因，另一方面，转基因技术及其产品的风险仍具有不确定性，这要求我们应该在转基因主粮的产业化方面采取慎之又慎的态度，水稻是中国人的主食，转基因水稻的商业产业化应谨慎对待。

传统的作物育种技术是通过自然的杂交技术整合作物及近缘种内的优质基因资源来提高作物单产。由于作物属内原有基因的限制，传统育种技术面临发展潜力的瓶颈，发展空间不足。通过转基因技术，克服自然物种间的屏障，进行物种间抗病虫、抗逆或品质优化等相关目标基因重组，是未来种业科技发展的趋势，也是提高粮食产量、改善农作物品质的重要选择，从这种意义而言，基因工程技术代表着未来农业科技发展的方向。

转基因技术对于生物安全与人类健康确实存在一定的风险。因此，对于转基因粮食的商业化，必须保持谨慎的态度。在商业化之前，必须进行伦理道德审查与健康风险评估，必须在确保各项安全的前提下投入商业化生产。

---

① 薛达元:《转基因生物风险评估与安全管理》,中国环境科学出版社,2009 年,第 136 页。
② 薛达元:《转基因生物风险评估与安全管理》,中国环境科学出版社,2009 年,第 136 页。

　　负责任的创新是基于技术创新的伦理创新,"责任"与"创新"的结合,体现了技术的开放、包容、和谐和健康发展,且跨越了经济、工程、科学、技术等诸多领域。从技术、经济、伦理、社会和生态视角,关注农业转基因技术创新行为主体的伦理责任也有其必要性。

　　有关农业转基因技术的争论仍将持续,转基因技术也必将在争论中继续完善。"负责任创新"理念是当代社会可持续发展观的深化和发展,对于我国经济、社会和科学技术的协调发展和进步具有重要意义。同时,"负责任创新"的发展起步伊始,也存在一些不足之处,因此,我们应该审慎研究,最大程度地发挥其价值,随着相关法律法规的不断完善,我国转基因滥种的现象会被遏制在制度的摇篮里。

随着科学的进步和技术的应用，转基因产品已经逐步走进市场，走向人们的生活，面对方兴未艾的转基因产品市场，监管成了控制转基因产品安全的利器。其中对于转基因产品的标识是一个较为有效的方法，但同时该做法也由于其对于已经通过安全检测的转基因产品的"特殊对待"而遭到一些人的反对。当前，我国转基因产品市场的标识问题犹在，乱象丛生，如何处理和解决这些问题，值得我们深入探讨。

一、转基因市场标识存在的典型问题

我国对于转基因食品实行强制标识制度，即产品中一旦含有转基因成分就要予以标识。但是这条规定在实际操作过程中往往不够具体，对于标识的位置、方法等等规定较为模糊。这也导致了我国转基因产品市场的标识情况较为混乱。使用不规范且存在误导性的标识成为最为突出的问题之一。

通过走访超市,研究者发现,当前消费市场存在着"非转基因"大行其道的怪象。玉米油、大豆油如果采用非转基因原料,一定会在包装上或者单独挂出标签来用明显的标识标注"非转基因",还会有暗示性的语句比如"更健康""更营养""纯天然"等。一些产品的巨幅广告牌上也会打出"非转基因"字样并且以此为卖点。通过对比发现,标有"非转基因"字样的油脂产品,往往价格要比转基因产品高出 10% ~ 50%。对比之下转基因产品则要"低调"很多,用很小的字体在包装不明显处标出"本品含有转基因成分"这样模糊的语句,而对于转基因成分的具体情况则予以忽略。一个更加奇怪的现象是,"非转基因"字样不仅仅出现在大豆油、玉米油等可能含有转基因成分的产品中,葵花籽油、花生油等甚至也打出"百分百非转基因原料制造"的广告。[1] 然而事实上,转基因葵花、转基因花生根本不存在,[2]也就是说,现存的大规模种植的所有花生和葵花都是非转基因的,"非转基因"的标注其实没有起到任何区分作用。

在转基因食品市场上还存在一定的盲区,比如农贸市场等散装产品集散地。人们在购买产品时,往往不会深究产品的来源和种植方式,更不会注意到其中是否含有转基因成分,商家也不会刻意标出。这也导致了一些本该标识的转基因产品被忽略。

二、转基因标识对于消费者购买倾向的影响

据了解,我国转基因标识主要分为两种。第一种标识是政府强制规定的对于转基因产品的"强制标识";第二种标识实际上更为消费者熟悉,那就

---

[1] 徐琳杰、刘培磊、李文龙、孙卓婧、宋贵文:《国际转基因标识制度变动趋势分析及对我国的启示》,《中国生物工程杂志》,2018 年第 9 期。

[2] 邓心安、郭源、苏惠芳:《转基因食品标识与认知度的关系》,《中国科技论坛》,2018 年第 12 期。

是有些非转基因产品会在外包装上用明显的字体打出"非转基因"字样。这两种标识尽管都符合满足消费者知情权的需要,但也会潜在地改变消费者的购买倾向。而不规范甚至存在误导性的标识,不仅会对消费市场造成影响,还会引发社会舆论等方面的次生影响。

对于第一种标识而言,这种对于转基因和非转基因食品的"区别标注"会给消费者带来一些暗示。消费者从标注的动机来考虑:为什么转基因要与非转基因区别标注? 从而推断出转基因一定与非转基因有所不同。消费者还会进一步深究,转基因产品与非转基因产品的区别究竟在哪,这也是消费者进行选择的关键标准。事实上,大多数消费者是没有对于转基因和非转基因产品的自主认知和判断能力的,因此对于转基因和非转基因食品的安全性判断只能来自外部信息的输入,也就是说只能来自其"环境"。[1] 现如今网络和宣传对于转基因的宣传和评价存在着许多极端和不实,一些反转者甚至宣称,转基因是"美帝国主义的阴谋""断子绝孙""亡国灭种",等等,这些言论在一定程度上会影响消费者的购买倾向。

对于第二种标识而言,在标签上注明"非转基因",虽然没有明确地说明"非转基因"的优越性,但却在实际操作中为"转基因"和"非转基因"设定了一个话语前提——"转基因是不安全的"。这一点可以从广告语言必须具有的四个关键特征——吸引注意、引起兴趣、刺激购买欲望、具有可信度,并且最终导致消费者的购买行为来入手分析。广告语言必须激起消费者的购买欲望,所以必须将该商品的优势最大程度地展现在消费者面前,也就是说商家试图最大限度突出的,也一定是该产品的最大优势所在,二者互为充分必要条件。消费者在看到"非转基因"广告时,就会默认其为一种"优势",从而产生对于转基因产品的歧视,加之转基因产品定价较低,该种心理极为容易蔓延。这种广告相比国家强制标识而言对于消费者心理的影响更为深远和

---

① 刘建新:《拟态环境中的媒介恐慌与责任》,《传媒观察》,2012 年第 4 期。

微妙,并且从发展趋势上来看,这种广告如果得不到有效管制将会有愈演愈烈的趋势,从一开始的非转基因大豆油,再到后来的非转基因葵花籽油、非转基因花生油,似乎"非转基因"已经成为一种"先天优势"。而事实上,如果真正探究非转基因究竟有哪些优势,恐怕这些非转基因的生产者也难以说出一二。

三、转基因的标识管理问题的产生原因

(一)转基因标识制度存在立法上的缺陷

我国政府对于转基因标识的规定看上去是十分严格的,只要是存在转基因成分的产品就要进行标识。但是对于标识的方式、标识的地点、标识的大小、标识的豁免和例外却并未做出规定。在我国现在实行的最为详尽的转基因管理法规《农业转基因生物安全管理条例》中,第 28 和 29 条对于转基因产品的销售做出了具体的规定:在中华人民共和国境内销售列入农业转基因生物目录的农业转基因生物,应当有明显的标识。经营单位和个人在进货时,应当对货物和标识进行核对。经营单位和个人拆开原包装进行销售的,应当重新标识。农业转基因生物标识应当载明产品中含有转基因成分的主要原料名称;有特殊销售范围要求的,还应当载明销售范围,并在指定范围内销售。① 除此之外,我国还规定建立了转基因的生产可追溯制度,要求转基因产品在销售过程中必须进行详细的记录。根据该条例,我国进一步补充了《农业转基因生物标识管理办法》,要求产品中含有转基因成分的产品标识为"转基因××",②原材料中含有转基因,但是产品中已经不含转基因成分的产品,也要做出单独标识。总的来说,我国对于转基因产品

① 中华人民共和国国务院令,http://www.gov.cn/zwgk/2011 – 01/17/content_1785957. htm.
② 钱贵明、李翔:《从农场到餐桌的转基因标识研究》,《食品工业》,2019 年第 5 期。

的标识制度大概可以分为两部分,一部分是基于转基因产品,一部分是基于转基因的流转过程。基于转基因产品的是对于转基因动植物、微生物或其产品中的转基因成分做出标识。基于流程的标识制度,是要求转基因的生产销售者对于转基因产品的流转和销售做出明确记录。但是这两部分在立法方面都存在着一定的缺陷。[①]

首先,对产品的标识制度执法主体不明确。究竟由谁来判定某种产品是否为转基因产品? 执法的主体又是哪个部门? 鉴定的机构又应该具有何种资质? 如果不对市面上的产品进行定期检查,建立一个权威完备的鉴定体系,那么该法规又如何发现违法者? 如何实现监督的目的? 又如何来执行? 这样的法规形同虚设。而且对于没有标识的生产厂家也并未做出严格的惩罚措施。

其次,违法成本过低。我国对于违规的转基因销售者的惩处措施只有1000—50000 元的罚款和责令整改,这样虽然可以给销售者带来一定的违法成本,但是相比于转基因产品建立一套完整的记录和追溯体系所花费的成本,这样的惩处力度显然不足以对违法者形成震慑。

(二)执法不严,执法难度大

不仅是立法层面,就执法层面而言,我国对于转基因销售过程的规定仍然存在一定的漏洞。在现实中,我国转基因标识制度存在着检测权威性不足、惩罚措施不严格等漏洞,这些漏洞的存在导致了一些违法者有机可乘。转基因产品种类繁多,以转基因大豆为例,其可以生产豆油、豆腐、腐竹、豆皮、酱油、豆粉等一系列制品,这些制品都应该有明显的标识。但是在具体执行过程中,却存在着一些商家不按规定办事的情况。新华网做的一项调查显示,一些转基因产品并未做出标识。转基因番木瓜"华农 1 号"占据广

---

① 魏群、程燕:《转基因食品标识制度的法律思辨》,《法制与社会》,2019 年第 8 期。

东番木瓜市场份额的40%,但却因其不在农业部的转基因产品名录中而不需要做出标识。由于转基因豆粕报价较低,酱油企业往往更倾向于采用转基因原材料,采用转基因原料而不进行标识的情况也屡见不鲜。① 迄今为止,按照我国法律的规定,还未出现对哪一家企业的违法标识进行过惩处的案例。

根据我国相关法律的规定,对于单独标识难度大,或者拆开包装销售的转基因产品,需要在销售处设立明显清晰的牌子进行标识,但是超市中的生鲜食品几乎都没有标识。而在餐馆等地,对于豆制品等菜品做出标识的难度更大。对于这些存在标识难度的转基因产品的监管,是十分困难的,也是容易造成管理混乱的"重灾区"。

(三)媒体不恰当报道的推波助澜

转基因究竟是否安全,本身是一个有待讨论的问题。但是毫无疑问的是,现在已经上市的转基因食品,都是经过了十分严格的检测。而在一些媒体的宣传中,转基因却成了"亡国灭种""生物武器"的代名词,一面造成了民众对转基因的恐慌情绪,但另一面也促使商家竞相炒作"非转基因"概念,加剧了市场上标识不规范问题。

媒体对于转基因的错误判断主要基于以下几点。一些媒体或者媒体人缺乏科学常识,将价值判断强加于客观事实。客观来说,转基因的确存在一定的风险,这种风险的产生是因为人类尚未准确全面认知遗传和表观遗传的机理,对于基因及其产物之间的关系尚不能完全明确,生物学体系如今正在探索之中。但是一些媒体却用简单粗暴的逻辑来判断转基因的安全性,比如:虫子吃了会死,人难道能吃吗? 转基因是舶来品,所以一定是外国人

---

① 张舵:《超市探访:我国转基因标识制度仍需规范和完善》,http://news.xinhuanet.com/food/2013-09/10/c_125360540.htm.

灭亡中国的阴谋;转基因生物的推广和传播,就是新时代的鸦片战争。事实上,许多具有"阴谋论"色彩的言论不仅逻辑上难以成立,更违背科学原则和理性精神。然而,在很多情况下,民众很难对关于转基因的各种言论进行准确的甄别,使得商家的炒作行为有了可乘之机。

四、解决转基因标识问题的对策建议

转基因标识制度受到深刻的社会因素的影响,在建立健全这一制度的过程中,要充分考虑到公众心理、生态安全等多方面因素,加快建立更加合理的生物安全防范机制,积极引导公众树立对于科技理性的认知。国家对于转基因标识的管理应该有一定的严格度和执行力,又应该有一定的侧重点,既给转基因产品及其产业留下一定的生存空间,又能保证国家对于市场有一定的掌控和监管能力。

(一)大力加强相关法律法规的制定工作

为了弥补现行转基因管理制度可能存在的缺陷,相关法律法规的制定工作必须及时跟进。① 在这里,明确各项法律法规的目的及其在转基因产品监管制度框架中的位置尤为重要。包括法律法规在内的政策制定的目的决定了政策的严格程度和管理倾向。制定转基因政策的目的无外乎两种,一是保障国家生物安全和人体健康,二是尊重消费者的知情权和选择权。

在《农业转基因生物安全管理条例》的总则中,明确了该条例制定的目的是为了加强农业转基因生物安全管理,保障人体健康和动植物微生物的安全,保护生态环境,促进农业转基因生物技术研究。

---

① 陈佳举、李伟:《我国转基因食品标识管理立法困境与出路》,《中国食品卫生杂志》,2020 年第 2 期。

然而条例中没有提到的一点是消费者的知情权和选择权。在消费过程中由于产品的生产和加工过程完全由商家和上游工厂控制,所以消费者相对处于劣势,但是消费者以付出金钱为代价有权利知晓消费品的价值所在。而作为食品其价值不外乎营养、含量、口感三个部分。关于营养价值消费者可以通过配料表和营养成分表获得,含量可以通过净含量获得,口感通过消费体验和口碑获得。值得讨论的是,转基因是否在这三者范围之内,也就是讨论转基因是否应该强制标识的必要条件和决定因素。

首先,转基因产品是否会影响其营养含量。转基因产品本身带有一定的外来基因,可能会对营养含量产生影响,一些转基因产品比如黄金大米等甚至是专门为了增加某种营养元素的含量而研发的。其次,对于食品净含量的影响主要体现在对于性价比的影响上,转基因产品往往具有高产、抗逆等优良品质因而可以在一定程度上降低产品价格。最后,转基因对于食品成分和营养价值的影响除了各种营养元素的含量以外,还有一种新的可能那就是过敏原,一些新的蛋白质可能会引起人体的过敏反应,虽然这种可能极其微小,但是的确存在。综上所述,转基因产品对于食品的价值是存在一定的影响的,因而如果想要保护消费者的知情权,对于转基因产品做出标识是必要的。

(二)加大制度规范和行政执法力度

完善的法律法规必须与严肃的执法相匹配。未来,可围绕以下三个方面进一步加大转基因标识问题的行政规制力度。

1. 探索更合理的标识制度

前文已经论述,转基因产品的标识制度是十分必要的。但是究竟应该以何种形式、何种程度来标注是一个值得讨论的问题。长期的实践显示,我国缺乏的不是强制标识制度,而是具体的标识方式。① 究竟应当在何种程度上在哪些位置进行标识? 应不应当允许反向标识? 这些都是值得探讨的问题。

既然转基因食品对于食品价值的影响主要表现在对食品营养价值的影响,那么转基因食品对其进行重新标识也是理所应当,但是没有必要单独列出"转基因食品"字样。我国针对食品的强制标识制度从某些程度上说,是根据食品的根本属性来确定的,如果将是否转基因作为判定食品的根本属性之一,似乎有些欠妥,因为转基因只是很少地改变了作物的基因表达,它产生的影响虽然未必完全可控但是也经过了层层选拔,在大多数情况下与传统食品并没有非常大的区别。转基因食品在经过层层过关最终到达市场后,就等于国家已经承认其具有可食用性,如果此时再强制其标识"转基因食品",就等于否定其之前决定的权威性。所以转基因食品必须完全重新评估营养价值并且重新标识,但是不必强制标示为"转基因食品"。针对转基因作物可能存在的过敏问题,才是转基因真正应该面临的问题。过敏虽然只针对少数人,但是却可能引发严重的后果,因此针对转基因可能引起过敏的问题,应该在产品上强制标识。

现今普遍存在的"反向标识"即一些产品自我标榜为"非转基因"产品的现象,其实是对公众的一种误导。② 这些产品的自我标榜其实是在暗示转基因产品是不安全的,这显然与国家权威检测部门做出的科学结论相悖。并且花生油、葵花籽油自我标注"非转基因"虽然没有事实错误,但是却在逻辑上非常可笑。反向标识也是当今转基因标识市场乱象丛生的主要原因之一,如果能禁止反向标识行为,对于公众更好地接受转基因,更理智地认识

---

① 刘婷:《转基因食品强制标识的效力:基于美国联邦法案的考察》,《农业经济问题》,2019 年第 2 期。

② 刘旭霞、王琪:《食品非转基因标识使用的法律规制》,《食品与机械》,2018 年第 2 期。

转基因都会有一定的好处。①

是否转基因,并不是产品的本质层面的讨论,也并不与产品的营养成分、净含量处于同等重要的层面,因此也就没有必要在强制标识体系中单独加入一个"是否转基因"的项目。仅仅针对过敏问题标注,是未来转基因强制标识制度的另一种选择。而公众认知和社会意识的改变,需要漫长且艰难的努力,在改变的过程中,不能允许一些出于商业利益来践踏歪曲科学知识和误导公众的行为。禁止转基因反向标识制度,既是给科学以尊严,也是引导全社会理性对待转基因风险的第一步。

2. 建立健全完善的转基因流转记录制度

我国对于转基因的标识制度不仅仅限于要对上市产品外包装上加以标识,还有要对于转基因的生产试验加工物流建立严格的记录,这也就是所谓的转基因流转记录制度。但是该政策在执行过程中却没有得到很好地落实。如果取消在产品包装上强制标识的制度,那么就要在后台建立起一套完整的记录和身份确认制度。这种标识是强制的,不过并不会在市场上形成所谓的"基因歧视"。

针对在执行过程中的问题,完善转基因流转记录制度,主要可以有以下措施:第一,将转基因的权威鉴定结论交予具有一定鉴定资格的权威部门负责。正确区分转基因与非转基因是转基因产品监管的基础,也只有给出权威的鉴定结论,才能让执法有公信力。第二,建立定期的检查与备案制度。对于转基因产品的实验、生产、物流、销售状况做出备案并且定期检查其记录情况是否严格,防止出现无法控制的转基因产品扩散。

3. 促进转基因产品与非转基因产品公平竞争

转基因技术是促进现代农业技术进步的重要推动力,其产业化、商品化也是未来市场和贸易中不得不面临的问题。建立完善的平衡发展的农业体

---

① 冯涛:《浅析我国的转基因标识制度》,《法制博览》,2018 年第 10 期。

系和严格执行的标识制度的同时,也要努力创建一个有活力、无偏见的市场。转基因因其自身的科技含量而具有的高产、抗逆、营养丰富等优势,应该在市场竞争中充分发挥。给转基因带上过多的枷锁,实际上是在限制转基因的发展,也不利于维护公平的、良好的市场秩序。各种育种方式生产的食品各具优势,只要通过国家的安全检测都是获得国家认可的、具有一定安全系数的产品。既然在对于转基因产品的检测上没有放松,甚至采取了更加严格的标准,那么在市场竞争中也应该保证其正当权利。

转基因在产品包装上过于明显强调的标识制度,其实已经变相造成转基因产品成本的提高,不利于产品之间的公平竞争。但是考虑到转基因产品可能造成的生态风险,完善的严格的审批监察制度还是十分必要的。所以要尽快建立后台记录制度,保障转基因所使用的基因资源不会影响生态安全,同时保证其市场竞争力。只有这样才能真正发挥转基因产品的优势,才能建立合理的农业发展体系,从而推进我国技术和经济的双重进步。

(三)进一步规范媒体的报道行为

转基因食品对人体的影响是一个严肃的、有待时间检验的科学性问题。相关媒体在进行新闻报道时,也要本着尊重事实、相信科学的态度进行真实、客观的报道。不可否认的是,在当前的自媒体时代,各种关于转基因产品的报道正在快速增长,许多报道不可避免地存在立场偏颇乃至偏激、逻辑不通、缺乏事实依据、故意煽动等问题。为此,必须进一步规范媒体的报道行为,减少民众对转基因食品的偏见和误解,优化转基因食品的消费环境。一方面,可以充分发挥权威媒体的模范作用,通过客观报道转基因食品科研和商品化进展,引导公众建立对转基因食品的合理认知,减轻恐慌情绪;另一方面,对于各种形式的自媒体,要通过行业规范等形式,要求自媒体坚持正确的价值导向和新闻观,拒绝无意义的"博眼球""带节奏",抵制歪曲事实的报道,促进转基因标识乃至整个转基因产品市场回归理性,实现良性发展。

结　语

　　美国的生物国防计划起源于冷战时期对生化武器威胁的担忧，并在小布什政府时期构建起包含三大支柱的基本框架。在小布什、奥巴马和特朗普三任总统的持续重视和投入下，美国构建了较为完善的生物国防体系。同时，官民结合的制度建设为美国的生物国防体系提供了相应的技术和沟通平台。由此，美国得以设定搭建美国生物技术保护网、维护科技霸权和打造新型战略威慑三大目标。转基因是美国生物国防计划的重要组成部分，美国政府与生物技术公司、非政府组织共同合作，政府提供巨大的财政支持和资金支持，推动转基因技术的研发始终处于引领世界潮流的优势地位，同时防范转基因技术带来的风险，并防范其他国家和跨国行为体利用基因武器对美国的国家安全构成威胁。生物国防计划作为美国转基因霸权体系的雏形和国内起源，发挥着基础和奠基性的作用，它为转基因霸权体系提供了技术基础。转基因技术揭示了生物国防计划与转基因霸权体系之间的内在逻辑关联，生物国防对于转基因霸权体系的影响和作用主要是通过转基因技术这一纽带来实现的。

在国内的转基因技术研发和商业化有了长足发展后，美国将目光转向了国际市场。美国希望能够推动转基因作物作为传统作物的替代方案的安全有效的发展和商业化，同时推动国际上对基因工程和农业生物科技的法律和政府监管，掌握转基因规范制定的主导权。ABSP 项目和非洲节水玉米项目是美国在转基因技术推广和霸权建构过程中的重要案例。

对于美国的转基因技术霸权行径，不同的国家由于自身不同的条件有不同的反应。这些国家对待转基因技术和美国的霸权行径的不同态度和由此带来的后果值得中国思考且择善而从。

由于独特的气候地理因素和技术优势，欧洲多数国家对转基因的态度极为冷漠甚至是抵制。比起政治和经济上的利益，生态环保安全及食品健康利益对欧洲更重要。欧洲在拥有对复杂转基因技术的了解的基础上，根据自身条件采取相应态度的做法是值得借鉴的。就此而言，中国政府对待转基因"积极研发和研究，谨慎推广"的态度是明智合理的，实事求是的。

显然，许多长期处于粮食危机和贫困中的非洲国家在对待转基因时难以如欧洲一样采取坚定的态度。在美国与欧洲的博弈过程中，非洲国家被卷进了技术和市场的两难困境。此等情形实际上给中国提供了机遇，中国若能避开敏感地带，向转基因棉花商业种植的非洲国家提供技术援助，与非洲分享传统作物和常规作物的知识，则将为中非之间在农业合作方面的互利共赢奠定坚实基础，并为中美未来的转基因博弈提前展开布局。

转基因技术的大规模推广在阿根廷上演了一出"悲剧"。在缺乏审慎和计划的情况下，阿根廷大规模地种植转基因作物，结果却带来了生态危机、种子垄断、饥荒等负面影响。阿根廷的农业发展模式也由此被重新塑造，粮食主权受到侵蚀。这警示中国在对待转基因技术时应当始终保持谨慎态度，对其风险进行严格评估，正视技术的作用，限制外资种业投资，正确引导相关舆论。

日韩两国在对待美国转基因技术强势输出的态度和转基因生物管理制

度的差异也值得我们探究。日本作为危机意识极强的国家,对转基因农作物进行了长期的有针对性的研究和开发,并建立起一套较为完善、实用的转基因生物安全管理体系。面临同样压力的韩国,转基因产品管理制度却是松散的。究其原因,是两国在对转基因认知、监测技术发展水平和大型跨国粮商市场地位的差异。中国应当从这两个国家的转基因生物管理制度中汲取经验教训,不断增强食品安全意识,聚焦发展生物科技,提升跨国粮商的实力,加快推动社会改革,在转基因产品监管领域不断取得先机。

以上几个国家,在对待转基因的态度、推广、风险评估、舆论引导和监管等方面为中国提供了经验教训。在美国转基因技术霸权强势输出和国际转基因技术竞争加剧的背景下,进一步思考中国如何破局,在技术与安全中寻求发展,需要我们对转基因技术及相关问题做进一步的研究。

目前的转基因技术专利已经不再是一种创新激励政策,相反,转基因技术专利已经成为美国大型生物技术企业技术垄断和谋取利益的手段。完备的专利保护体系使美国巩固了自身的生物技术霸权。在此背景下,中国应建立适合我国国情的转基因专利标准和审核机制,对涉外专利技术进行审查,同时合理有序地发展我国的转基因专利权,促进我国的转基因专利技术做到"权责明确",并在此基础上,构建起我国的转基因技术专利体系。

除了专利体系之外,在公众对于转基因技术的热烈讨论中,伦理争论一直是一大热点,其中包括转基因霸权体系的伦理问题。要发展转基因技术并营造良好的发展环境,正确理解和对待转基因技术中的伦理问题至关重要。同时,美国的转基因霸权体系和跨国公司的技术垄断导致的伦理非正当性值得我们高度关注。中国应当严格规范转基因技术的开发和应用,防范转基因的风险和促进公平分配,妥善处理科学对社会伦理的促进作用和伦理对科学的制约作用二者之间的关系,促进这种关系发挥积极的作用。

尽管转基因的发展已成大势,国际社会对转基因技术仍存在着大量的争论,各国所担忧的归根到底是本国民众的权利和国家生物安全。且在美国政府的积极推动下,以孟山都为代表的跨国生物技术巨头正在将转基因技术不断向全球推广。基于将试错权作为母权论和相互赋权论的视角,美国对他国的转基因技术渗透已穿过了许多国家的主权壁垒,危及其他国家民众的生命权、自由权和财产权等权利。在这种情况下,中国应当从理念方面超越西方,基于容错主义的视角对本国民众和广大发展中国家的民众进行赋权,保护民众的权利,保护本国的生物基因资源,避免在这种"试错"过程中,对国家粮食安全造成威胁。与别国展开交流与合作,但在核心技术领域减少对他国的依赖。

在具体的实践中,转基因的政府监管是目前我国转基因技术发展的一大问题。在转基因的生产环节,过去 10 年我国转基因农作物滥种事件层出不穷,其背后是巨大的经济利益诱惑和对转基因的无知。就此而言,面临国际竞争压力,中国应当持续投入,迎头赶上,而在对待主粮转基因技术产业化方面应该坚持严谨、审慎的态度,警惕"科林格里奇困境";在转基因的消费环节,尽管各国都对转基因技术产业化抱有警惕的态度,但是目前部分转基因农作物流入市场已成为既定事实,如何对转基因的标识进行有效管理也是各国共同面临的难题。目前我国转基因标识制度存在立法缺陷和执法不严的问题。部分企业和媒体钻此漏洞,借此引导公众认知和舆论。因此,中国应当加快相关法律法规制定工作,严格执法,促进转基因标识和转基因市场回归理性,同时正确引导公众认知。

国际上转基因技术发展竞争激烈,美国转基因产品凭借其技术霸权在世界范围内强势扩张,其他国家对待转基因的不同态度带来了不同的后果,转基因技术发展过程中存在着复杂的专利、监管、认知和伦理等问题。这些都是目前转基因技术发展的背景和曲折的现状。面对这一现状和转基因技术发展的大势,中国应一方面坚持对转基因技术研究开发,另一方面审慎对待转基因技术的商业化推广,努力而谨慎地在技术与安全中寻求发展,莫要落于人后,也莫要成为后事之师。

参考文献

一、中文部分

（一）中文著作

1. ［英］安东尼·吉登斯：《失控的世界》，周红云译，江西人民出版社，2001年。

2. 巴忠倓、糜振玉：《中国粮食安全》，时事出版社，2015年。

3. 白海军：《粮食狼烟》，东方出版中心，2012年。

4. 白美清：《粮食安全：国计民生的永恒主题》，经济科学出版社，2013年。

5. ［美］保罗·罗伯茨：《食品恐慌》，胡晓姣、崔希芸、刘翔译，中信出版社，2008年。

6. 曹幸穗、柏芸、张苏、王向东：《大众农学史》，山东科学技术出版社，2015年。

7. 曹阳：《国际法视野下的粮食安全问题研究》，中国政法大学出版社，2016年。

8. 柴卫东：《生化超限战》，中国发展出版社，

2011 年。

9. 陈仲常:《产业经济理论与实证分析》,重庆大学出版社,2005 年。

10. [巴西]达席尔瓦、[巴西]德尔戈罗斯、[巴西]弗朗卡:《零饥饿计划:巴西的经验》,许世卫等译,中国农业科学技术出版社,2014 年。

11. [美]黛博拉·布罗蒂加姆:《龙的礼物》,沈晓雷、高明秀译,社会科学文献出版社,2012 年。

12. 董国辉:《劳尔·普雷维什经济思想研究》,南开大学出版社,2003 年。

13. 顾秀林:《转基因战争》,知识产权出版社,2011 年。

14. 何光源:《植物基因工程》,清华大学出版社,2007 年。

15. 侯军岐、张长鲁:《种业企业案例研究》,中国农业出版社,2016 年。

16. 黄海峰:《知识产权的话语与现实:版权、专利与商标史论》,华中科技大学出版社,2011 年。

17. [美]霍金斯:《消费者行为学》,机械工业出版社,2011 年。

18. 江时学:《阿根廷危机反思》,社会科学文献出版社,2004 年。

19. 金雪军、王义中:《中国很受伤》,中国财政经济出版社,2009 年。

20. 李彬:《传播学引论》,高等教育出版社,2013 年。

21. 李承宗:《和谐生态伦理学》,湖南大学出版社,2008 年。

22. 李艺、汪寿阳:《大宗商品国际定价权研究》,科学出版社,2007 年。

23. 李运楼:《粮食通识教育读本》,江西人民出版社,2014 年。

24. 罗国杰:《马克思主义伦理学》,人民出版社,1982 年。

25. 罗伟林:《赤道之南:巴西的新兴与光芒》,郭存海译,中信出版社,2011 年。

26. [巴西]玛丽利亚·莱昂、[巴西]雷纳托·玛鲁夫:《有效的公共政策和活跃的公民权》,周志伟译,社会科学文献出版社,2013 年。

27. [法]玛丽-莫尼克·罗宾:《孟山都眼中的世界》,上海交通大学出版社,2013年。

28. 马先仙:《美国经常项目逆差研究》,西南财经大学出版社,2010年。

29. 农业部农业转基因生物安全管理办公室:《百名专家谈转基因》,中国农业出版社,2011年。

30. [法]皮埃尔·雅克、[印]拉金德拉·K.帕乔里、[法]劳伦斯·图比娅娜:《农业变革的契机:发展、环境与食品》,潘革平译,社会科学文献出版社,2014年。

31. 乔方彬:《中国转基因作物抗性的动态优化政策和管理研究》,北京:科学出版社,2012年。

32. 任丑:《伦理学基础》,西南师范大学出版社,2011年。

33. [美]斯蒂文·贝斯特、[美]道格拉斯·凯尔纳:《后现代理论:批判性的质疑》,张志斌译,中央编译出版社,2002年。

34. 王关林、方宏筠:《植物基因工程》,科学出版社,2009年。

35. 王敬华:《新编伦理学简明教程》,东南大学出版社,2012年。

36. [美]维尔纳·贝尔:《巴西经济:增长与发展》,罗飞飞译,石油工业出版社,2014年。

37. [美]威廉·恩道尔:《粮食危机》,赵刚译,知识产权出版社,2008年。

38. 吴冲锋:《大宗商品与金融资产国际定价权研究》,科学出版社,2010年。

39. [美]谢尔顿·哈里斯:《死亡工厂——美国掩盖的日本细菌战犯罪》,王选等译,上海人民出版社,2000年。

40. 新能源与低碳行动课题组:《低碳经济与农业发展思考》,中国时代经济出版社,2011年。

41. 徐以骅:《宗教与美国社会》(第二辑),时事出版社,2004年。

42. 薛达元:《转基因生物风险评估与安全管理》,中国环境科学出版社,

2009 年。

43. 杨雄年:《转基因政策》,中国农业科学技术出版社,2018 年。

44. 余莹:《西方粮食战略与我国粮食安全保障机制研究》,中国社会科学出版社,2014 年。

45. 张蕙杰、徐宏源、张昭:《巴西农业》,中国农业出版社,2016 年。

46. 周鸿铎:《传媒产业市场策划》,经济管理出版社,2003 年。

47. 周志伟:《巴西崛起与世界格局》,社会科学文献出版社,2012 年。

48. 祝继高:《定价权博弈——中国企业的路在何方?》,中国人民大学出版社,2012 年。

49. 朱水芳:《转基因检测最新技术应用进展》,中国农业出版社,2017 年。

50. 朱越利:《当代中国宗教禁忌》,民族出版社,2001 年。

(二)中文论文

1. 北京市高级人民法院:《北京市高级人民法院〈专利侵权判定指南〉》,《电子知识产权》,2013 年第 10 期。

2. 曹华明:《转基因作物的食品安全与生态风险》,《天津农业科学》,2013 年第 11 期。

3. 陈航:《新媒体与"拟态环境"》,《南京政治学院学报》,2010 年第 6 期。

4. 陈佳举、李伟:《我国转基因食品标识管理立法困境与出路》,《中国食品卫生杂志》,2020 年第 2 期。

5. 陈力丹:《巴西:一部从零开始的新闻史》,《新闻与传播研究》,1999 年第 2 期。

6. 陈力丹:《提升媒介素养》,《东南传播》,2017 年第 8 期。

7. 陈琳莉:《孟山都是如何俘获阿根廷的》,《北京农业》,2009 年第

11 期。

8. 陈亚芸：《美国转基因食品立法解析》，《公民与法》，2014 年第 2 期。

9. 陈亚芸：《转基因食品国际援助法律问题研究》，《太平洋学报》，2014 年第 3 期。

10. 陈颖健：《新物种起源——转基因技术纵横谈》，《国外科技动态》，2003 年第 10 期。

11. 陈致远、朱清如：《六十年来国内外日本细菌战史研究述评》，《抗日战争研究》，2011 年第 2 期。

12. 程粉艳：《流言传播的社会机理——非常态传播的个案研究》，《当代传播》，2002 年第 5 期。

13. 次仁德吉：《浅谈藏族宗教禁忌》，《文史艺术》，2013 年第 7 期。

14. 戴佳、曾繁旭、郭倩：《风险沟通中的专家依赖：以转基因技术报道为例》，《新闻与传播研究》，2015 年第 5 期。

15. 邓心安、郭源、苏惠芳：《转基因食品标识与认知度的关系》，《中国科技论坛》，2018 年第 12 期。

16. 邓心安、彭西：《绿色超级稻的缘起、多功能价值与时代意蕴》，《科学对社会的影响》，2010 年第 2 期。

17. 范敬群、贾鹤鹏：《极化与固化：转基因"科普"的困境分析与路径选择》，《中国生物工程杂志》，2015 年第 6 期。

18. 范云六、张春义：《理性认识转基因食品安全》，《植物生理学报》，2013 年第 7 期。

19. 冯华：《这些转基因知识你要懂》，《湖南农业》，2016 年第 6 期。

20. 冯涛：《浅析我国的转基因标识制度》，《法制博览》，2018 年第 10 期。

21. 冯希莹：《简析卢梭与李普曼公众舆论思想》，《天津社会科学》，2011 年第 3 期。

22. 高法成：《由穆斯林饮食禁忌看宗教禁忌的社会认同功能》，《中国穆斯林》，2011 年第 1 期。

23. 侯军岐、黄珊珊：《全球转基因作物发展趋势与中国产业化风险管理》，《西北农林科技大学学报（社会科学版）》，2020 年第 6 期。

24. 胡神松：《知识产权法律全球化的政治经济学分析》，《知识产权》，2015 年第 2 期。

25. 黄季焜、胡瑞法：《转基因水稻生产对稻农的影响研究》，《中国农业科技导报》，2007 年第 3 期。

26. 黄培堂、郑涛："强化生物安全发展战略研究，构建完整的生物防御体系"，《军事医学》，2014 年第 2 期。

27. 黄顺铭：《一个诠释典范：霍尔模式》，《新闻大学》，2002 年第 11 期。

28. 黄艳娥、阚保东：《转基因产品的生产与安全管理》，《世界农业》，2001 年第 3 期。

29. 吉荣荣、雷二庆、徐天昊：《美国生物盾牌计划的完善进程及实施效果》，《军事医学》，2013 年第 3 期。

30. 贾国飚：《一种流言传播的小世界网络模型及控制策略》，《新闻爱好者》，2010 年第 6 期。

31. 贾鹤鹏、范敬群：《转基因何以持续争议——对相关科学传播研究的系统综述》，《科普研究》，2015 年第 1 期。

32. 晋继勇：《〈生物武器公约〉的问题、困境与对策思考》，《国际论坛》，2010 年第 2 期。

33. 景东、苏宝华：《新媒体定义新论》，《新闻界》，2008 年第 3 期。

34. 李晨乐、余靖雯：《专利制度设计与专利申请提前公开决策研究》，《中央财经大学学报》，2015 年第 1 期。

35. 李平：《浅析宗教禁忌》，《丝绸之路》，2010 年第 10 期。

36. 李悦、宋君、彭建华：《韩国转基因作物及产品的管理和启示》，《四川农业科技》,2020 年第 6 期。

37. 李越、温丽萍:《中美欧与专利公开有关的法定要求的比较与借鉴》,《中国发明与专利》,2013 年第 2 期。

38. 林牲:《孟山都公司转基因种子专利战略初探》,《中国发明与专利》,2013 年第 9 期。

39. 刘建新:《拟态环境中的媒介恐慌与责任》,《传媒观察》,2012 年第 4 期。

40. 刘磊、黄卉:《尼克松政府对生化武器的政策与〈禁止生物武器公约〉》,《史学月刊》,2014 年第 4 期。

41. 刘婷:《转基因食品强制标识的效力:基于美国联邦法案的考察》,《农业经济问题》,2019 年第 2 期。

42. 刘旭霞、王琪:《食品非转基因标识使用的法律规制》,《食品与机械》,2018 年第 2 期。

43. 毛盛贤:《生物进化论的发展》,《生物学通报》,1995 年第 1 期。

44. 毛新志:《转基因作物产业化的伦理学研究》,《武汉理工大学学报（社会科学版）》,2011 年第 4 期。

45. 彭鲲鹏:《专利保护范围的边界在哪》,《中国发明与专利》,2008 年第 8 期。

46. 彭真明、殷鑫:《论金融消费者知情权的法律保护》,《法商研究》,2011 年第 5 期。

47. 钱贵明、李翔:《从农场到餐桌的转基因标识研究》,《食品工业》,2019 年第 5 期。

48. 秦笃烈:《21 世纪生物医学将成为国家安全的前沿——透视美国生物国防战略和实施》,《中华医学信息导报》,2003 年第 15 期。

49. 全克林:《美国的"合作降低威胁"项目评析》,《美国研究》,2008 年第 2 期。

50. 宋霞：《浅析巴西生命科学产业发展的历史和现状》，《拉丁美洲研究》，2011 年第 1 期。

51. 孙静：《美欧日转基因食品安全管理对我国的重要启示》，《沈阳农业大学学报（社会科学版）》，2013 年第 6 期。

52. 陶贤都、陈曼琼：《科学争议与网民的认知变化——基于腾讯微博"崔方之争"的内容分析》，《科学学研究》，2016 年第 4 期。

53. 田德桥：《美国生物防御战略计划分析》，《军事医学》，2012 年第 10 期。

54. 王常静：《知识产权中不当得利制度研究》，《法制与经济》，2015 年第 2 期。

55. 王超群：《转基因议题的公众网络风险沟通研究》，《贵州师范大学学报（社会科学版）》，2015 年第 6 期。

56. 王磊、舒东：《美国生物防御 2001 年以来进展及启示》，《解放军预防医学杂志》，2013 年第 2 期。

57. 王文涛：《我国大豆定价权缺失的表现、原因及对策》，《价格理论与实践》，2010 年第 6 期。

58. 王耀媛：《巴西农业科研推广服务体系的发展与作用》，《世界经济与政治》，1991 年第 8 期。

59. 魏攀、罗朝鹏：《由转基因产品论转基因烟草的安全性》，《河南大学学报（自然科学版）》，2017 年第 3 期。

60. 魏群、程燕：《转基因食品标识制度的法律思辨》，《法制与社会》，2019 年第 8 期。

61. 文佳筠：《养活中国必需转基因吗？》，《文化纵横》，2014 年第 2 期。

62. ［德］乌尔里希·贝克：《风险社会再思考》，郗卫东编译，《马克思主义与现实》，2002 年第 4 期。

63. 夏晶晶：《网络传媒与新闻流俗现象探究》，《新媒体研究》，2016 年第 14 期。

64. 肖显静:《转基因技术本质特征的哲学分析》,《自然辩证法通讯》, 2012 年第 5 期。

65. 肖显静:《转基因技术的伦理分析》,《中国社会科学》,2016 年第 6 期。

66. 熊敏、张慧媛:《突发事件在微博传播中的碎片化特征分析》,《新闻研究导刊》,2014 年第 7 期。

67. 徐琳杰、刘培磊、李文龙、孙卓婧、宋贵文:《国际转基因标识制度变动趋势分析及对我国的启示》,《中国生物工程杂志》,2018 年第 9 期。

68. 徐显、杨帆、谷良志:《高产、稳产、高效:广适快育 66 的选育》,《河北农业科学》,2012 年第 6 期。

69. 徐以骅:《宗教与当代国际关系》,《国际问题研究》,2010 年第 2 期。

70. 翟帅、朱强、杨笑玥:《日本转基因食品管理体系研究进展》,《食品工业》,2020 年第 6 期。

71. 展进涛、徐钰娇、姜爱良:《巴西转基因技术产业的监管体系分析及其启示——制度被动创新与技术被垄断的视角》,《科技管理研究》,2018 年第 3 期。

72. 张彩霞:《跨国公司农业生物技术垄断、影响及启示》,《生态经济》, 2010 年第 3 期。

73. 张恩典:《转基因食品自愿标识模式之反思》,《东北师大学报(哲学社会科学版)》,2018 年第 6 期。

74. 张家栋:《现代恐怖主义的四次浪潮》,《国际观察》,2007 年第 6 期。

75. 张庆颜、臧乃亮、董小玉、徐伟文:《我国转基因食品安全监管的现状及对策》,《安徽农学通报》,2016 年第 16 期。

76. 张晓磊、章秋艳、熊炜、沈平:《转基因植物检测方法及标准化概述》,《中国农业大学学报》,2020 年第 9 期。

77. 张勇、宋明顺:《企业家专利意识对企业经济的影响——基于浙江的调研》,《科研管理》,2013 年第 1 期。

78. 周林霞:《农村城镇化进程中的生态伦理构建研究》,《中州学刊》,2013 年第 1 期。

79. 朱俊林:《转基因技术的伦理辩护及其限度》,《湖南师范大学社会科学学报》,2008 年第 4 期。

80. 朱俊林:《转基因大米人体试验的伦理审视》,《伦理学研究》,2013 年第 2 期。

（三）中文网站

1. 韩俊:《支持科学家抢占农业转基因生物技术制高点》,新华网,2015 - 02 - 03, http://news. xinhuanet. com/fortune/2015 - 02/03/c_127452753. htm.

2. 蒋昕捷:《日本农林水产省:"目前没有任何转基因大米得到商业种植的许可"》,2014 - 03 - 13, http:// www. infzm. com/content/98868.

3. 刘晓璐:《媒体随崔永元赴美调查转基因结论迥异》,2013 - 12 - 24, http://finance. sina. com. cn/china/20131224/043117731489. shtml? wbf = more.

4. 绿色和平、第三世界网络:《谁是中国转基因水稻的真正主人》,2009, http://www. greenpeace. org. cn/china/Global/china/_planet - 2/report/2009/2/3045095. pdf.

5. Nompumelelo H. Obokoh, David Keetch:《非洲撒哈拉以南的转基因作物状况》,2014 - 11 - 05, http://www. agrogene. cn/info - 1903. shtml.

6. 农业部:《农业转基因生物安全管理条例》, http://www. moa. gov. cn/fwllm/zxbs/xzxk/bs zl/201405/t20140527_3917436. htm.

7. 魏薇:《转基因历史与现状》,人民网,2003 - 07 - 30, http://www. peo-

ple. com. cn/GB/paper53 /9790/900391. html.

8. 辛伟康:《全球最大转基因种子公司——孟山都》,2012 – 01 – 21,https://xueqiu. com/404385 5103/21005693.

9. 叶瑶:《欧洲地区对孟山都的反对》,人民食物主权,2014 – 05 – 24,http://www. shiwuzq. com/ food/focus/monsanto2013/20140524/266. html.

10. 张舵:《超市探访:我国转基因标识制度仍需规范和完善》,http://news. xinhuanet. com/ food/2013 – 09/10/c_125360540. htm.

11. 张晗:《漳转基因食用油便宜却不可靠,买或不买引发讨论》,东南网,2013 – 02 – 26,http:// news. hexun. com/2013 – 02 – 26/151463415. html.

12. 张可喜、华义:《日本的食品安全经》,2020 – 11 – 13,http://www. banyuetan. org/gj/detail /20201113/1000200033136201605231639695755615_1. html.

13. 赵焱:《探访巴西转基因大豆研究所:仍保留 20% 非转,照顾中国市场》,2018 – 02 – 06,https:// finance. sina. com. cn/roll/2018 – 02 – 06/doc – ifyreuzn3772230. shtml.

14. 中国生物技术发展中心:《人胚胎干细胞研究伦理指导原则》,2014 – 07 – 15,http://www. cnc bd. org. cn/News/Detail/3376.

15.《大豆与权力:转基因如何占领阿根廷》,2017 – 09 – 16,http://www. 365yg. com/group/64662 79305043345678/.

16.《俄罗斯禁止生产和进口转基因食品 违者罚款》,2016 – 07 – 05,https://tech. sina. com. cn /d/f/2016 – 07 – 05/doc – ifxtsatn8131701. shtml.

17. 2003 年雀巢爆出转基因奶粉事件,2010 – 07 – 22,http://news. 39. net/a/2010722/1404657. html.

18.《2011 年中国大豆产量在 1200 万吨左右》,2012 – 03 – 15,http:// www. askci. com/news/2011 – 10/25/107279133. shtml.

19.《2015 年中央一号文件发布(全文)》,网易财经,2015 – 02 – 01,http：//money. 163. com/15/ 0201/19/AHD3KP 9Q00251OB6. html.

20.《法国将继续禁止种植转基因作物》，2015 - 09 - 21，http：//finance.
sina. com. cn/world/20 150921/110223303776. shtml .

21.《法国如何对待转基因食品》，2017 - 05 - 12，https：//www. bbaqw.
com/cs/27653. htm.

22.《搞非 GMO 基改解密》，2015 - 01 - 29，https：//zh - tw. facebook.
com/noGM. tw/posts/91485 5951898524.

23.《各方回应湖北"转基因水稻"事件》，2005 - 04 - 18，http：//www.
bioon. com/biology/tran sgene/100494. shtml.

24.《关于判断力与转基因技术的安全性问题——方崔转基因"论辩"有
感》，2013 - 09 - 14，http：//blog. sina. com. cn/s/blog_5922cd3b0101cx9s. ht-
ml.

25.《韩长赋：违法转基因种植发现一起查处一起》，2016 - 03 - 07，ht-
tp：//news. sohu. com /20160307/n439611607. shtml？ c_xcp3z.

26.《韩国将扩大食品、健康功能食品的转基因标示》，2016 - 01 - 06，ht-
tp：//www. cqn. com. cn/ pp/content/ 2016 - 01/06/content_2626626. htm.

27.《美国最核心的竞争力：农业傲视全球》，2016 - 09 - 18，http：//busi-
ness. sohu. com/20160 918/n468587347. shtml.

28.《农业部：我国未批准转基因粮食作物种植》，2014 - 07 - 29，人民
网，http：//politics. people. com. cn/n/2014/0729/c70731 - 25364865. html.

29.《农业部：十三五将推进转基因经济作物产业化》，2016 - 04 - 13，人
民网，http：//news. cctv. com/2016/04/13/ARTIJvAUb3cY9cvS3K8LQHwA160
413. shtml.

30.《农业部：中国必须在转基因技术上占有一席之地》，2016 - 04 - 14，
中国科技网，http：// www. sohu. com/a/69286564_160309.

31.《农业生物科技能够提高作物产量》，2020 - 06 - 09，https：//share. a-

merica. gov/zh – hans/ agricultural – biotech – makes – farms – more – produc-
tive/.

32.《谁是中国转基因水稻的主人引发粮种安全争论》,http://www.
tech – food. com/news/2009 – 4 – 6/n0246428. htm.

33.《他山之石:生物安全国外立法概览》,http://lawv3. wkinfo. com. cn/
topic/61000001065 /11. HTML.

34.《中储粮承认 1400 多吨转基因菜油流入国储库》,2013 – 10 – 29,人
民网,http://politics. people. com. cn/n/2013/1029/c1001 – 23358485. html.

二、英文部分

(一)英文著作

1. Amartya Sen, Poverty and Famines: An Essay on Entitlement and Depriva-
tion, Oxford: Clarendon Press, 1981.

2. A. Milton Park, The State of the World's Land and Water Resources For
Food and Agriculture: Managing Systems At Risk, New York: Earthscan, 2011.

3. Carl Stern, The Right to Be Wrong—Heretical Thoughts of An Ex – News-
caster, The Responsive Community, No. 2, 1998.

4. David A. Cleveland, Balancing on A Planet: the Future of Food and Agri-
culture, Berkeley: University of California Press, 2014.

5. David D. Songstad, Jerry L. Hatfield, Dwight T. Tomes, Convergence of
Food Security, Energy Security and Sustainable Agriculture, Heidelberg: Spring-
er, 2014.

6. Everett M. Rogers, Arvind Singhal, Margaret M. Quinlan, Diffusion of In-
novations, edited by Don W. Stacks&Michael B. Salwen, An Integrated Approach

to Communication Theory and Research, New York: Routledge, 2009.

7. Everett M. Rogers, Diffusion of Innovations, New York: Free Press, 1995.

8. Frank L. Smith III, American Biodefense: How Dangerous Ideas About Biological Weapons Shape National Security, Ithaca: Cornell University Press, 2014.

9. George Cvetkovich, Ragnar Lofstedt, Social Trust and the Management of Risk, London: Earthscan, 1999.

10. Gregory D. Koblentz, Biological Terrorism: Understanding the Threat and America's Response, in Arnold M. Howitt and Robyn L. Pangi, eds, Countering Terrorism: Dimensions of Preparedness, Cambridge: MIT Press, 2003.

11. Jennifer Clapp, Food, Medford, MA: Polity, 2020.

12. Jennifer Clapp, Doris Fuchs, Corporate Power in Global Agrifood Governance, Cambridge, MA: MIT Press, 2009.

13. Jennifer Clapp, Marc J. Cohen, The Global Food Crisis: Governance Challenges and Opportunities, Waterloo, Ont. : Wilfrid Laurier University Press, 2009.

14. Jennifer Clapp, Peter Dauvergne, Paths to A Green World: the Political Economy of the Global Environment, Cambridge, Mass. : MIT Press, 2005.

15. Katherine Miller, Communication Theories: Perspectives, Processes and Contexts, Beijing: Peking University Press, 2007.

16. Ken Alibek, Stephen Handelman, Biohazard, Random House, 1999.

17. Ken R. Dark, Large – Scale Religious Change and World Politics, in Ken R. Dark, ed. , Religion and International Relations, Basingstoke, Hampshire: Palgrave, 2000.

18. Kevin Searmus Hasson, The Right to Be Wrong: Ending the Culture War Over Religion in America, San Francisco: Encounter Books, 2005.

19. Kizito Michael George, From the Green Revolution to the Gene Revolu-

tion, Saarbrücken: LAP Lambert Academic Publishing, 2010.

20. Linda Weiss, America Inc. ? Innovation and Enterprise in the National Security State, Ithaca: Cornell University Press, 2014.

21. Mark A. Pollackand, Gregory C. Shaffer, When Cooperation Fails: The International Law and Politics of Genetically Modified Foods, Oxford: Oxford University Press, 2009.

22. Nick Cullather, the Hungry World, Cambridge, Mass. : Harvard University Press, 2010.

23. Pablo Lapegna, Soybeans and Power: Genetically Modified Crops, Environmental Politics and Social Movements in Argentina, New York: Oxford University Press, 2016.

24. Robert D Leigh, A Free and Responsible Press, Chicago: The University of Chicago Press, 1974.

25. Robert Falkner, The International Politics of Genetically Modified Food: Diplomacy, Trade and Law, New York: Palgrave Macmillan, 2007.

26. Robert Paarlberg, Starved For Science: How Biotechnology is Being Kept Out of Africa, Cambridge, Mass. : Harvard University Press, 2008.

27. Rosa Binimelis, Walter Pengue, Iliana Monterroso, Transgenic Treadmill: Responses to the Emergence and Spread of Glyphosate – resistant Johnsongrass in Argentina, Geoforum, No. 4, 2009.

28. Steve Fuller, The Governance of Science: Ideology and the Future of the Open Society, Philadelphia: Open University Press, 2000.

29. Steven J. Jones, Antonio Gramsci, London: Routledge, 2006.

30. T. C. Earle, G. T. Cvetkovich, Social Trust and the Management of Risk, Westport, CT: Praeger, 1995.

（二）英文论文

1. A. A. Anderson, D. A. Scheufele, D. Brossard, E. A. Corley, The Role of Media and Deference to Scientific Authority in Cultivating Trust in Sources of Information About Emerging Technologies, International Journal of Public Opinion Research, Vol. 24, No. 2, 2012.

2. African Centre for Biodiversity, Profiting From the Climate Crisis, Undermining Resilience in Africa, April 2015.

3. Ana Komparic, The Ethics of Introducing GMOs into sub – Saharan Africa: Considerations From the sub – Saharan African Theory of Ubuntu, Bioethics, Vol. 29, No. 9, 2015.

4. Andrew Bowman, Sovereignty, Risk and Biotechnology: Zambia's 2002 GM Controversy in Retrospect, Development and Change, Vol. 46, No. 6, 2015.

5. Balton Gellmon, AIDS is Declared Threat to Security, Washington Post, April 30, 2000.

6. Bigman, D. Goldfarb, E. Schechtman, Futures Market Efficiency and the Time Content of the Information Sets, The Journal of Futures Markets, 1983, Vol. 3, No. 3.

7. Carl Stern, The Right to Be Wrong—Heretical Thoughts of An Ex – Newscaster, The Responsive Community, No. 2, 1998.

8. C. Franco, Billions for Biodefense: Federal Agency Biodefense Funding, FY 2009 – FY2010, Biosecurity and Bioterrorism, Vol. 7, No. 3, 2009.

9. D. Gregorowius, M. Huppenbauer, Ethical Discourse on the Use of Genetically Modified Crops: A Review of Academic Publications in the Fields of Ecology and Environmental Ethics, Journal of Agricultural & Environmental Ethics, Vol. 25, No. 3, 2012.

10. D. Poulin, A U. S. Biodefense Strategy Primer, Biodefense Knowledge Center of Department of Homeland Security, May 15, 2009.

11. Don Lotter, The Genetic Engineering of Food and the Failure of Science – Part 1: The Development of A Flawed Enterprise, International Journal of Sociology of Agriculture and Food, Vol. 16, No. 1, 2009.

12. Eun – Sung Kim, Technocratic Precautionary Principle: Korean Risk Governance of Genetically Modified Organisms, New Genetics and Society, Vol. 33, No. 2, 2014.

13. GE. Séralini, E. Clair, R. Mesnage, Long Term Toxicity of A Roundup Herbicide and A Roundup – Tolerant Genetically Modified Maize, Food & Chemical Toxicology, No. 3, 2012.

14. Grogory D. Koblentz, Biosecurity Reconsidered: Calibrating Biological Threats and Responses, International Security, Vol. 34, No. 4, 2010.

15. Guangwen Tang, Yuming Hu, Shi – an Yin, Yin Wang, Gerard E. Dallal, Michael A. Grusak, Robert M. Russel1, β – Carotene in Golden Rice is As Good As β – Carotene in Oil At Providing Vitamin A to Children, American Journal of Clinical Nutrition, Vol. 96, No. 3, 2012.

16. Gurling Bothma, Charlotte Mashaba, Nompumelelo Mkhonza, Ereck Chakauya, Rachel Chikwamba, GMOs in Africa: Opportunities and Challenges in South Africa, GM Crops, Vol. 1, No. 4, 2010.

17. Hae – Yeong Kim, Jae – Hwan Kim, Mi – Hwa Oh, Regulation and Detection Methods for Genetically Modified Foods in Korea, Pure and Applied Chemistry, Vol. 82, No. 1, 2010.

18. J. P. Kesan, A. A. Gallo, Property Rights and Incentives to Invest in Seed Varieties: Governmental Regulations in Argentina, AgBioForum, Vol. 8. No. 2, 2005.

19. J. – S. LEE, Seung – Hoon Yoo, Willingness to Pay for GMO Labeling Policies: the Case of Korea, Journal of Food Safety, Vol. 31, No. 2, 2011.

20. Jack A. Heinemann, Sustainability and Innovation in Staple Crop Production in the US Midwest, International Journal of Agricultural Sustainability, No. 1, 2014.

21. Jack A. Heinemann, Melanie Massaro, Dorien S. Coray, Sarah Zanon Agapito – Tenfen, Jiajun Dale Wen, Sustainability and Innovation in Staple Crop Production in the US Midwest, International Journal of Agricultural Sustainability, Vol. 12, No. 1, 2014

22. Jennifer Clapp, The Political Economy of Food Aid in An Era of Agricultural Biotechnology, Global Governance, Vol. 11, No. 4, 2005.

23. Jo Warrick, The Secretive Fight Against Bioterror, The Washington Post, July 30, 2006.

24. José Falck – Zepeda, Guillaume Gruère, Idah Sithole – Niang, Genetically Modified Crops in Africa, International Food Policy Research Institute (IFPRI), 2013.

25. Joseph Zacune, Combatting Monsanto: Grassroots Resistance to the Corporate Power of Agribusiness in the Era of the Green Economy and A Changing Climate, March 2012.

26. Kathryn Nixdorff, Biological Weapons Convention, Verifying Treaty Compliance, 2006.

27. Ken R. Dark, Large – Scale Religious Change and World Politics, in Ken R. Dark, ed., Religion and International Relations, Basingstoke, Hampshire: Palgrave, 2000.

28. Kuei Tien Chou, Reflexive Risk Governance in Newly Industrialized Countries, Development and Society, Vol. 38, No. 1, 2009.

29. Labor Unions and Peasant Mobilization, International Labor and Working – class History, No. 70, Globalization and the Latin – American Workplace, 2006.

30. Lillian Joensen and Stella Semino, Argentina's Torrid Love Affair with the Soybean, Seedling, October 2004.

31. Lucas Laursen, How Green Biotech Turned White and Blue, Nature Biotechnology, Vol. 28, No. 5, 2010.

32. Mario Sequeira, Focus on Argentina, Low – cost Grains Producer Maintains its Reputation on Mitigation&Adaptation Strategies for Global Change, No. 4, 2010.

33. Neal P. Richardson, Export – Oriented Populism: Commodities and Coalitions in Argentina, Studies in Comparative International Development, No. 3, 2009.

34. Noah Zerbe, Feeding the Famine? American Food Aid and the GMO Debate in Southern Africa, Food Policy, Vol. 29, No. 6, 2004.

35. Optimizing the Security of Biological Select Agents and Toxins in the United States, Presidential Documents, Executive Order 13546, Vol. 75, No. 130, 2010.

36. P. J. Tichenor, Mass Communication and Differential Growth in Knowledge, Public Opinion Quarterly, No. 4, 1970.

37. P. K. Russell, Project BioShield: What it is, Why it is Needed and its Accomplishments So Far, Clinical Infectious Diseases, July 15, 2007.

38. Peter Newell, Bio – hegemony: The Political Economy of Agricultural Biotechnology in Argentina, Journal of Latin American Studies, No. 1, 2009

39. Robert Jervis, Cooperation Under the Security Dilemma, World Politics, Vol. 30, No. 2, 1978.

40. Robert Kadlec, Renewing the Project BioShield Act, Policy Brief, January, 2013.

41. Rosa Binimelis, Walter Pengue, Iliana Monterroso, Transgenic Treadmill: Responses to the Emergence and Spread of Glyphosate – resistant Johnsongrass in Argentina, Geoforum, No. 4, 2009.

42. The European Commisson, Commisson Implementing Decision of 6 November 2013, Official Journal of the European Union, 13th November, 2013.

43. Thomas A. Lumpkin, Janice Armstrong, Staple Crops, Smallholder Farmers and Multinationals, Crawford Fund for International Agricultural Research, Parliament House, Canberra, Australia, October 2009.

(三)英文网站

1. AATF, WEMA(Water Efficient Maize for Africa) Progress Report, March 2008 – March 2011, https://www. aatf – africa. org/wp – content/uploads/2018/11/WEMA – Progress – Report_2008 – 2011. pdf.

2. ABSPII, Scope and Activities, http://absp2. cornell. edu/aboutabsp2/scopeandactivities. cfm

3. African Agricultural Technology Foundation to Develop Drought – Tolerant Maize Varieties for Small – Scale Farmers in Africa, March 2008, https://www. gatesfoundation. org/Media – Center/Press – Releases/2008/03/African – Agricultural – Technology – Foundation – to – Develop – DroughtTolerant – Maize – for – SmallScale – Farmers – in – Africa.

4. African Centre for Biodiversity, FAQs on Water Efficient Maize for Africa (WEMA), https://www. acbio. org. za/sites/default/files/2017/09/WEMA – FAQ – a. pdf.

5. African Centre for Biodiversity, The Water Efficient Maize for Africa(WE-

MA）Project – Profiteering Not Philanthropy！ https：//www. acbio. org. za/sites/ default/files/2017/08/WEMA – Discussion – Doc – web. pdf.

6. Aggeliki Dimopoulou,U. S. Bio – warfare Laboratories in West Africa Are the Origins of the Ebola Epidemic, http：//www. informationclearinghouse. info/ article40012. htm.

7. Agricultural Biotechnology Support Program – ABSP, http：//www. lobby-watch. org/profil e1. asp？ prid＝274 .

8. Alex Steffen,"Fome Zero,"World Changing：Another World Is Here, December 4,2003, http：//www. worldchanging. com/archives/000168. ht.

9. A National Blueprint for Biodefense：Leadership and Major Reform Needed to Optimize Efforts,October,2015,https：//www. biodefensestudy. org/a – national – blueprint – for – biodefense.

10. Assessing the State of Our Nation's Biodefense,October 28,2015, https：//www. hsgac. senate. gov/hearings/assessing – the – state – of – our – nations – biodefense.

11. BIFAD,U. S. Benefits Leveraged From Strategic Investments in Developing Country Agriculture and Food Security,August 8,2018,Washington,DC,https：//www. usaid. gov/bifad/documents/bifad – pubic – meeting – minutes – washington – dc – august – 8 – 2018.

12. Biodefense Indicators,December 2016, https：//www. biodefensestudy. org/biodefense – indicators.

13. Blue Ribbon Panel Lauds Congress for Passage of Farm Bill With Provisions to Protect Food Supply, December 26, 2018, https：//homelandprepnews. com/stories/31880 – blue – ribbon – panel – lauds – congress – for – passage – of – farm – bill – with – provisions – to – protect – food – supply/.

14. Blue Ribbon Study Panel on Biodefense, https：//www. biodefensestudy.

org/mission – our – team.

15. Blue Ribbon Study Panel on Biodefense Calls for Strategic Budgeting Tied to New National Biodefense Strategy, February 26, 2018, https://www. biodefensestudy. org/news – item/blue – ribbon – study – panel – on – biodefense – calls – for – strategic – budgeting – tied – to – new – national – biodefense.

16. Blue Ribbon Study Panel on Biodefense Co – Chairs Lieberman and Ridge Hold First Meeting to Assess Ability to Protect the Nation from Current Threats, December 4, 2014, https://www. biodefensestudy. org/PDFs/Lieberman – Ridge – launch – biodefense – panel – 12 – 4 – 14. pdf.

17. Blue Ribbon Study Panel on Biodefense Warns Congress Against Delaying Federal Funds Tied to Comprehensive Strategy, February 28, 2018, https:// homelandprepnews. com/countermeasures/27042 – blue – ribbon – study – panel – biodefense – warns – congress – delaying – federal – funds – tied – comprehensive – strategy/.

18. Budget Reform for Biodefense, February 2018, https://www. biodefensestudy. org/Budget – Reform – for – Biodefense – Feb – 2018. htm.

19. Defense of Animal Agriculture, October 2017, https://www. biodefensestudy. org/defense – of – animal – agriculture.

20. Defense Policy Newsletter, December 3, 2018, https://mailchi. mp/ 520c047bbe10/uf7g4 ldspd – 2212705? e = d63aa19038#3.

21. Document: 2018 National Defense Strategy Summary, January 19, 2018, https://www. lawfa reblog. com/document – 2018 – national – defense – strategy – summary.

22. Emma Broadbent, Research – based Evidence in African Policy Debates, June 2012, https: //www. odi. org/sites/odi. org. uk/files/odi – assets/publications – opinion – files/9122. pdf.

23. Ethiopia：Agricultural Biotechnology Annual，February 11，2020，https：// www. fas. usda. gov/data/ethiopia – agricultural – biotechnology – annual – 3.

24. European Food Safety Authority，Statement of EFSA，2012，https：//efsa. onlinelibrary. wiley. com/doi/epdf/10. 2903/j. efsa. 2012. 2986.

25. Fact Sheet：GMOs in South Africa and Why We Say NO！ May 2016，ht- tps：//biowatch. org. za/download/fact – sheet – gmos – in – south – africa/？ wp- dmdl = 496&refresh = 6023965e178c11612944990.

26. Former White House Homeland Security Advisor Lisa Monaco Joins Pan- el，January 2， 2019，https：//www. biodefensestudy. org/news – item/former – white – house – homeland – security – advisor – lisa – monaco – joins – panel.

27. Hans Wetzels，African Solutions Urgently Sought for Agricultural Revolu- tion， December 2017 – March 2018，https：//www. un. org/africarenewal/maga- zine/december – 2017 – march – 2018/african – solutions – urgently – sought – agricultural – revolution.

28. Holding the Line on Biodefense，October 2018，https：//www. biodefens- estudy. org/Holding – the – Line – on – Biodefense.

29. ISAAA，Global Status of Commercialized Biotech/GM Crops：2010，ht- tp：//www. isaaa. org/resources/publications/briefs/42/executivesummary/de- fault. asp

30. Jon Cohen，Trump＇s Biodefense Plan Aims to Improve Coordination Across Agencies， September 19, 2018，http：//www. sciencemag. org/news/ 2018/09/trump – s – biodefense – plan – aims – improve – coordination – across – agencies.

31. Korea – Republic of Agricultural Biotechnology Annual 2018 Annual Re- port，December 26, 2018，https：//apps. fas. usda. gov/newgainapi/api/report/ downloadreportbyfilename？filename = Agricultural％ 20Biotechnology％ 20Annual_

Seoul_Korea%20 – %20Republic%20of_12 – 26 – 2018. pdf.

32. Kristi Heim, Maureen O' Hagan, Gates Foundation Ties With Monsanto Under Fire From Activists, August 28, 2010, https://www. seattletimes. com/se-attle – news/gates – founda tion – ties – with – monsanto – under – fire – from – activists/.

33. Lillian Joensen, Stella Semino, Argentina' s Torrid Love Affair With the Soybean, http://www. grain. org/system/old/seedling_files/seed – 04 – 10 – 2. pdf.

34. Majority of EU Nations Seek Opt – out From Growing GM Crops, October 4, 2015, http://www. reuters. com/article/2015/10/04/eu – gmo – opt – out – idUSL6N0M01F620151004

35. Mozambique: Agricultural Biotechnology Annual, July 30, 2015, https:// apps. fas. usda. gov/newgainapi/api/report/downloadreportbyfilename? filename = Agricultural%20Biotechnology%20Annual_Pretoria_Mozambique_7 – 30 – 2015. pdf.

36. Mozambique: Agricultural Biotechnology Annual, December 11, 2017, ht-tps://apps. fas. usda. gov/newgainapi/api/report/downloadreportbyfilename? filename = Agricultural%20Biotechnology%20Annual_Maputo_Mozambique_ 12 – 11 – 2017. pdf.

37. National Security Strategy of The United States of America, December 2017, https://www. whitehouse. gov/wp – content/uploads/2017/12/NSS – Final – 12 – 18 – 2017 – 0905 – 2. pdf.

38. Ochieng' Ogodo, Uganda Approves Bt Cotton Trials, November 2, 2008, https://www. scidev. net/global/news/uganda – approves – bt – cotton – trials/.

39. Press Briefing on the National Biodefense Strategy, September 18, 2018, https://www. whitehouse. gov/briefings – statements/press – briefing – national

– biodefense – strategy – 091818/.

40. Program for Biosafety Systems(PBS), https://www. sourcewatch. org/index. php/Program _for_Biosafety_Systems_(PBS).

41. Regulation(EC)No 258/97 of the European Parliament and of the Council of 27 January 1997 Concerning Novel Foods and Novel Food Ingredients, February 14, 1997, http://eur – lex. europa. eu/LexUriServ/LexUriServ. do? uri = CELEX:31997R0258:EN:HTML.

42. Report Name: Agricultural Biotechnology Annual, February 5, 2020, https://apps. fas. usda. gov/newgainapi/api/Report/DownloadReportByFileName? fileName = Agricultural% 20Biotechnology% 20Annual_Addis% 20Ababa_Ethiopia_10 – 20 – 2019.

43. Report Name: Agricultural Biotechnology Annual, February 12, 2020, https://apps. fas. usda. gov/newgainapi/api/Report/DownloadReportByFileName? fileName = Agricultural% 20Biotechnology% 20Annual _ Maputo _ Mozambique _ 10 – 20 – 2019.

44. Restrictions on Genetically Modified Organisms: Russian Federation, https://www. loc. gov/law/help/restrictions – on – gmos/russia. php.

45. Richard Munang, Jesica Andrews, Despite Climate Change, Africa Can Feed Africa, Africa Renewal: Special Edition on Agriculture 2014, https://www. un. org/africarenewal/ magazine/special – edition – agriculture – 2014/despite – climate – change – africa – can – feed – africa.

46. Satellite Meeting Hosted NYC Dept of Health and Mental Hygiene, March 12, 2015, https: //www. biodefensestudy. org/event/meeting – by – nyc – dept – of – health – and – mental – hygiene – release – date – jan – 6 – 20180.

47. South Africa: Agricultural Biotechnology Annual, July 14, 2015, https:// apps. fas. usda. gov/newgainapi/api/report/downloadreportbyfilename? filename

= Agricultural% 20Biotechnology% 20Annual _ Pretoria _ South% 20Africa% 20
– % 20Republic% 20of_7 – 14 – 2015. pdf.

48. South Africa – Republic of Agricultural Biotechnology Annual Biotech-
nology in South Africa, November 21 ,2016 , https://apps. fas. usda. gov/newgain-
api/api/report/downloadreportbyfilename?   filename   =   Agricultural%
20Biotechnology% 20Annual _ Pretoria _ South% 20Africa% 20 – % 20Republic%
20of_11 – 21 – 2016. pdf.

49. Statement From the President on the National Biodefense Strategy and
National Security Presidential Memorandum, September 18 ,2018 , https://www.
whitehouse. gov/briefings – statements/statement – president – national – biode-
fense – strategy – national – security – presidential – memorandum/.

50. Statement From the Press Secretary, October 19, 2018, https://www.
whitehouse. gov/briefings – statements/statement – press – secretary – 39/.

51. Tanzania – United Republic of Agricultural Biotechnology Annual 2018
Tanzania Agricultural Biotechnology Report, April 2 ,2019 , https://apps. fas. us-
da. gov/newga inapi/api/report/downloadreportbyfilename? filename = Agricul-
tural% 20Biotechnology% 20Annual _ Dar% 20es% 20Salaam _ Tanzania% 20 – %
20United% 20Republic% 20of_4 – 2 – 2019. pdf.

52. TELA Maize Project , https://www. aatf – africa. org/aatf_projects/tela –
maize/.

53. Testimony to House Committee on Homeland Security, November 3 ,
2015 , https://www. biodefensestudy. org/event/testimony – to – house – home-
land – security – committee – release – date – jan – 6 – 2018.

54. UNFAO, State of Food Insecurity in the World: in Brief, 2014 , http://
www. fao. org/3/a – i4037e. pdf.

55. USAID: Making the World Hungry for GM Crops, April 25, 2005, ht-

tps：//grain. org/article /entries/21 – usaid – making – the – world – hungry – for – gm – crops.

56. USDA, Agricultural Biotechnology Support Project (ABSP) II, https：//portal. nifa. usda. gov/web/crisprojectpages/0194637 – agricultural – biotechnology – support – project – absp – ii. html.

57. Water Efficient Maize for Africa, https：//sustainabledevelopment. un. org/partnersh ip/？ p = 2026.

58. What is ABSPII？ http：//absp2. cornell. edu/aboutabsp2/.

59. Why African Countries Maintain Tight Restrictions on Genetically Modified Food？ May 28,2019, https：//www. worldpoliticsreview. com/trend – lines/27892/why – african – countries – maintain – tight – restrictions – on – genetically – modified – food.

60. Zambia Allows More Imports of GMO Products Despite Resistance, July 9, 2019, http：//www. xinhuanet. com/english/africa/2019 – 07/09/c _ 138212190. htm.

61. Zambia's Regulator Under Attack For Allowing Importation of GMO Foods, December 7,2018, http：//www. xinhuanet. com/english/2018 – 12/07/c_ 137658061. htm.